经典理论赢利实战系列

道氏理论赢利实战

黄凤祁 编著

经济管理出版社

ECONOMY & MANAGEMENT PUBLISHING HOUSE

图书在版编目（CIP）数据

道氏理论赢利实战/黄凤祁编著. —北京：经济管理出版社，2013.8
ISBN 978-7-5096-2453-1

Ⅰ．①道… Ⅱ．①黄… Ⅲ．①股票投资—研究 Ⅳ．①F830.91

中国版本图书馆 CIP 数据核字（2013）第 101633 号

组稿编辑：勇　生
责任编辑：孙　宇
责任印制：杨国强
责任校对：超　凡

出版发行：经济管理出版社
　　　　　（北京市海淀区北蜂窝 8 号中雅大厦 A 座 11 层　100038）
网　　址：www. E-mp. com. cn
电　　话：(010) 51915602
印　　刷：三河市延风印装厂
经　　销：新华书店
开　　本：720mm×1000mm/16
印　　张：15.75
字　　数：265 千字
版　　次：2013 年 9 月第 1 版　2013 年 9 月第 1 次印刷
书　　号：ISBN 978-7-5096-2453-1
定　　价：38.00 元

前　言

作为技术分析中最重要的理论，道氏理论对广大投资者的意义也是非同一般的。在技术分析当中，判断股指的运行趋势关系到投资者中长期获利的多寡。能够做到顺势操作，在大的趋势上把握股指的运行规律，也是投资者可否长期获利的关键。而道氏理论就为我们提供了这样一个判断股指运行趋势的重要手段。使用道氏理论，投资者能够发现真正的中长期趋势，又能够对期间的折返走势作出反应。在中长线操作股指的过程中，关注期间的反向折返走势，做到顺势操作，就可以获得真正的收益。

分析道氏理论之前，笔者认为，投资者应该对该理论的基本内容有一些理解才行。正是因为这个原因，本书前两章分别对道氏理论的基本内容和原则进行了阐述，并且配以图表的形式解释了道氏理论。依据的例子是最有实战意义的上证指数不同周期的 K 线走势图。本书根据上证指数的 K 线图，分析了道氏理论中所说的每一条理论和原则，帮助投资者更好地把握该理论的主旨。

根据笔者的想法，在道氏理论的重要趋势分析中，趋势线和通道线是比较简单又非常重要的方法。因此，本书用第三章和第四章两章重点说明这两方面在道氏理论中的运用。同样是根据股指和个股的实例分析，帮助投资者把握好趋势线与通道线的不同投资机会，获得不错的利润。

重要的趋势分析固然很重要，但道氏理论中所说的折返走势同样意义非凡。把握好折返走势的节奏，投资者必然能够在长期趋势中减少风险或者增加利润。在道氏理论中所说的长期趋势的折返走势中，运用黄金分割线和百分比线来预测折返的点位、判断股指和个股回调的机会是非常重要的操作手段。

道氏理论出现之后，波浪理论是对道氏理论的重要补充。根据波浪理论，任何一个趋势走完都要经历八浪循环的形态。那么使用波浪理论的八浪循环来分析道氏理论中不同周期的趋势，事关投资者能否准确把握的买卖机会。因此，书中

第七章充分阐释了波浪理论与道氏理论的关系以及相应的实战运用方面的问题。

最后，第八章简要说明了道氏理论的明显缺陷，帮助投资者从正反两个角度来认识该理论，从而为真正的获利做好准备。

目　录

第一章　道氏理论精解

道氏理论可以说是股票技术分析的鼻祖。虽然在实战当中该理论也曾遭受过很多投资者的非议，因其不够准确、反应迟缓、不能指导个股的走势而备受指责，但是多年的实战证明，道氏理论从股票市场基本的运行趋势出发，帮助投资者理解股指的基本走势，为投资者顺势操作股票提供了强大的支持。道氏理论里所说的股票市场的基本运行趋势是技术分析的产物。该分析手段得到了市场的充分认证。该理论根据价格运行的规律研究不同趋势，帮助投资者把握真正趋势中的投资机会。

本章从道氏理论的基本假设说起。从道氏理论的三种趋势到道氏理论的主要趋势，一一作出详细的说明，帮助投资者初步理解该理论的内涵，把握股指运行基本趋势，从而为今后的获利做好准备。

第一节　道氏理论的基本假设

道氏理论成立的基础，是三个非常重要的基本假设。没有这三个基本的假设，道氏理论是不可能成立的。道氏理论的基本假设分别是人为操作假设、指数反映每一条信息假设、道氏理论是客观化的分析理论。

一、人为操作假设

指数以及个股的短线走势是很容易受到人为操作的。股票市场当中充斥着各种消息，投资者对于消息的不同反应都能够影响指数以及股价的变动方向，出现有悖于长期趋势的走势。但是，指数的主要运行趋势是不会受到任何影响的。主力资金因为资金量比较大，有可能影响个股的短期走向。而指数与个股的长期走势是不会发生变化的。只要经济实体的运行态势良好，指数的长期回升趋势会延续。而个股对应的上市公司业绩持续向好的时候，股价长期运行趋势也同样不会发生变化。

二、指数反映每一条信息假设

对于能够影响到股票市场的不同投资者，他们所希望看到的股价波动趋势、对股票市场的认识以及买卖股票的各种情绪，会全部反映到指数的走势当中。也就是说，上证指数或者深证成指或者是其他指数的走向，已经基本上反映了人们对股票市场的影响。正是因为指数反映信息的全面性，才能够在一定程度上预期未来事件对股票市场的影响。就算是出现了突发事件，像战争、自然灾害、山洪、地震等，指数会快速出现相应的反应。

实战当中，股票价格反映的是全部投资者对指数以及各个预期走势做出的反应。对于每一个投资者来讲，指数的走势总是不那么尽如人意。因为指数并不是某一个投资者或者主力参与的结果。全面反映每条能够影响股票市场的信息，才有了指数运行趋势的难以理解的性质。

三、道氏理论是客观化的分析理论

道氏理论是客观化的分析理论，成功利用该理论之前，应该深入研究并且理性判断才行。主观臆断的时候，道氏理论总会犯下一些错误，造成投资损失不断地出现。股票市场当中，能够持续获得投资收益的投资者还是比较少的，只能占全部投资者的10%，剩余的90%当中，绝大多数处于亏损状态，因此会有"一赚两平七赔"的说法。使用道氏理论，并且客观判断指数运行趋势的投资者，才能够获得相应的回报。

第二节　道氏理论的三种趋势

道氏理论所说的趋势有三种：短期趋势、中期趋势和长期趋势。三种不同的趋势中，持续时间是不相同的。投资者操作股票或者是寻找买卖时机的时候，都必须按照一定阶段的趋势来做，这样才能顺势而为，使资金运用效率达到最大化。短线操作的时候，不管股价中长期变化如何，应该在短线中寻找买卖机会。而长线持股或者空仓的情况下，主要的趋势没有发生改变之前，投资者是不宜做出任何操作的。在趋势出现反转信号的时候再考虑相应的操作，才能够尽可能地获利。

一、短期趋势

指数的短期趋势是非常难以预测的，但却是短线投资者获得利润的好机会。短时间内波动的指数，运行空间比较大的情况下，能够反映在个股当中翻倍的波动空间。投资者从技术上分析短线股价的走向，如果能够成功把握住短线牛股的话，获得的利润一定是非常丰厚的。但是，短线运行趋势是千变万化的，投资利润丰厚的情况下，短线买卖股票的风险也是相当高的。如何才能够在控制风险的情况下提高获利能力，是摆在每一位投资者面前的难题。从持续时间来看，短期趋势仅能持续几天甚至于几个星期。如果真的有利润的话，投资者必须提高获利效率到一个非常高的水平才行。

二、中期趋势

指数运行的中期趋势，对于长期趋势而言显然是次要的。但是，次要的中期趋势波动空间和持续时间是比较长的。中期趋势持续的时间可能是几个星期或者是几个月，比短期趋势持续时间要长得多。并且，中期趋势一旦出现，很多时候是与长期趋势相反的。正因为如此，中期趋势才能够经常被投资者当做长期趋势反转的信号来看待。相对于长期趋势出现假突破的中期趋势，其实很能迷惑一部分投资者。要想在中期趋势当中获利，投资者必须明白中期趋势在长期趋势当中的位置。关注指数长期走势的情况下，看一下中期趋势的走势，才能获得像样的利润。

三、长期趋势

长期趋势是最为重要的趋势。投资者获利的根本是掌握指数运行的长期趋势。中短期趋势固然重要，却不及长期趋势大。投资者只有明确中短期趋势在长期趋势中的位置，并且结合长期走势来分析中短期走势的买卖机会，才可以更好地获得相应的回报。道氏理论所说的长期趋势，持续时间是以年来计算的。持续几年的牛市或者熊市都可以认为是长期趋势。长期趋势当中，指数的变化是比较迟钝的。或者说，中短期趋势不容易改变指数长期的运行趋势。投资者在把握买点的情况下，应该注重在长期趋势中操作股票，才可以获得更好的回报。

短期趋势、中期趋势以及长期趋势对投资者的意义都是非常大的。中短期的指数走势可能持续时间短，变动幅度也不会很大，却能够提供给投资者短线获利的机会。即便是打算长期获利的投资者，也可以利用短线运行的指数的买卖机会来操作股票，获得最佳的买卖点来提高获利水平。而中线运行的指数成为次级折返的情况的话，投资者可以在这个阶段进行操作。如果中期的次级折返走势比较强，涨幅较大的话，投资者获利水平并不会少。由此可见，短期、中期以及长期的指数运行趋势对投资者的作用都是非常大的。把握好每一个趋势，投资者都能够获得较好的买卖机会。

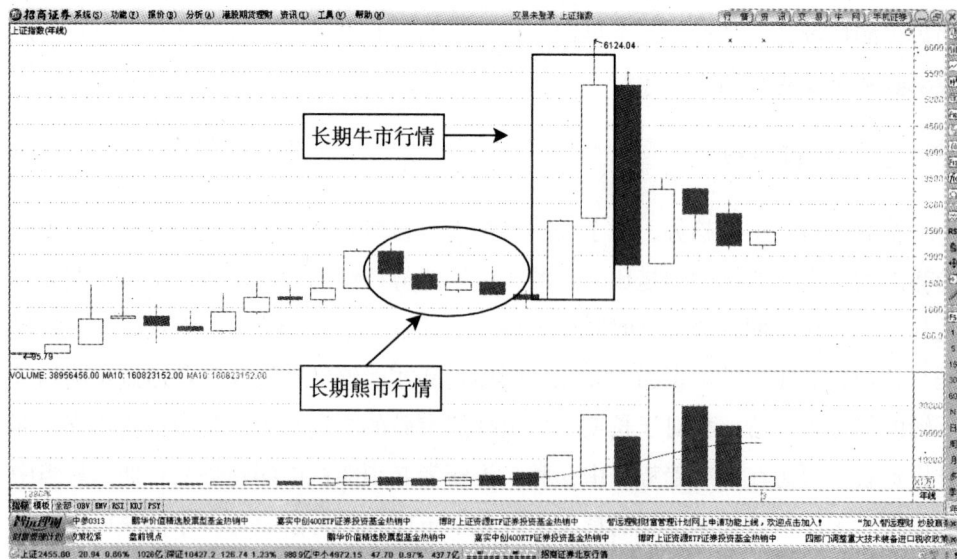

图 1-1 上证指数年 K 线——主要趋势

如图 1-1 所示，上证指数年 K 线当中，自从该指数成功编制完成并且公布后，从走势上来看持续了长达 23 年。之所以看上证指数的年 K 线，这样方便我们判断指数的长期趋势。因为长期趋势持续时间都是以年来计算的，图中所示的牛市行情就是持续两年之久的长期趋势。而之前的持续时间长达五年的熊市，就是长期的熊市行情。两者的方向不同，但是都是长期趋势。投资者想要获利的话，可以在这样的长期趋势中判断。长期大牛市或者熊市行情中，运行趋势并不是短时间内形成的。如果没有明显的趋势转变的信号，投资者采取相应的操作还是能够抓住趋势，做到顺势而为的。

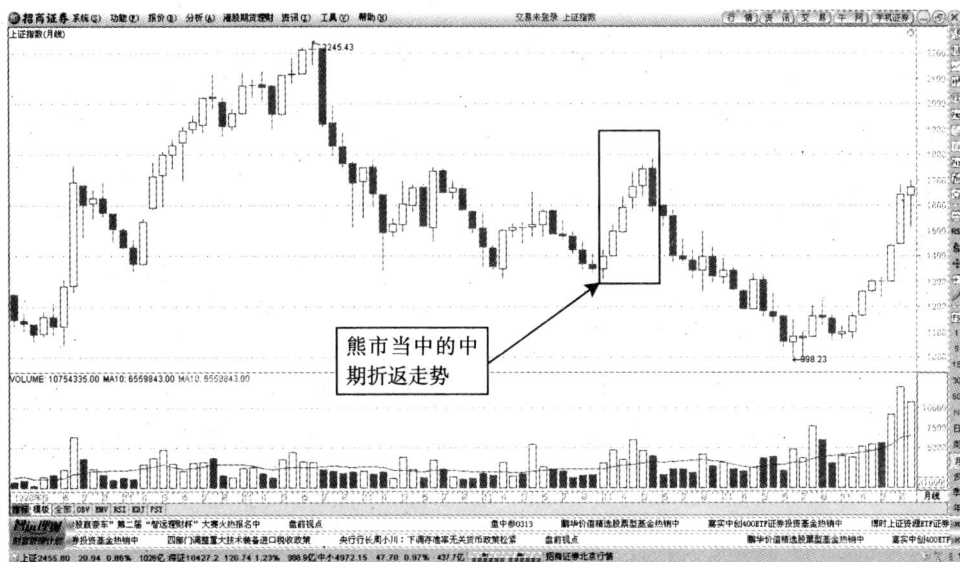

熊市当中的中期折返走势

图1-2　上证指数月K线——中期趋势

如图1-2所示，上证指数的月K线当中，股指在长期熊市中不断延续的时候，其间的中期调整的情况还是不少的。其中，图中所示的位置出现的长达5个月的放量反弹，显然是投资者中线操作的机会。但是，中线指数回升幅度虽然比较大，长期的下跌趋势却未发生根本的改观。从操作上来看，这个中期调整的趋势也许能够提供不错的盈利机会，更重要的还是减仓出货的机会。长期回落的熊市还将延续，控制仓位在底部才能够轻松降低风险。

如图1-3所示，上证指数的周K线当中，指数持续回落的大趋势显然是在延续当中。长期趋势是熊市，而中期趋势是持续几个月的反弹走势。那么短期趋势就是图中所示的持续还不足三周的反弹行情。股指反弹幅度虽然比较大，持续的时间却非常短暂，不足以改变熊市长期走势。判断熊市当中的短期走势，时间长短显然是重要的一环。

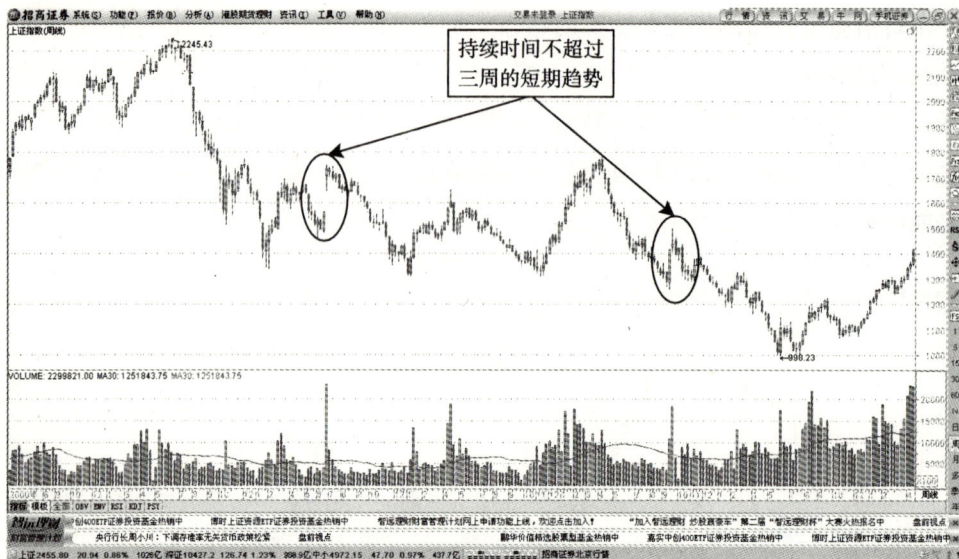

图1-3　上证指数周 K 线——短期趋势

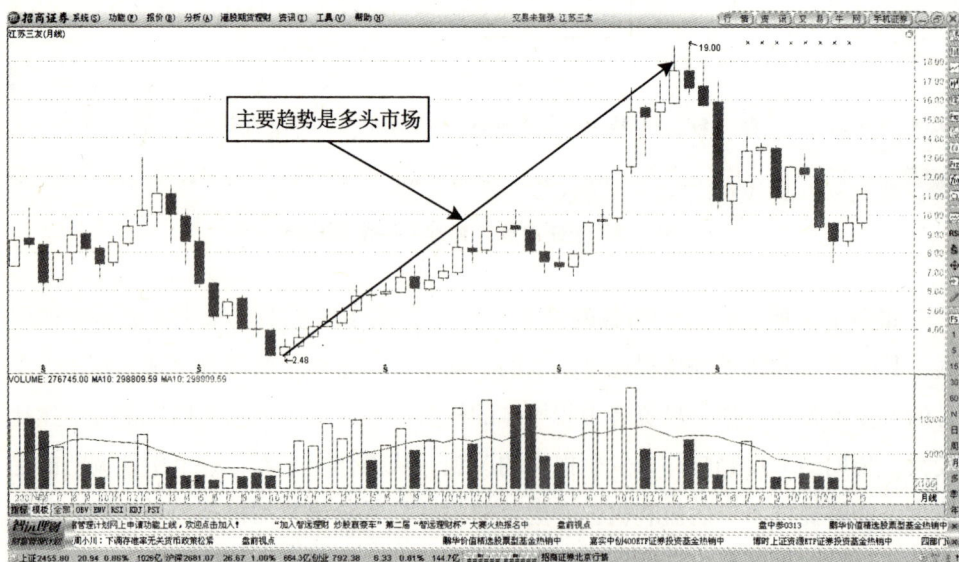

图1-4　江苏三友月 K 线——主要趋势

如图 1-4 所示，江苏三友的月 K 线当中，股价的反转趋势还是非常强的。股价在长时间来看，显然是牛市大行情。在长时间的牛市当中，虽然也曾出现了短线调整，也有中线的调整情况出现，但是股价的上升势头并未发生根本变化。牛市行情持续了 28 个月后，股价才出现明显的转向信号。从操作上来看，投资者应该把握住大趋势，不断地持股看涨，必然能在长期内获得较高的投资回报。

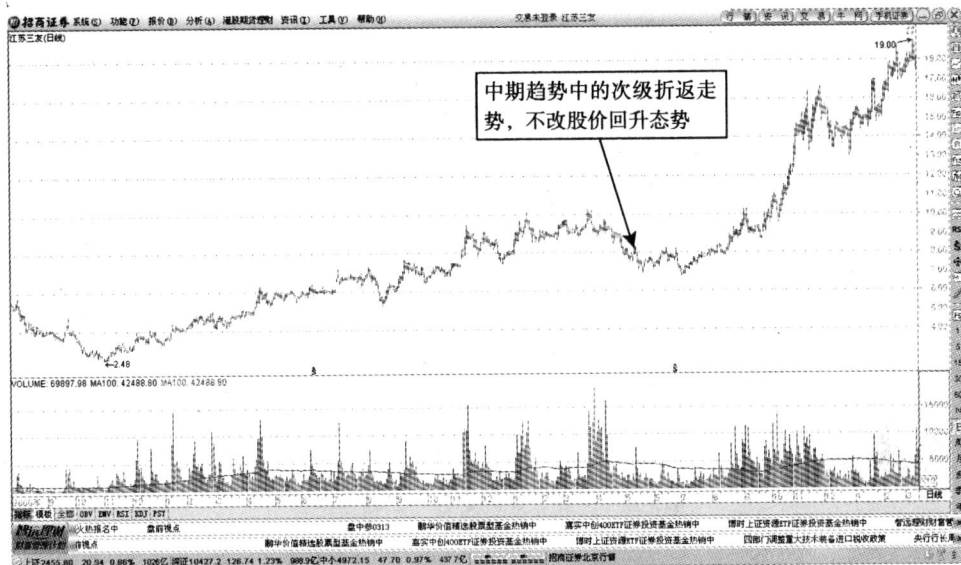

图 1-5 江苏三友日 K 线——中期趋势

如图 1-5 所示，江苏三友的日 K 线当中，股价的中期调整显然是出现在了图中所示的位置。股价大幅度上涨的过程中，中期调整长达四个多月的时间，却仍然没有真正改变股价的长期牛市走向。也许有些持股的投资者还对持续四个月的调整心有余悸而不敢再次看涨，有谁知道，这种中期较大跌幅的调整对长期牛市来说显然要小得多了。

如图 1-6 所示，江苏三友的日 K 线当中，短线的调整力度还是比较大的，股价下跌的幅度也同样比较深。但是每次下跌之后，股价总能够反转向上，重新进入长期牛市行情中。好像是庄家有意在给散户挖坑，股价短线大幅度下挫后迅速调整至牛市当中。操作上把握这样的买点，自然可以继续获得相应的回报了。

如图 1-7 所示，江苏三友的日 K 线中，股价持续四个月的中期调整的情况，虽然没有改变长期的牛市大行情，却给投资者带来了巨大的麻烦。股价深度调整的过程中，恐怕没有几个投资者能够发现这是一个中期调整。中期调整的情况结束之前，股价显然已经出现了非常明确的双底形态。这说明，投资者在操作上只能够部分资金减仓，然后在股价双底企稳之时再次加仓，后市才能够轻松获利。

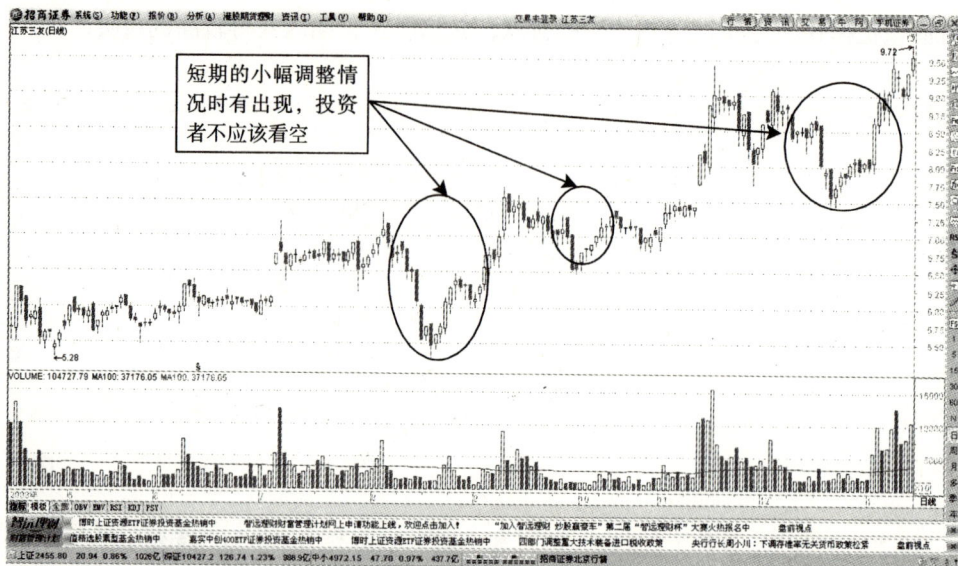

短期的小幅调整情况时有出现，投资者不应该看空

图1-6　江苏三友日K线——短期趋势

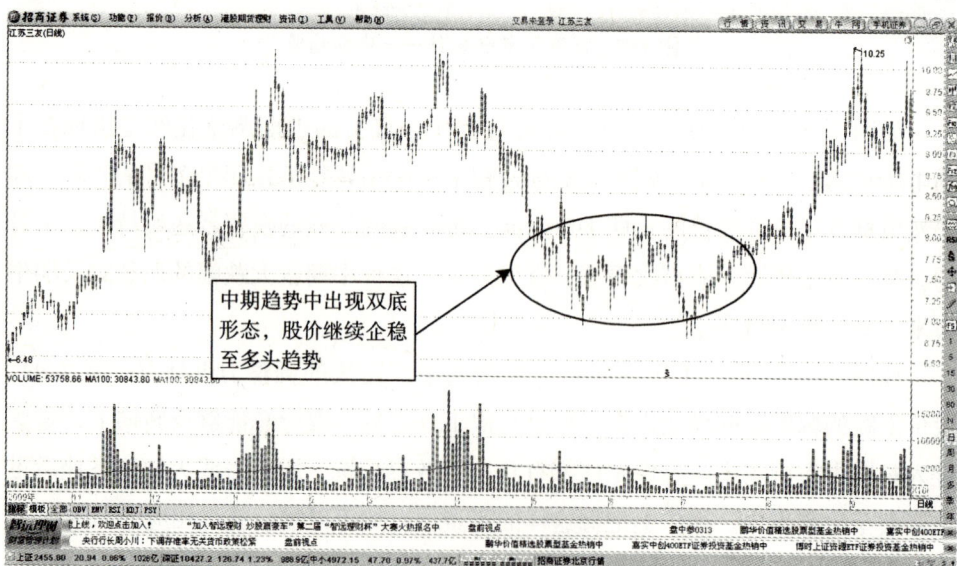

中期趋势中出现双底形态，股价继续企稳至多头趋势

图1-7　江苏三友日K线——中期趋势

小提示

　　道氏理论中所说的长期趋势或者中短期趋势，其实是可以相互转化的。并且，趋势没有确定为长期趋势之前，投资者不能够妄自揣测趋势的可能大小。只

有短期趋势转变为中期趋势，才能够称之为中期趋势。而也只有中期趋势不断地运行，并且达到长期趋势的程度，才能够称之为长期趋势。既然趋势可以相互转变，那么投资者就可以在股指有短线趋势的苗头的时候就开始参与其中，这样更能够获得利润。如果不抓住短线的走势的话，当趋势转变为中期行情的时候，很容易错过较好的买点。

第三节　道氏理论的主要走势

道氏理论认为，股票市场主要的走势是多头市场或者是空头市场，这两种走势的划分其实并不难理解。主要趋势持续时间经常达到一年以上。在数年内都是同一种主要趋势的情况也是比较常见的。既然主要趋势持续时间长，作用效果更是惊人，准确判断主要趋势事关投资者的获利水平。能够准确判断主要趋势的投资者，获得的利润总是非常高的。

股票市场当中，不管投资者做长线投资还是中短线的买卖操作，要想真正获得高额回报，必须把握住股价的长期趋势。股指中短期的走势必然在长期运行趋势中出现。阻碍股指长期运行趋势延续的中短线趋势是不容易成为真正的趋势的。只有长期趋势才是真正的大趋势。要想真正获利，必须在长期多头市场操作股票才行。即便短线出现了调整或者次级折返的走势，主要的多头市场不会轻易转变方向。买在高位也不一定会出现损失，这就是主要多头市场的强大之处。

在主要多头市场中持股容易获利，而在主要的空头市场当中，投资者要想减少风险的话，经常性持股显然不是理智的做法。下跌趋势在长时间里延续下来，股指虽然也会出现较大的反弹情况，却是减仓或者短线操作的机会。一旦仓位过大，股指继续转为跌势的时候，损失就迅速降临了。从顺势操作的角度来看，采取熊市当中操作股票的做法，一定是得不偿失的。主要的空头市场当中也会出现次级折返的情况，下跌趋势却不会因此出现改观。投资者赚取利润的决心再大，注意防范下跌风险才是第一位的。

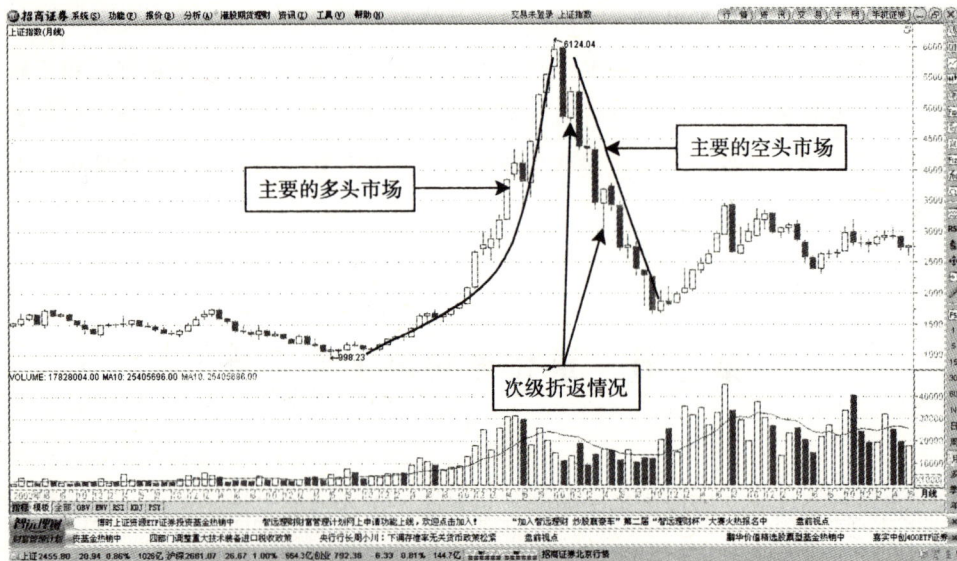

图 1-8 上证指数月 K 线——长期趋势

如图 1-8 所示，上证指数的月 K 线当中，从该指数的运行趋势来看，经历了主要的多头市场和主要的空头市场。两种股指运行趋势非常明确，持续时间分别为两年多和一年的时间。在两种不同的运行趋势当中，投资者是很容易发现买卖机会的。因为期间的调整非常小，真正的折返走势也不多，投资者把握趋势很容易实现。

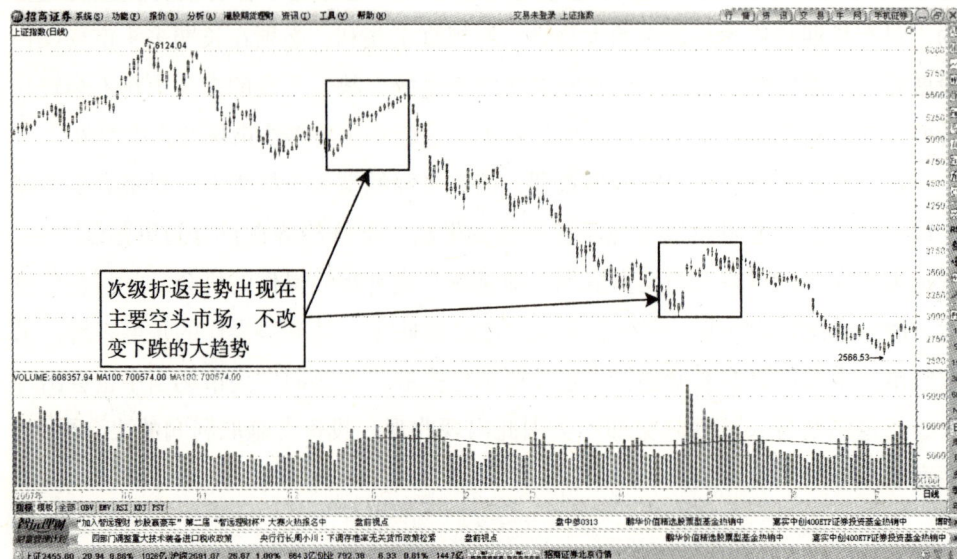

图 1-9 上证指数月 K 线——次级折返走势

如图 1-9 所示，上证指数的月 K 线当中，主要空头市场中的次级折返情况明显出现了两次。第一个次级折返的情况是在股指从高位的 6124 点回落的时刻。而第二个次级折返的情况出现在图中大幅度跳空的时刻。两次次级折返的情况短线持续的力度还是很大的。但是，随着成交量的萎缩，股指还是会继续大幅地下挫。

☁ **小提示**

道氏理论当中所说的主要趋势，无非是主要的空头市场和主要的多头市场。两种走势中，长线的操作是截然相反的。相反的趋势当中，投资者的仓位控制一定要得当才行。股指虽然短时间的走势是平稳的，长线必然是趋势性的大行情。把握好买卖机会的情况下，结合短线的调仓操作才能有所作为。股指主要的运行趋势不容易发生改变，次级折返的情况是主要空头市场的短线获利机会，主要多头市场的短线补仓机会。总之，在把握好股指主要走势的前提下，顺势操作必然获利。

第四节　主要空头市场

主要的空头市场是指数长期下跌的走势。虽然在主要的空头市场当中也夹杂着中短期的反弹趋势，却不改变指数长期回落的大趋势。主要空头市场的这种长时间回落的走势，反映了投资者对今后经济不利因素的各种担忧。空头市场是会结束的，但一定是过度反映悲观预期后才会反转。

在主要的空头市场当中，投资者采取任何操作都是多余的。控制风险是比较困难的，想要获得些许的利润当然是难上加难了。唯有顺势操作，轻仓应对才能够安然度过漫长的主要空头市场。

空头市场持续的时间虽然漫长，却经历了三个明显的主要阶段。

第一阶段：投资者不再期待股价维持过度膨胀的状态。这个阶段当中，投资者对不断上涨的股价已经感到无从下手。几乎没有什么股票成为较好的投资标的。选择股票作为投资标的已经是一件非常难的事情。既然股票市场当中没有价格合理的股票，那么买入股票的投资者就会迅速减少。虽然多方力量还是很强大，但是面对空方力量的相对增强，投资者获利的可能性是非常小的。

第二阶段：卖出股票的压力主要源自于糟糕的经济表现与企业盈利的萎缩。在这个阶段中，前期因为价格过高抛售股价的行为已经基本上消失。卖出股票的投资者当中，主要是因为经济状况持续走坏，以及上市公司业绩不断下滑造成的。换个角度来讲，前期股价虽然已经在第一个阶段下跌不小的空间，但是相对于走坏的经济与业绩萎缩的上市公司，股价还是略显高了一些。因此，这个阶段的回落还是会出现的。

第三阶段：投资者对股票投资已经非常失望，绝望的情绪蔓延到整个市场，众多的投资者期望兑现一部分资金，最后选择卖出手中的股票。股票价格指数杀跌，个股更是不顾一切地杀跌，即便是物有所值的股票，也会经历最后一跌的情况。这个时候出现的次级折返的走势却不能够转变空头市场的走势。

根据道氏理论，将上证指数自1991年编制发布以来的走势总结一下，空头市场表现出以下基本特征：

1. 空头市场的确认点

根据道氏理论的相互确认原则，至少两种指数同时跌破了主要趋势的时候，就是空头市场的确认点了。这说明，判断空头市场到来的理由，至少是两种指数同时见顶回落才行。如果不是这样的话，是不可能获利的。

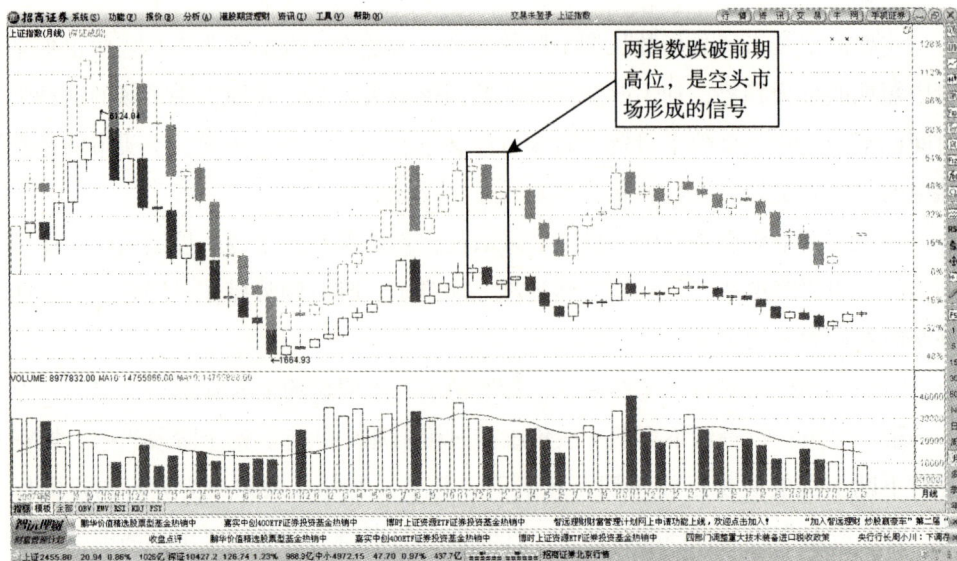

图1-10 上证指数、深证成指——空头市场的确认

如图 1-10 所示，上证指数的月 K 线当中，上证指数和深证成指同时见顶回落，并且跌破了前期高位的时刻，显然就是看空的机会了。主要的空头市场开始的起点，也就在这个时候出现了。投资者唯有减仓持股，才能避免在空头市场中遭受损失。从道氏理论的相互验证原则中投资者也可以发现两种指数同步下挫时的减仓机会。

2. 缩量反弹

空头市场中，股指下跌幅度比较大的时候，缩量反弹的走势就会出现。但是空头市场依然起着作用，股指进一步下挫的空间还是有的。如果在缩量反弹的时候做多，亏损的概率将大于盈利的概率。

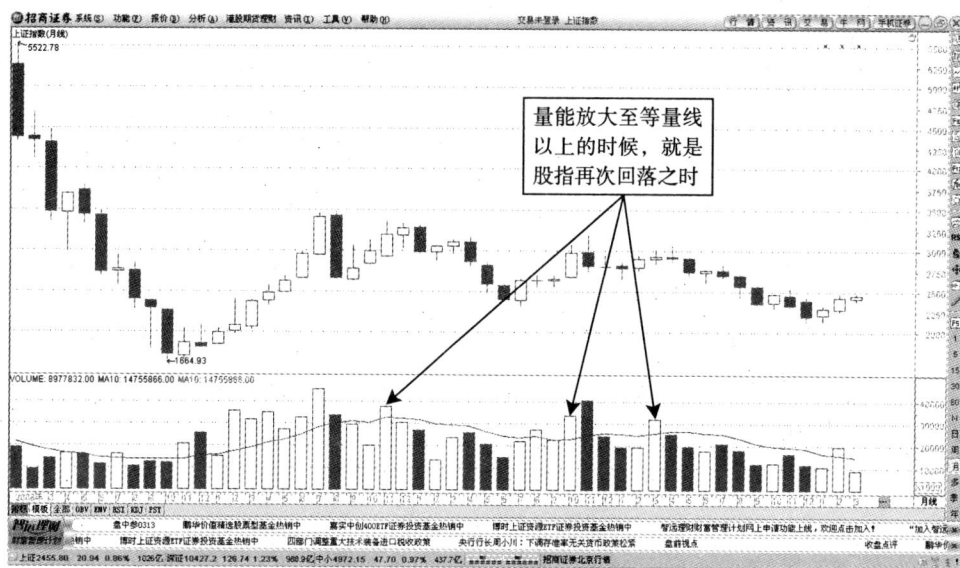

图 1-11 上证指数——缩量反弹

如图 1-11 所示，空头市场中的重要特点是期间出现的短暂的缩量反弹的走势。说是缩量反弹其实还不够准确，股指在主要空头市场中大幅度下挫，短时间反弹的时候量能在短时间内放大，一旦量能放大至等量线以上，股指就再次进入空头市场当中。这种短线放量，大部分缩量的空头市场，对投资者盈利的影响是非常大的。

3. 空头市场中的次级折返

主要的空头市场中也会出现较大的反弹走势。但是即便股指反弹的幅度较大，甚至达到前期跌幅的黄金分割位 61.8% 的程度，下跌趋势仍然会延续下来。股指折返的幅度较高，只能说明是中级的反弹走势，而不是扭转趋势的大牛市开始了。这个时候，把握好短线机会积极做空，仍然是投资者必然的选择。

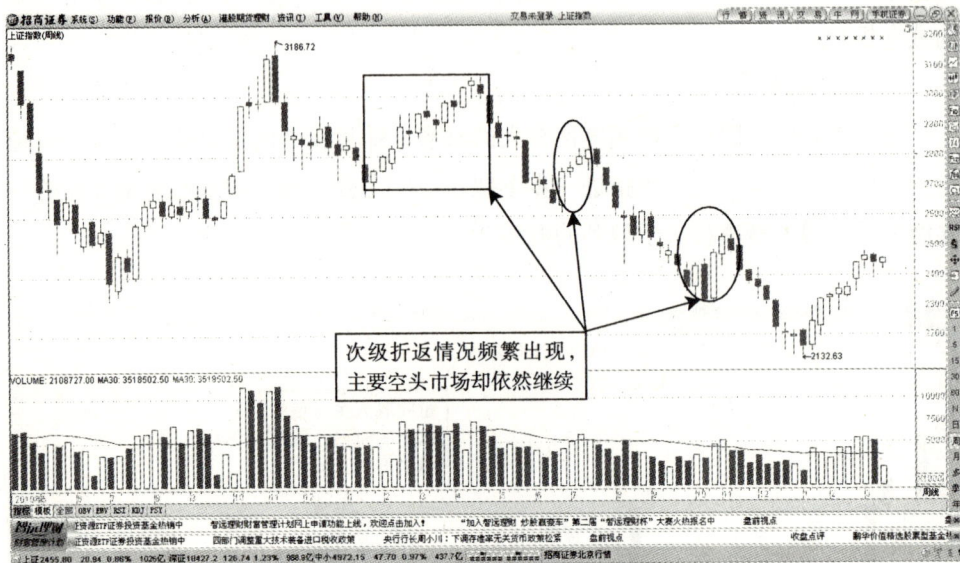

图 1-12　上证指数——缩量反弹

　　如图 1-12 所示，上证指数的周 K 线当中，股价下跌趋势中的次级折返情况出现了三次，但都未改变这种主要的空头市场的下挫情况。喜欢短线买卖股票的投资者可以参与这三次次级折返的走势。不过持股的时间不应该过长，有一定的利润之后就应该短线减仓，才能在主要空头市场中长期生存下来，而不至于出现较大的损失。

　　4. 空头市场的中期折返走势

　　空头市场的中级折返走势就是次级折返趋势的延续。次级折返的情况可能不会很大，而中级折返的走势就很大了。通常，中级的折返情况很可能会使投资者误以为是趋势发生了转变，但事实却并非如此。股指的下跌趋势依旧延续下来。

　　5. 空头市场下跌时间

　　指数一旦进入到主要的空头市场，下跌的幅度必然是惊人的。从上证指数的年 K 线和季度 K 线来总体判断的话，主要空头市场平均持续时间分别可以达到 2.5 年和 8.25 个季度。要想在如此长的主要空头市场当中获得一些投资收益，显然是非常困难的事情。股价持续回落的过程中，唯有长期空仓，短线轻仓高抛低吸，才可以避免损失出现。

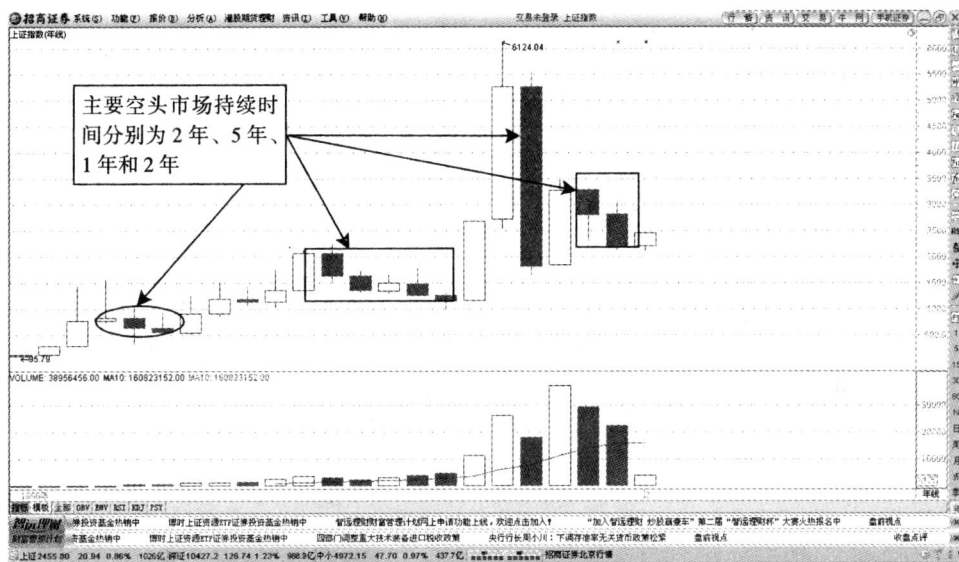

图 1-13　上证指数——年 K 线

　　如图 1-13 所示，上证指数的年 K 线当中，股价下跌的主要熊市行情持续的时间长达 2 年、5 年、1 年和 2 年之久。如果计算平均数的话，也有 2.5 年之久。长达 2.5 年的主要空头市场，对投资者的打击显然是非常大的。如果投资者没能够把握好这样的减仓机会，必然会在长期主要空头市场遭受损失。次级折返的情况在平均年限长达 2.5 年的主要空头市场中起到的作用是非常小的。

　　如图 1-14 所示，上证指数的季 K 线当中，从每个季度的走势来看，该指数的主要空头市场持续的时间分别长达 4 个季度、16 个季度、5 个季度和 8 个季度。平均一场主要的空头市场持续的时间为 8.25 个季度。这样看来，空头市场的实现时间也是非常长的。8.25 个季度的时间，已经是 2 年多的时长了。要想在这持续 2 年多的日子里获得一些投资收益是非常困难的事情。

　　6. 空头市场下跌幅度

　　同样从上证指数的年 K 线和季度 K 线两个方面来说一下股指的跌幅。在年 K 线当中，股指的平均下跌空间高达 42.0%，而在季度 K 线当中的跌幅也高达 51.2%，如此高的下跌空间，投资者想要获利显然是非常困难的。

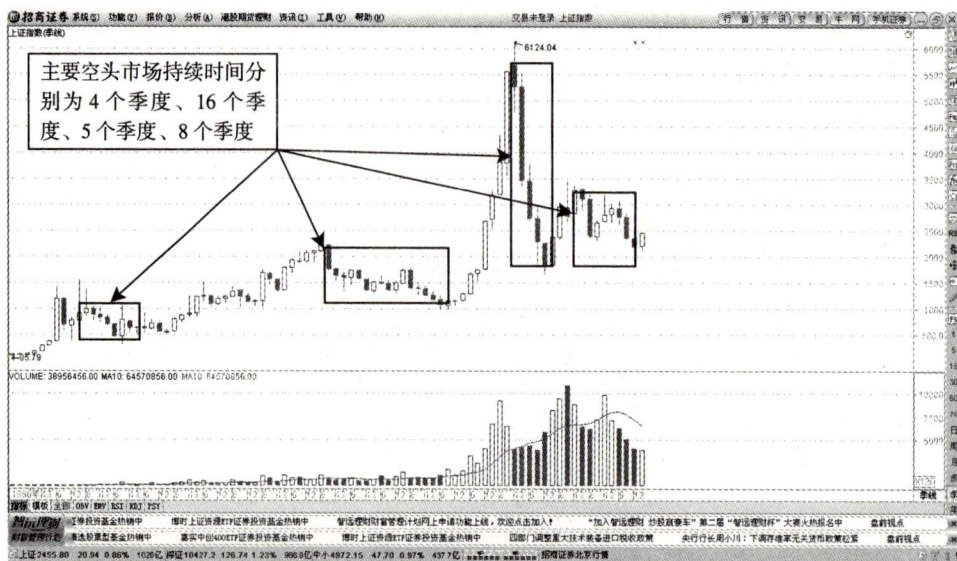

图 1-14　上证指数——季度 K 线

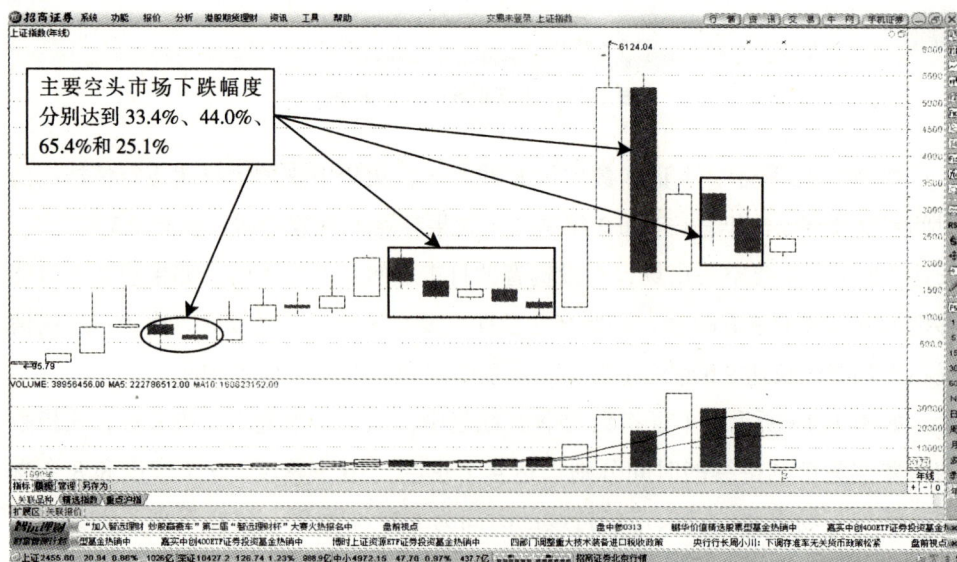

图 1-15　上证指数——年 K 线

　　如图 1-15 所示，上证指数的年 K 线当中，股价的三个不同的主要空头市场持续的时间分别达到了 33.4%、44.0%、65.4% 和 25.1%。平均下跌幅度高达42.0%，这样的下跌空间已经足以使投资者损失惨重了。毕竟指数的走势相对个股来说要缓慢得多。弱势股票在平均跌幅高达 42.0% 的空头市场当中的跌幅绝不会止于这个幅度的。投资者要想在空头市场中获得一点微薄的反弹中的利润是很困难的。

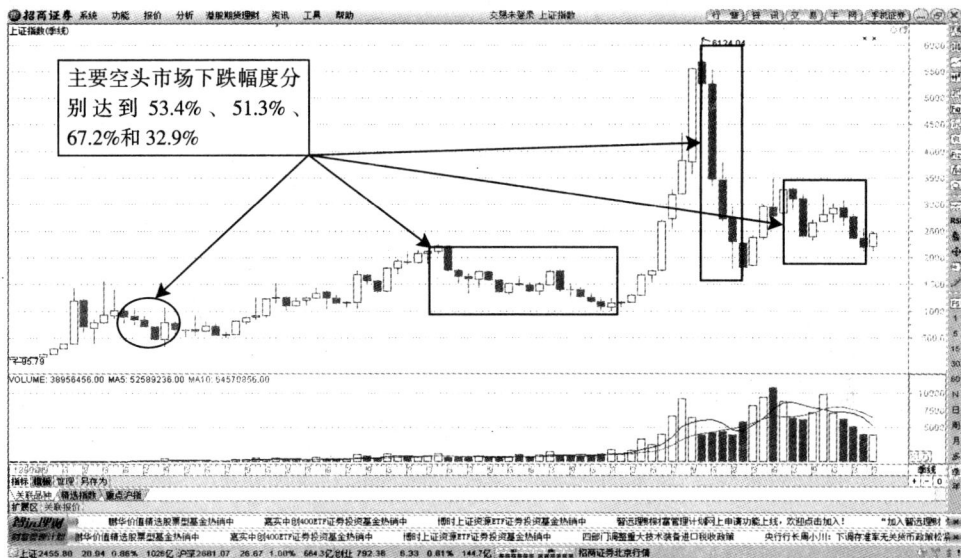

图1-16　上证指数——季度K线

如图1-16所示，上证指数的季度K线当中，该指数的四次下跌趋势中，跌幅分别高达53.4%、51.3%、67.2%和32.9%，平均跌幅有51.2%。如此高的跌幅，投资者在操作上应该更加谨慎才行。主要空头市场一旦被确认下来，持续做空是刻不容缓的事情。

小提示

从主要的空头市场来看，股指波动的过程中，持续下跌的时间长达2.5年，下跌幅度也在42.0%，表明对投资者的杀伤力还是非常大的。股指在更长的时间周期里肯定是会涨的，但是主要空头市场持续的时间过长的话，必然给投资者带来很大的打击。只有轻仓操作，长线空仓面对主要的空头市场，才能够安稳地度过。股指尚且能够出现接近50%的下跌幅度，那么个股的调整力度当然也会是非常惊人的。把握好空头大趋势，不亏损便是盈利。

第五节　主要多头市场

主要的多头市场，是指数持续向上拉升的长期走势。在这种市场当中，虽然其间也会出现次级折返的调整情况，却不能改变指数长期上涨的大趋势。主要的多头市场，通常持续时间可以长达两年之久。在两年的时间里，股票价格上涨的动力主要来源于经济实体的持续转暖，投资者在实体经济转化的时候不断看好股票市场，投资和投机活动增加，自然促使股指不断回升了。

主要的多头市场延续的过程中，也会经历三个阶段。

第一阶段：投资者对经济前景的信心逐步回升阶段。这个时候，股票市场正处于牛市的初期阶段。股指刚刚走出熊市的阴影，开始在底部大幅度震荡中企稳，奠定了股价上涨的重要底部形态。这个阶段是最适宜投资者建仓抄底的时刻了。股票总体点位比较低，个股不管从绝对股价还是估值角度来看都比较低廉。投资者若能够在第一阶段买入好股，今后在主要多头市场中获得高额回报的概率是相当高的。

第二阶段：股票价格的回升，是基于上市公司业绩的持续向好。不同于第一阶段的多头市场，第二阶段当中股票价格的上涨是与上市公司业绩的改善相吻合的。也就是说，两者之间出现了互动上涨的格局。公司业绩增加，推动股票价格持续走高，良性循环中买入股票获利的可能性将会很大。

第三阶段：这个阶段的投机活动占据了市场中的主流，只有少数投资者是以投资的方式来选择和买卖股票的。投资者之所以在第三个阶段比较少，是因为股票价格已经在第一和第二阶段有很大的涨幅，并且股价几乎没有理由地透支了上市公司预期的收益。如此看来，股票价格显得过度膨胀，投资者持有的股票都是不值钱的。即便是以投资的心态来选择和操作股票，可在股指已经大幅度上涨的第三阶段选择像样的股票是很困难的。既然股票价格都已经被炒作到相当高的位置，而投资者的买卖需求没有降低，股票价格的再次上涨显然是过度膨胀了。将股票价格上涨的动力寄托在一腔热情上，显然是不可能获利的。主要的多头市场的第三阶段，同时也是趋势发生反转前的阶段，持股风险大为增加。等待获利了结的投资者一旦蜂拥而至，那么空头市场也就来临了。

根据道氏理论，将上证指数自 1991 年编制发布以来的走势总结一下，多头市场会表现出以下基本特征：

1. 多头市场的确认点

多头市场的确认与空头市场的确认方法很相似，也是在股指两次突破了空头市场后才出现反转的趋势的。两种不同的指数同时突破前期的高位后，表明主要的空头市场已经转变为主要的多头市场。

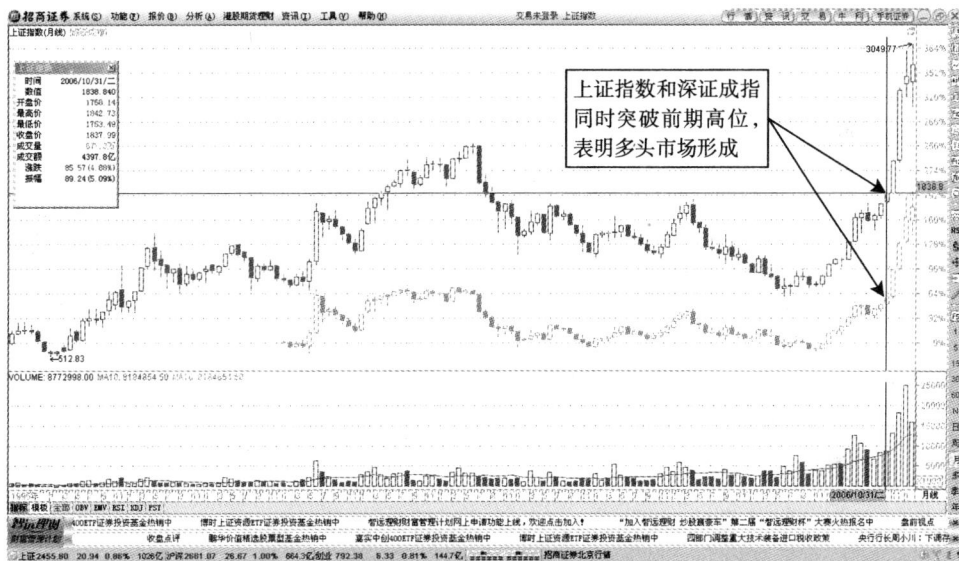

图 1-17　上证指数、深证成指——多头市场确认

如图 1-17 所示，上证指数与深证成指的月 K 线叠加图中，可以看出两个指数从主要的空头市场中走出来的阶段出现了非常明显的突破。显然，指数从这一刻开始进入到了主要的多头市场当中。正如道氏理论所说的那样，相互验证的两种指数突破前期高位是可以确定一个多头市场的。不过，这个多头市场能够走多远，就要看今后多方的力量了。

2. 多头市场中的次级折返

主要多头市场中的次级折返的情况，通常出现在短线放量而后期缩量的下跌趋势中。次级折返的走势持续时间不会太长，但对投资者的影响却是非常大的。尤其短线跌幅较大的折返走势容易被投资者误以为是趋势的转变信号。而事实上，次级折返的情况只是中短期的行为，跌幅不会超过前期涨幅，也不会扭转股指的大趋势。

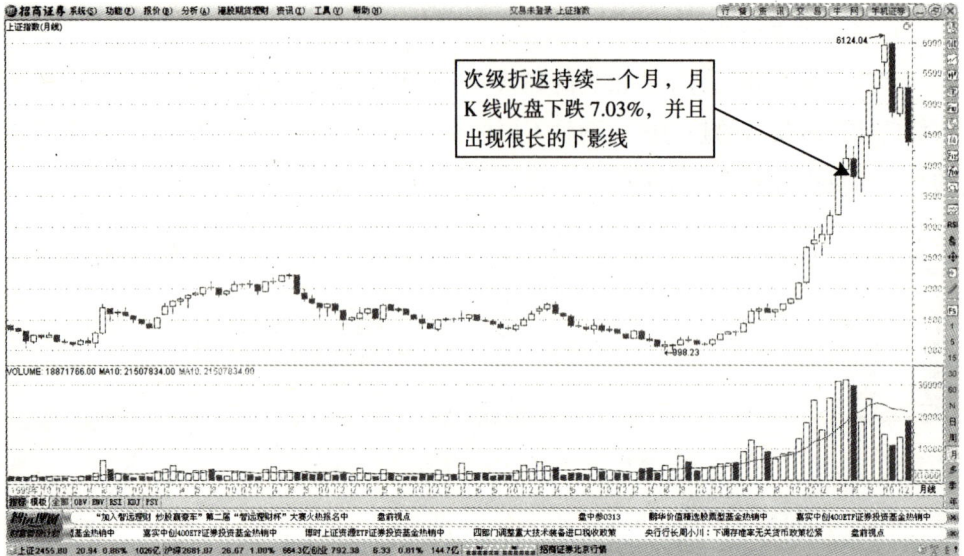

图1-18 上证指数——多头市场次级折返走势

如图1-18所示，次级折返的情况在多头市场中出现的概率还是很高的。不仅是因为前期套牢盘的解套所致，更因为获利盘的大幅度增加，导致获利回吐的投资者暴增。股价短线突然回调，释放了抛售的压力，更利于今后股指的走高。图中显示，次级折返的调整幅度达到了7.03%，而长长的下影线表明其间的调整要复杂得多。这个阶段，想要获得像样的回报显然是困难的。但是，利用次级折返的调整机会来调仓做短线还是可以的。出于对主要多头市场的信心，投资者应该把握住次级折返的机会，调仓做短线后，等待股指企稳之时再次做多，仍然可以继续获利。

如图1-19所示，上证指数的日K线中，股价的次级折返的情况具体到日K线当中，股指出现了两次非常显著的杀跌走势。杀跌之后股指重新企稳回升，并且完成了中期见底的双底形态。理想的抄底机会显然在这个阶段出现了。鉴于股指主要多头趋势持续时间已经比较长，并且涨幅惊人，次级折返的走势又开始了重新反转，股指继续上涨成为可能。

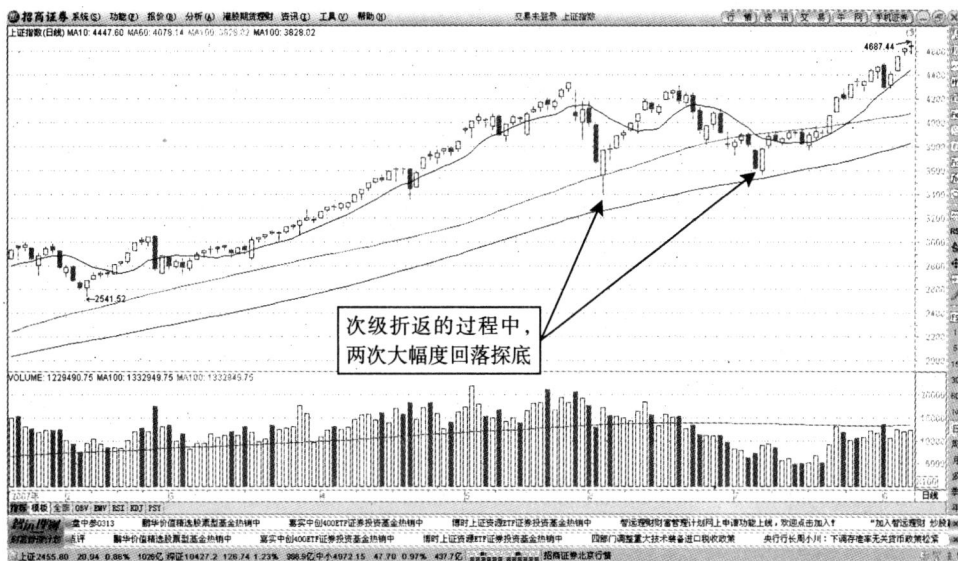

次级折返的过程中，
两次大幅度回落探底

图1-19 上证指数日K线——次级折返形态

3. 多头市场的中期折返走势

多头市场的中期折返的走势，从下跌幅度来看，调整的力度是非常大的。股指大幅度下挫之后，相当一部分投资者已经在中级折返走势中杀跌出局了。即便股指再次走强，量能可能会有少量萎缩的情况出现。中级折返的情况虽然不会改变股价长期回升的多头市场，却可以在一定程度上减缓股价的回升趋势。对于长线投资者来讲，对中期折返的情况提高重视程度还是比较好的。

4. 多头市场上升时间

从上证指数的年K线来看的话，从历史上看，股指出现了持续时间分别为4年、5年、2年和1年的主要多头市场，平均一次多头趋势持续的时间长达3年之久。可见，相比主要的空头市场，主要的多头市场持续的时间要长很多。即便是从季度K线来看，股指的主要多头市场也会持续长达7个季度、3个季度、6个季度、9个季度、9个季度、4个季度的时间，平均每次的多头市场持续6.33个季度。

如图1-20所示，上证指数的年K线当中，股指上涨的趋势非常的强。图中选取的四个主要的多头市场中，持续的时间分别长达4年、5年、2年和1年之久。即便是后知后觉的投资者，在如此长的牛市当中也会发现买入股票的机会的。

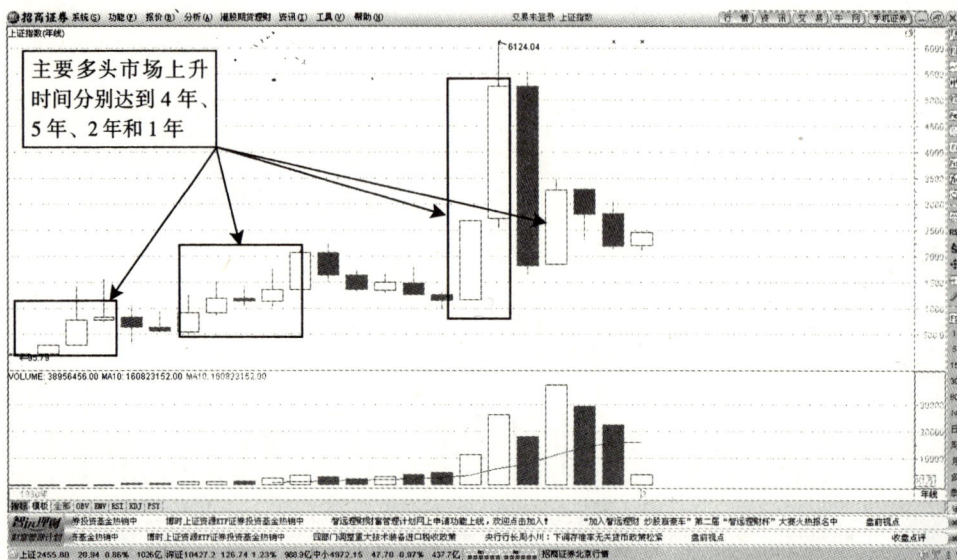

图 1-20　上证指数——年 K 线

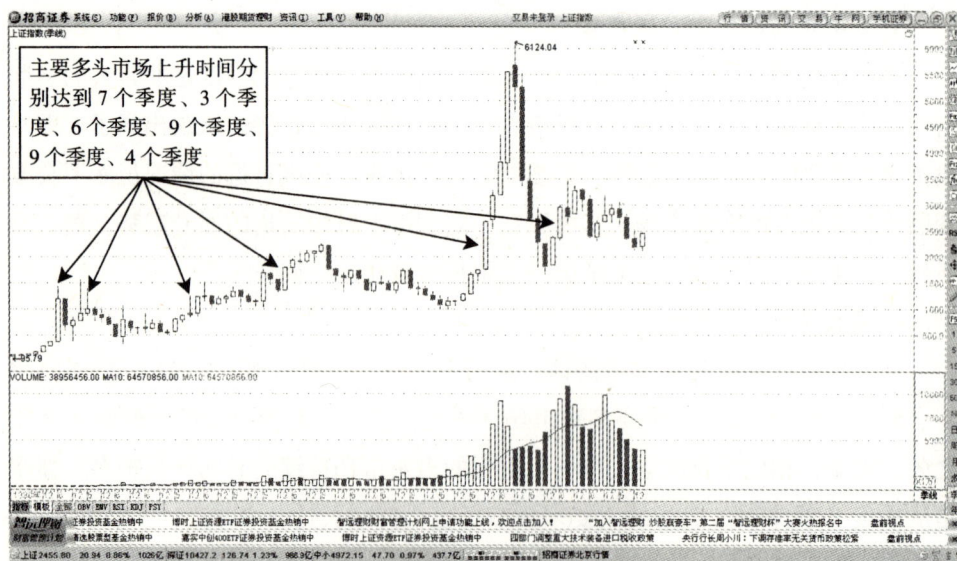

图 1-21　上证指数——季度 K 线

如图 1-21 所示，上证指数的季度 K 线中，股指上涨的动力非常强劲，持续的牛市行情不断出现，其间出现的明显六个主要多头市场中，股指上涨持续的时间分别长达 7 个季度、3 个季度、6 个季度、9 个季度、9 个季度、4 个季度，平均时长有 6.33 个季度。最短 3 个季度的牛市表明主要的多头市场持续时间还是比较长的。

5. 多头市场上升幅度

主要的多头市场从上升幅度来看，在年 K 线中发现，上升幅度分别有
768.1%、276.8%、352.1% 和 79.98%，平均涨幅在 396.2%。而如果从周 K 线当中
看的话，分别有持续时间长达 1140.2%、48.9%、127.2%、93.7%、415.4% 和
77.2% 的持续涨幅，平均每次持续上涨 317.1%。

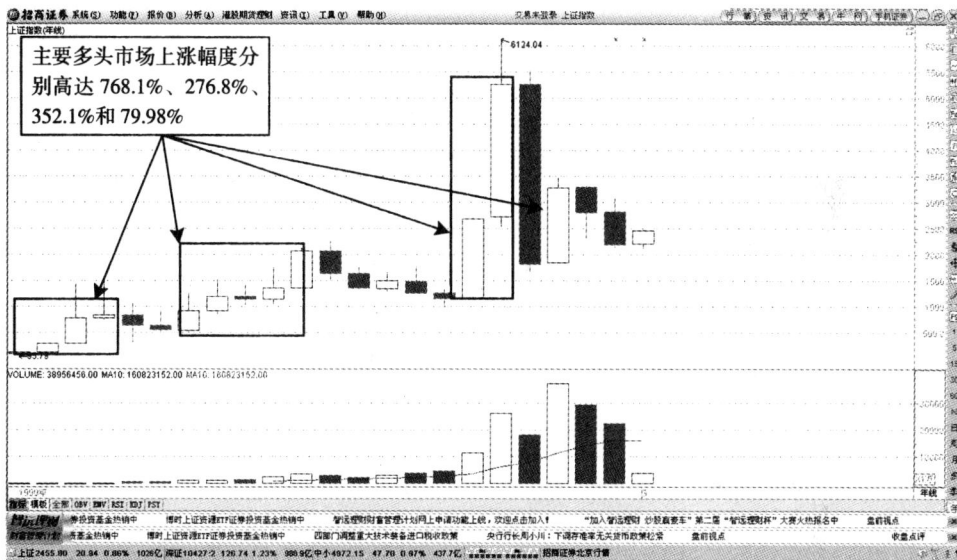

图 1-22　上证指数——年 K 线

如图 1-22 所示，上证指数的年 K 线中，有四次明显的多头趋势出现，股指
在这四次当中累计上涨幅度分别高达 768.1%、276.8%、352.1% 和 79.98%。最小
的涨幅也在 79.98%，说明牛市行情的翻倍力度还是很强的。个股的走势显然会
明显强于股指，出现翻番走势也很正常。

如图 1-23 所示，上证指数的季度 K 线当中，股指回升的趋势经历过图中所
示的六个主要的多头市场。每个主要多头市场的涨幅分别高达 1140.2%、48.9%、
127.2%、93.7%、415.4% 和 77.2%，平均每一次牛市行情的涨幅为 317.1%，最小
的一次涨幅为 48.9%，最大的一次涨幅为 1140.2%，涨幅显然是惊人的。

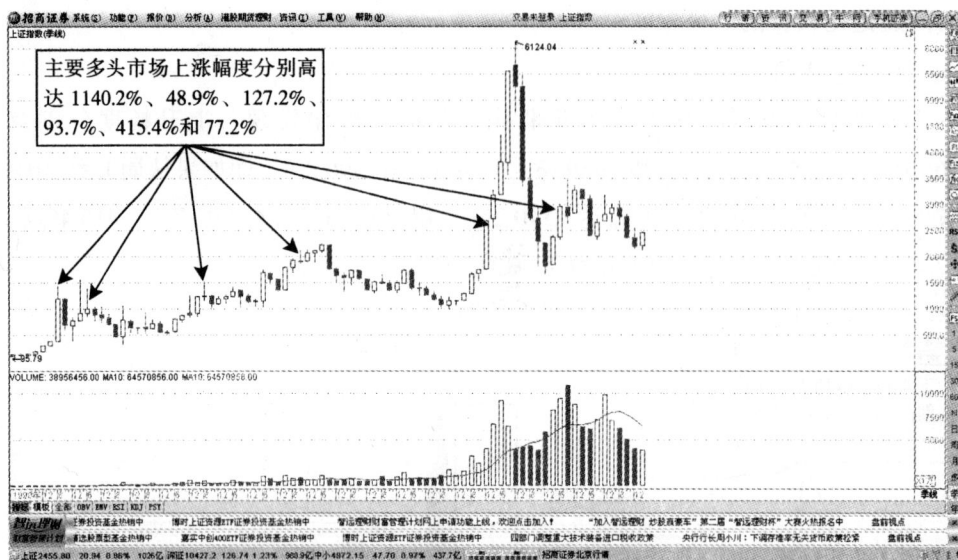

图 1-23　上证指数——季度 K 线

小提示

　　主要的多头市场当中，股指持续冲高的力度是非常惊人的。不仅能够维持长达三年之久的牛市，还可以很容易出现翻倍的涨幅。股指都能够维持平均三年的翻倍的涨幅，个股当中牛股更容易出现。想获利就要选择在主要的多头市场来操作股票。即便真的出现了次级折返的调整，趋势短时间内也难以撼动。与其在空头市场中做短线获得些微薄的利润，倒不如重仓持股在主要多头市场获得高额回报。

第六节　次级折返走势

　　次级折返走势，也被称为修正走势。之所以这么称呼，是因为次级折返走势总是与股指主要的运行趋势相反。在主要的多头市场当中，次级折返的走势是中短线回落的走势。而在主要的空头市场中，次级折返的情况就是持续回升的走势了。

从调整幅度来看，次级折返的走势通常会是主要运行趋势的 1/3 或者是 2/3 的程度。这个 1/3 和 2/3 处，同时也是百分比线的重要分割点。如果次级折返调整的幅度比较高的话，经常会被投资者误解为趋势转变的信号而采取反向的操作。果真如此的话，投资者必然会遭受很大的投资损失了。发生在主要多头市场的次级折返，虽然这个阶段下跌的幅度比较大，甚至达到前期涨幅的 2/3，却还是可以扭转颓势，二次反转至主要趋势之上。投资者杀跌的操作如果真的在次级折返的过程中出现，那么就错失了今后获利的机会。同样地，空头市场中的次级折返如果达到比较高的程度，投资者误以为空头市场已经转为多头市场，盲目地去做多的话，也会在今后遭受损失。

在股指出现次级折返的走势的时候，如果没有量能的变化，投资者最好按兵不动。等待次级折返的走势被确认之后再考虑采取行动，要比贸然做出反应强得多。股指主要的运行趋势形成得困难，同样要扭转这一趋势也是非常难的。从操作上看，主要空头市场的次级折返的走势很可能是投资者短线补仓造成的小反弹走势。散户追涨这个阶段的反弹，一定是轻仓的。一旦次级折返的反弹走势结束，那么迅速出逃才能够避免在主要的空头市场中遭受损失。

主要多头市场中出现的次级折返的情况，更像是主力有预谋地打压股价洗盘的动作。这个时候，股指下跌的幅度虽然较大，却不会出现过度的下跌。通常在重要的百分比线或者是黄金分割线附近出现止跌的迹象。果真如此的话，投资者继续加仓仍然可以获得主要多头市场中的利润。

次级折返的情况与主要趋势相反，涨跌幅度是不确定的，对投资者的影响非常大。对于次级折返性质的判断，通常是投资者比较纠结的事情。特别是次级折返的走势持续时间比较长，而股价的涨跌幅度较大的时候，错误地认为次级折返的情况会不断地延续下来，必然会错过很多投资机会。

如图 1-24 所示，中小板指的周 K 线当中，该指数明显地处于牛市行情当中，其间出现过两次非常显著的次级折返的情况，却从未改变股指的回升态势。次级折返的走势出现之时，成交量显著萎缩，表明短线抛售压力快速降低，股价继续上涨的动力仍然存在。缩量持续的时间非常短暂，放量拉升成为主要多头市场的重要特点。

如图 1-25 所示，与缩量次级折返的走势对应的是，股指还出现了黄金分割线附近的折返走势。图中股价短线回调至 0.382 的时候出现了企稳的迹象。该黄

图 1-24　中小板指——周 K 线

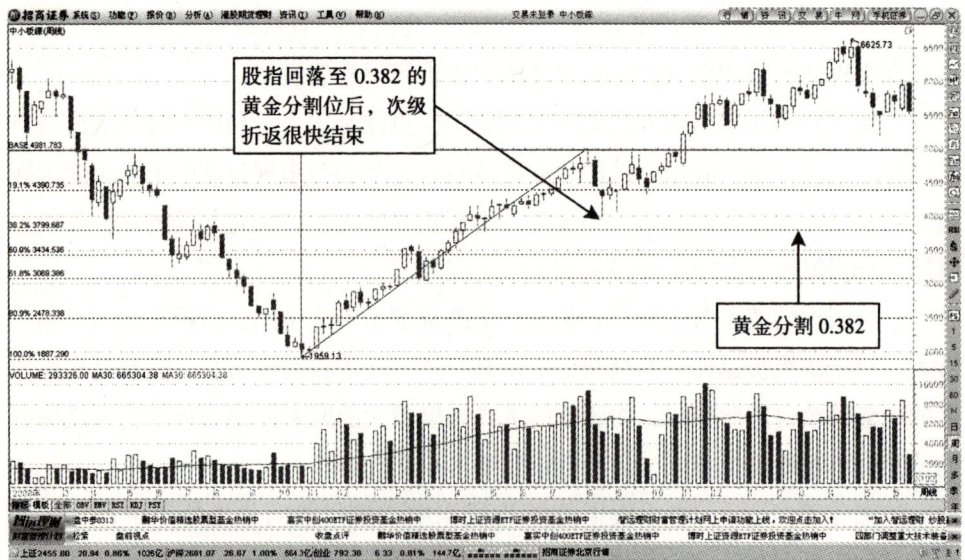

图 1-25　中小板指——折返的黄金分割率 0.382

金分割点对股价的支撑效果显然是非常好的，不然的话，股指不会出现如此迅速的反弹走向。这样来看，判断短线的折返情况的时候，投资者又有了一个新的办法。不仅是黄金分割线，百分比线在支撑股价的时候效果也是非常好的。不过股指会在哪个比例上折返，要看何时会出现折返的信号了。

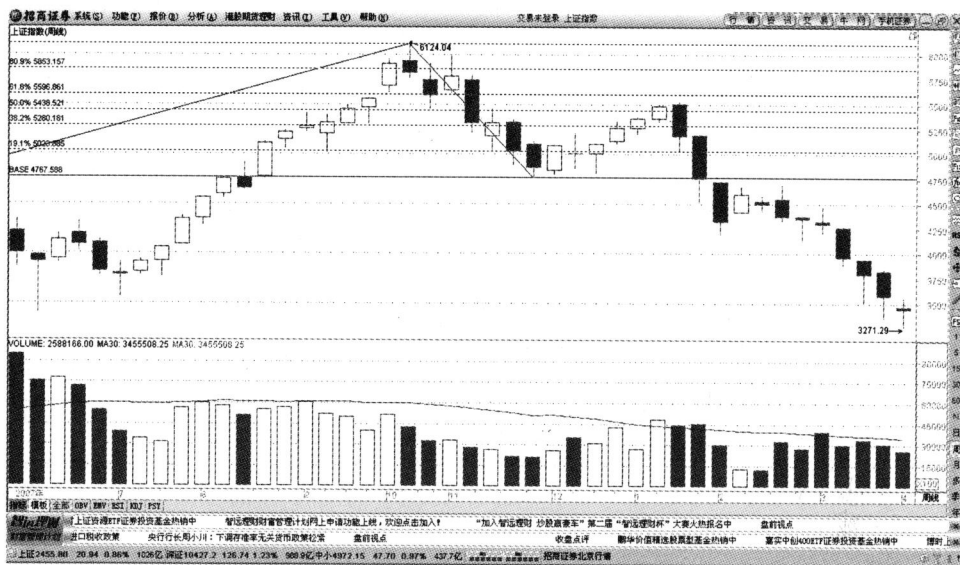

图 1-26　上证指数——折返的黄金分割率 0.50

　　如图 1-26 所示，上证指数在见顶最高点的 6124 点后，短线回落后的折返比例同样也是黄金分割位置。只不过不是前边所说的 0.382 处，而是 0.5 的黄金分割位置。这与当时指数跌幅不大，众多的投资者短线看涨抄底是分不开的。考虑到这一点的话，股指反弹幅度超过 0.382 的黄金分割点而达到高位的 0.5 附近，也是正常的走势了。

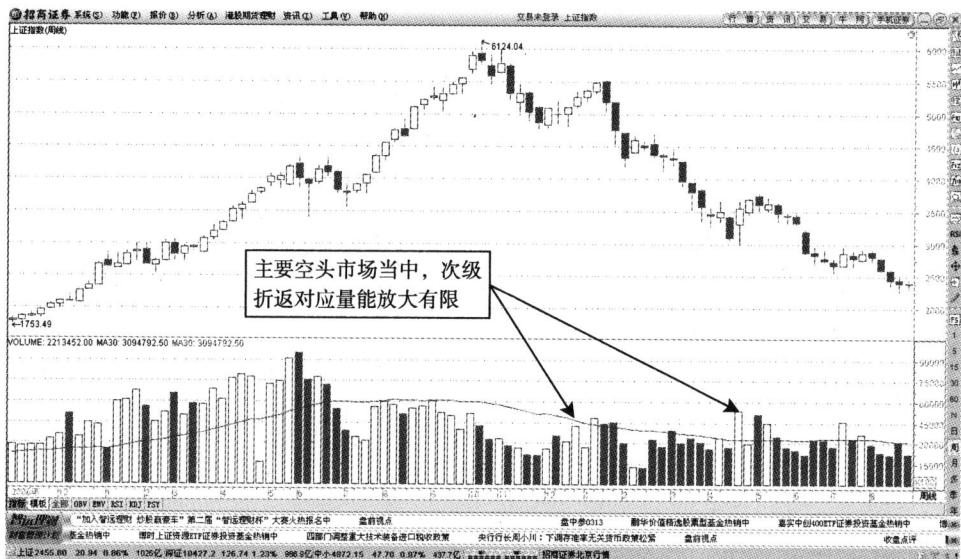

图 1-27　上证指数——周 K 线走向

如图 1-27 所示，上证指数周 K 线当中，股指的下挫趋势并未发生根本变化，只是次级折返的情况时有发生。图中股指虽然出现了折返情况，但是量能放大程度显然不高。图中所示的等量线并未被顺利突破，说明无量的折返不能够改变该股的主要空头市场的大趋势。回过头来看，在把握大趋势的情况下，减仓持股才是最佳操作手段。为了次级折返当中的一点小利润耗费精力将得不偿失。

小提示

在主要的多头市场或者空头市场中，次级折返的情况非常容易见到。股价的运行趋势不会因为次级折返的走势发生根本的转变，但是股指在这个阶段回调的力度较大，不得不让投资者深入研究一番。当股指出现了次级折返的情况后，投资者可以看成是调整仓位的机会。虽然趋势未变，投资者在这个阶段调仓，等待趋势明朗后，还可以继续顺势操作股票。特别是在熊市当中，次级折返的情况是投资者短线加仓获利、减少投资损失的重要机会。随着空头市场的延续，这样的机会并不会总是存在。投资者若能够顺势减仓的话，必然可以把损失降到最低点。

本章小结

道氏理论作为技术分析的鼻祖，对于准确判断股指的大趋势、抓住理想的获利机会意义重大。参与买卖股票的投资者，在中期来看，应该把股指运行的大趋势与个股的走势结合来看，才是比较正确的做法。个股的走势必然在股指运行在主要的多头市场的时候才会有像样的涨幅。而如果没有指数强势维持在高位之上，个股也不可能有很大的涨幅。道氏理论可以帮助投资者发现股指运行的长期趋势，投资者的买卖活动可以在长期趋势中操作，这样能够提高长线获利的把握。即便其间出现了次级折返的情况，也不会给投资者带来很大的损失。

第二章　道氏理论的相互验证原则

　　道氏理论之所以会成为所有市场技术研究的鼻祖，还是有很重要的原因的。其中，该理论的五条非常重要的原则是不得不说的。相互验证原则，表明道氏理论趋势的确立是需要两种看涨或者看跌的信号同步出现，才能够确立股价的涨跌趋势。量能配合原则，是说趋势的确立需要成交量呈现出相应的缩放来配合。横向调整的可以替代次级趋势原则，说的是股价长期横盘调整的过程中，其实已经取代了次级调整的走势。这样，股价将会继续延续前期的大趋势。投资者据此采取相应的买卖操作，是不会有错的。收盘价格原则说的是趋势的真正转变是需要收盘价格来确定的。而在收盘价格确定的情况下，反转信号如果同步形成的话，预示着趋势已经在不知不觉中形成了。投资者在这个时候采取相应的操作，是可以轻松获利的。关于反转信号确立的原则，说的是投资者要想改变操作方向，必须等到反转信号出现之后采取行动，这样的话才不至于在错误的价位上采取错误的操作。

　　原则虽然看似非常简单，却是道氏理论成立的重要条件，结合本章所介绍的重要实例，投资者可以轻松获得相应的利润。

第一节　相互验证原则

　　相互验证原则当中，其实比较重要的一条，就是走势两次确认的验证规律。如果不是两次验证的话，将很难确认相应的趋势。本原则说的是指数在确定运行趋势的时候，一定要有两种指数同时出现相应的信号，才能够基本上确定相应的趋势。忽视这一原则，在指数第一次出现了反转的信号就采取相应的买卖操作的人，总是会大失所望的。因为，单一的指数出现了相应的反转信号的时候，并不是说所有的指数都会向同一个方向运行。只有两种以上的指数同时确认了相应的运行趋势，才表明指数的运行趋势是确定无误的。最简单的例子，深证成指如果出现了见顶回落的迹象，那么上证指数必须同时出现相应的反转信号，才能表明趋势的形成。只有深证成指开始反转，趋势的运行是不稳定的。两种指数的不一致，说明趋势的转变很可能不是将要形成的趋势。投资者在指数运行趋势不确定的时候采取相应的买卖操作是非常容易吃亏的。两种趋势如果能够相互验证的话，行情才会非常巩固。

一、指数突破的相互验证

指数在出现趋势转变的时候，会有开始走强或者走弱的迹象。而这种迹象出现的起点可以是假突破的走势。什么时候指数会真正转变方向呢？是在两种指数同时转变运行趋势的时候。例如上证指数结束了持续回升的中长期的牛市行情而开始进入到熊市的时候，判断熊市是否会真的持续下去，还要看指数的这种短线的走弱是短线行为还是中长线走弱的起点。如果短线的次级反转转化为中长期的回落走势的话，那么投资者做空毫无疑问是正确的了。

下边就从上证指数走弱的信号，对比相应的指数的走势，来说明指数的运行趋势是否已经确立。

如图 2-1 所示，上证指数—深证成指的日 K 线叠加图当中，上证指数自从见顶最高点位 6124 后，出现了明显的短线回落的趋势。指数回落之后，反弹却未顺利突破前期 6124 的高位，形成了图中所示的下跌趋势线 b，说明上证指数基本上处于熊市回落的趋势。验证这一熊市回落的大趋势的条件，就是同时处于下跌趋势的深证成指。图中的 a 线就是深证成指的下跌趋势线了。两个指数同时处于回落的趋势当中，说明熊市得到验证，应该引起投资者的注意了。采取减仓的操作应对熊市行情，将会避免很多的损失。

如图 2-2 所示，上证指数的日 K 线走势显然持续进入了熊市当中。而这个时候，深证成指的同步下挫表明前期的见顶信号是比较准确的。同时得到上证指数和深证成指两个指数的确认，熊市自然轻松出现。判断长期牛市行情见顶的重要信号，指数两次见顶信号同时出现，总能够提供不错的减仓机会。

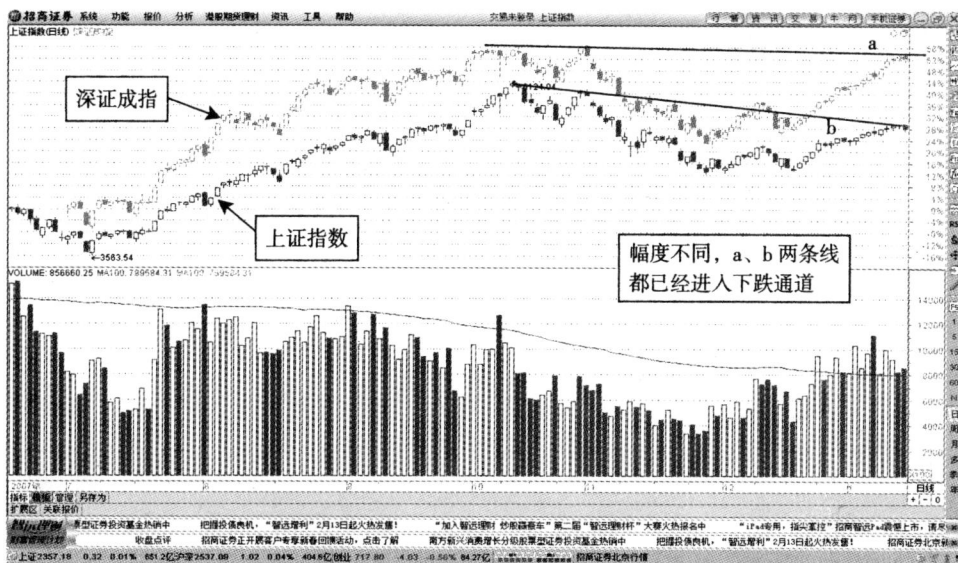

图 2-1 上证指数—深证成指叠加图

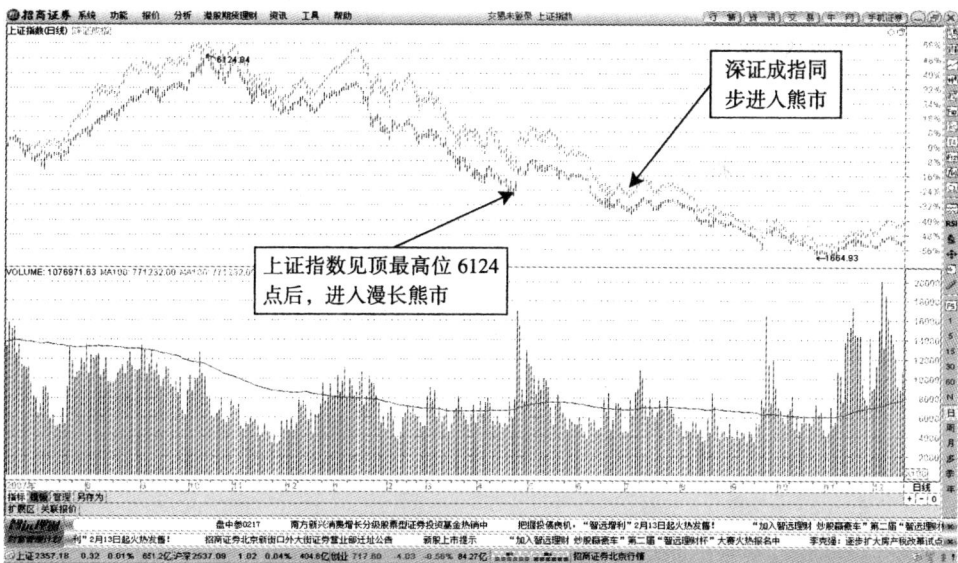

图 2-2 上证指数—深证成指叠加图

　　如图 2-3 所示，深证成指的日 K 线当中，自从成功见顶 14096 点之后，虽然两次成功反弹至高位之上，却未能够维持住牛市行情。持续走弱的迹象说明，指数前期的牛市拉升走势已经不复存在。这个阶段成功减仓持股的话，就能够轻松避免损失的扩大。深证成指之所以在短线反弹之前期的高位之上，也未能够阻

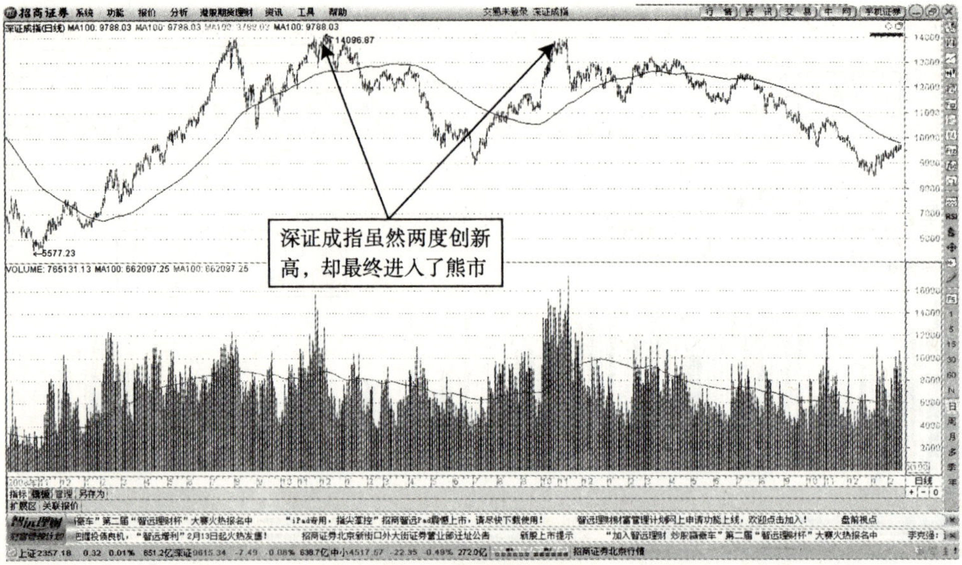
14096.87
5577.23
深证成指虽然两度创新高，却最终进入了熊市

图 2–3 深证成指

止熊市的到来，是因为这个时候的上证指数已经明显地走弱了。没有上证指数的走强的出现，深证成指的下挫其实也就在意料当中。

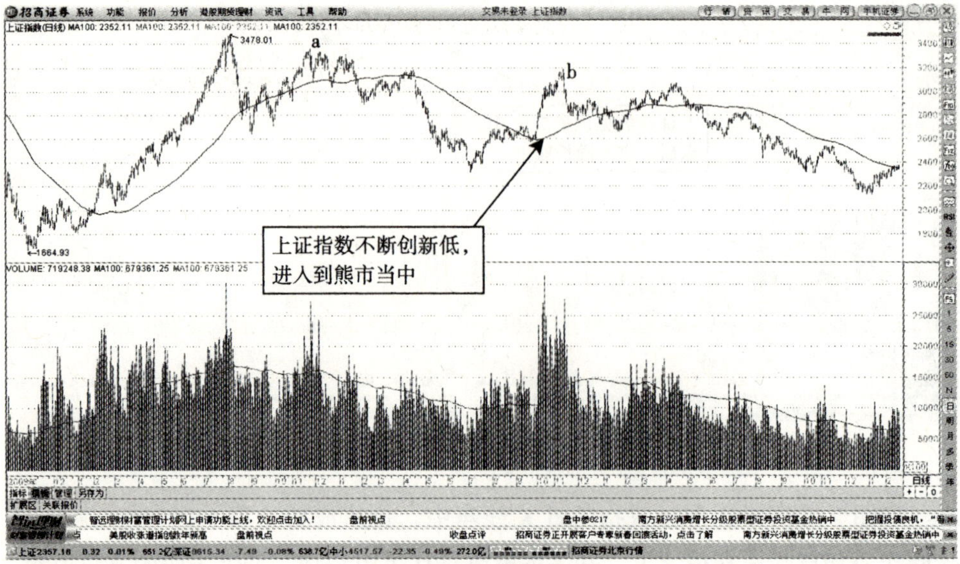
3478.01
a
b
1664.93
上证指数不断创新低，进入到熊市当中

图 2–4 上证指数

如图 2-4 所示，上证指数持续走弱的趋势中，该指数反弹图中 a、b 两个位置的反弹走势却未能够达到前期高位的 3478 点的位置。这说明，上证指数已经明显地进入到了熊市当中。深证成指反弹的走势之所以没能够将牛市延续下来，与上证指数的走弱不无关系。两种走势的背离走势，前期的牛市行情无法维持其实也在意料当中了。作为主板的上证指数的持续走弱，说明股价下跌的趋势是无法挽回的了。

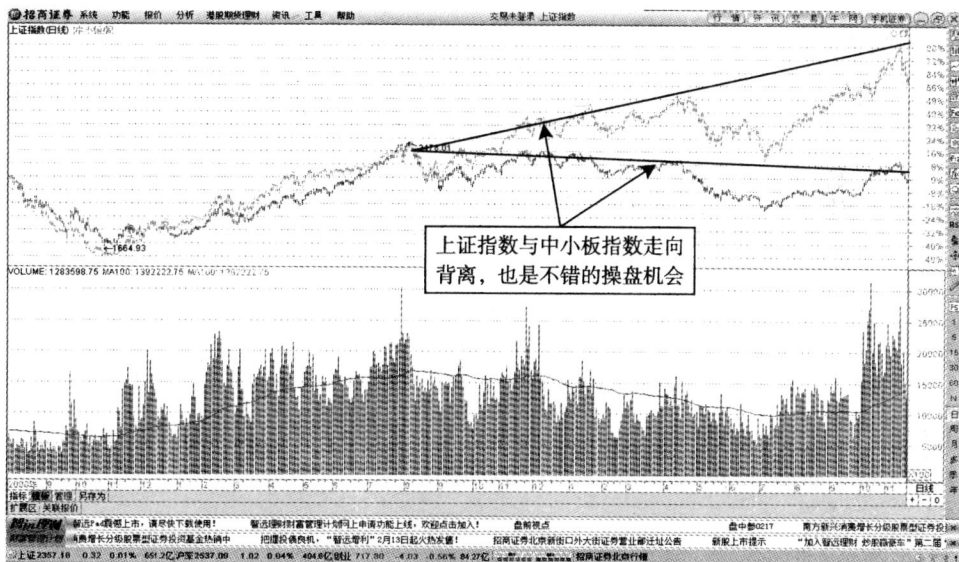

图 2-5　上证指数—中小板指数叠加图

如图 2-5 所示，上证指数—中小板指数的叠加图当中，上证指数虽然已经进入了持续回落的走势当中，但是中小板指数的走向却是截然相反的。把握住两者的背离情况，投资者就能够知道在何种股票当中寻找到合适的机会了。处于主板的股票当中，与上证指数的走向显然是相关性相对较强的，出现相应的熊市走势是很正常的。而中小板当中的股票，当然与中小板指数的反弹走势相一致了。把握住这种情况，投资者就能够获得相应的利润了。

上证指数与中小板指数的背离情况，虽然不是相互验证了熊市行情，却反过来表明了股价的企稳迹象。抓住这样的买点的话，投资者自然可以获得相应的利润。

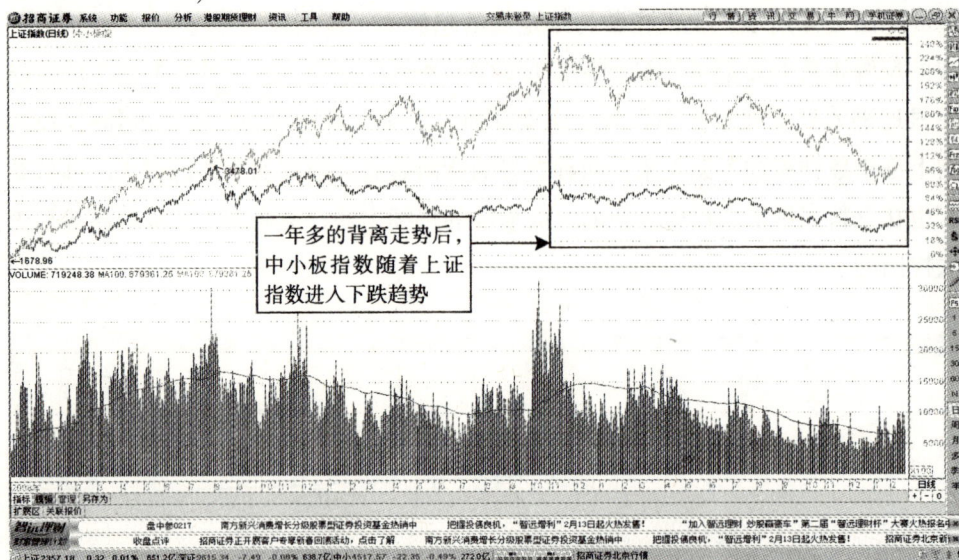

图2-6　上证指数—中小板指数叠加图

如图2-6所示，上证指数的日K线当中，中小板指数虽然与上证指数出现了明显的背离情况，这种持续的背离走势却能够维持一年的时间。之后，中小板指数才开始真正的下跌回落。前期中小板指数与上证指数的背离情况提供的看涨机会在这个时候宣告结束。

小提示

指数的相互验证原则，对于判断股市的运行趋势具有非常重要的作用。在相互能够验证的情况下，指数的运行趋势显然是非常确定的。如果两个指数的走势出现了背离的情况，投资者就应该考虑继续持有部分股票，或者在还未走弱的指数对应的股票上做多。这样的话，就能够获得相应的回报了。两种指数相互背离的情况下，比较重要的指数可能最终支配市场的走向。

二、个股走势的相互验证

相似板块的股票在开始加速转变运行趋势的时候，会同步出现相应的突破。判断一只股票突破的真假，就可以利用两只股票的叠加图走向来判断。如果两只股票的走势是相似的，并且同时出现了突破的信号，那么趋势显然是比较确定的。道氏理论中所说的两种指数同时出现突破的相互验证原则，被移植到两只相似股票的走势当中，同样对投资者的投资操作起到指导作用。

　　两种股票的走势相互验证，前提是这两种股票在板块当中比较典型，或者具备一定的代表作用，二者走势一致的情况下，理应为投资者提供不错的操作机会。不管股价朝向多空哪个方向转变，在两只股票同时出现突破的时候，突破的概率将会大为增加。

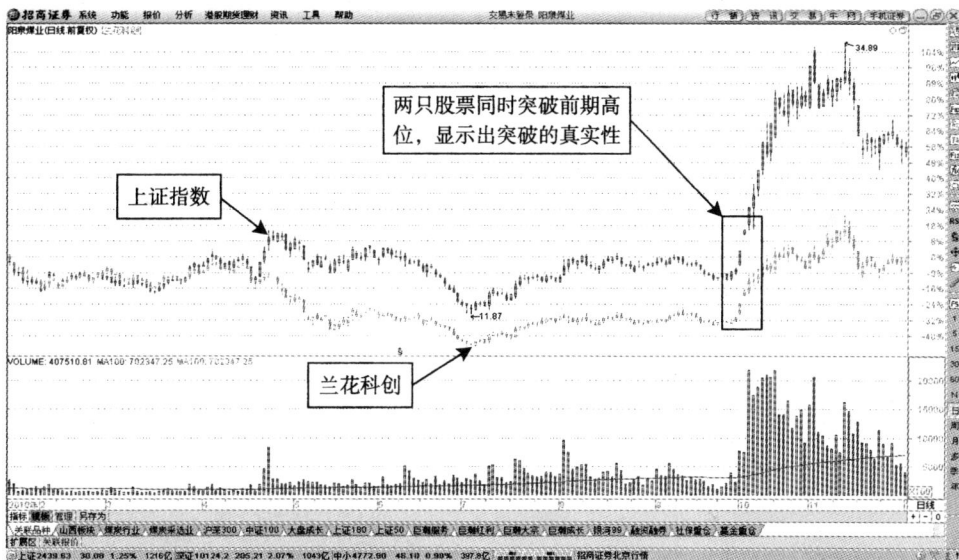

图 2-7　阳泉煤业—兰花科创日 K 线叠加图

　　如图 2-7 所示，阳泉煤业与兰花科创的日 K 线当中，股价的企稳回升的走势同时出现在股价突破以后。两者协调一致的突破性行情，表明该板块的企稳上涨已经是不争的事实。持有该板块股票的投资者，应该从先前股价持续调整的熊市当中解脱出来了。持股等待股价飙升成为获利的必然选择。

第二节　量能配合原则

　　道氏理论当中的量能配合原则适用于牛熊两种行情。如果股价在牛市当中有量能持续放大来配合股价的冲高，那么换做熊市当中，成交量也会相应地出现萎缩。中长期的走势当中，量价配合的原则是一定会遵循的。就算是在次级折返走势中，股价的短暂拉升或者持续被打压的时候，同样遵循这种原则。牛市当中的次级折返走势是股价持续时间不长的回落走势。这个时候，成交量会出现明显的萎缩。一旦次级折返调整的情况消失，股价重新进入到牛市当中，量能会二次放大支撑股价大幅度走高。熊市行情中的次级折返走势，成交量会出现短时间的反弹。不过放在熊市的大环境看的话，成交量随着股价的回落持续萎缩是必然的。可见，量价配合的原则适用于道氏理论中所说的中长期走势，同样适用于次级折返情况。

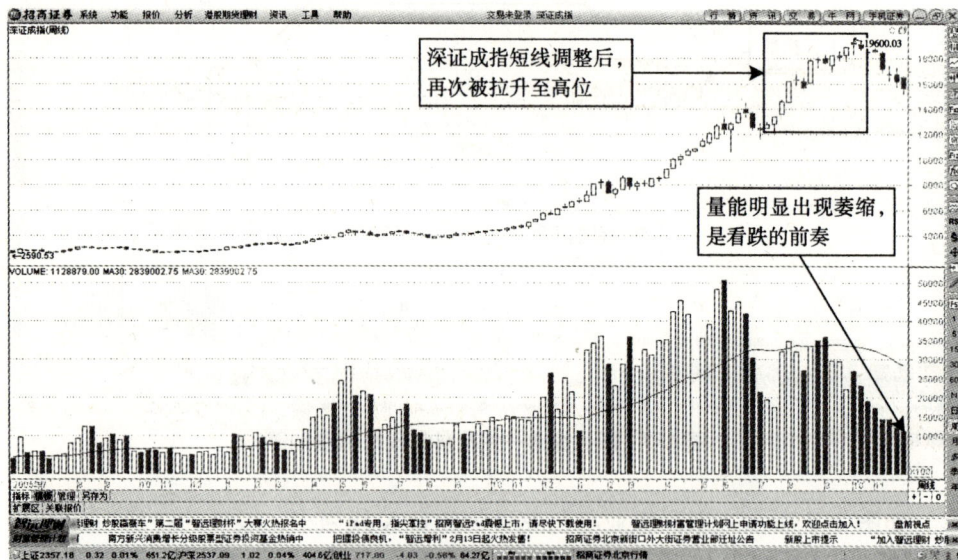

图 2-8　深证成指周线图

　　如图 2-8 所示，深证成指的周 K 线中，该指数虽然前期放量拉升的趋势比较明确，但仍然出现了缩量冲高的走势。图中指数大幅度拉升到 19600 点的过程中，成交量显著萎缩，表明指数距离真正见顶已经不远了。出于道氏理论量价配合原则的考虑，指数在无量拉升阶段是见顶前的重要信号。牛市当中获得丰厚利润的投资者可以在这个阶段持续减少持股数量，以应对今后即将出现的熊市下跌走势。

　　根据道氏理论的说明，股价处于牛市的时候，应该是持续放量的情况。只有量能持续放大，才能够支撑股价维持高位运行。当然，短线回落调整的上证指数可以是缩量回落的情形。但是，这种缩量回调的走势只能在次级折返的情况下出现。指数持续冲高的阶段是指数长期回升的牛市，绝不应该缩量冲高的。

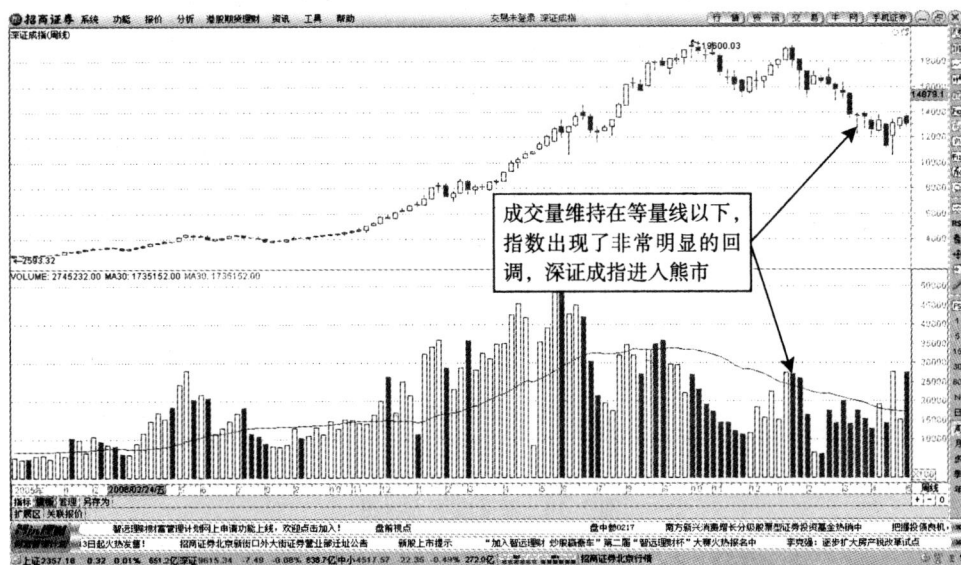

图 2-9　深证成指周线图

　　如图 2-9 所示，随着前期深证成指缩量见顶走势的出现，该指数在图中出现了显著的回落。成交量萎缩的趋势更加明确，量能显然无法突破等量线。这种缩量下跌的趋势延续下来，成为指数走熊的重要信号。前期的牛市行情持续的时间已经接近两年，是量能配合股价拉升的重要长期趋势。一旦被缩量见顶的指数跌破，那么至少是中期的回落走势将蔓延下来。死守着牛市当中获得的利润不放而不去关注该指数缩量下跌的走势，必然在熊市中损失惨重。

　　如图 2-10 所示，在深证成指缩量冲高到高位 19600 点的过程中，该指数完成了高位的双顶形态。在 19600 点遇阻回落后，缩量下跌的熊市一直持续了一年多，形成了中期的熊市调整行情。相比牛市中的放量拉升的走势，熊市指数调整阶段的量能要小得多。指数之所以在熊市中维持了一年之久，与成交量的萎缩情况密不可分。

　　如图 2-11 所示，上证指数见顶最高点 6124 点后，缩量下跌的走势已经成为常态。指数大幅度见底的过程中，放量反弹的走势也曾出现，但是持续时间从未达到过三周。这表明，反弹的走势根本算不上是次级折返情况。熊市调整的走势成为主要长期趋势，零星出现的反弹不能改变股价的大幅度下挫的主要趋势。

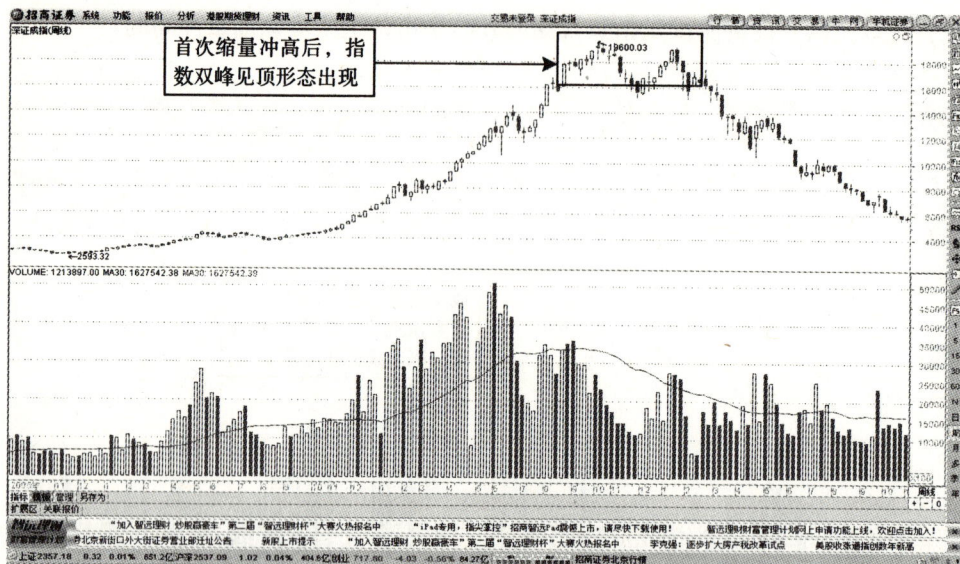

图 2-10　深证成指周线图

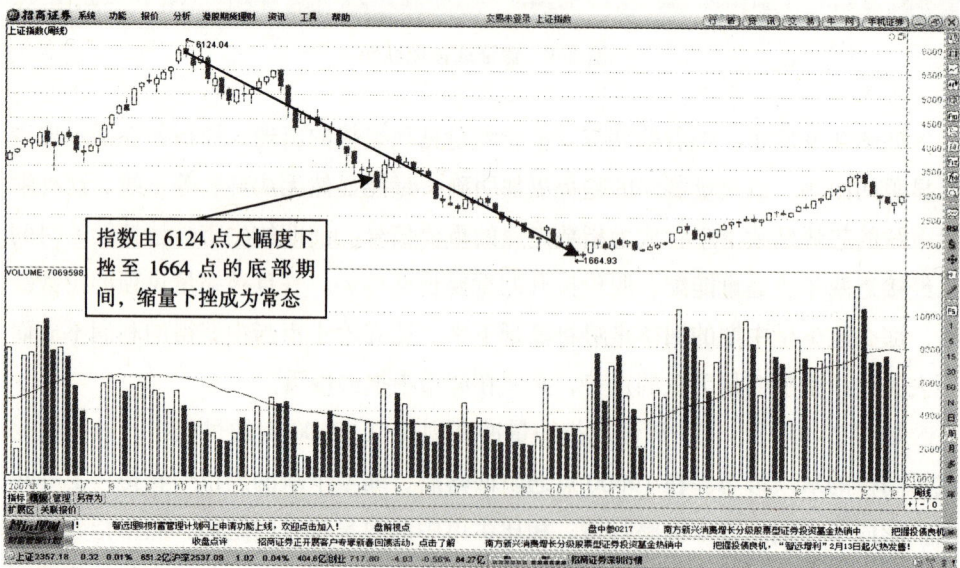

图 2-11　上证指数周线图

小提示

次级折返走势当中，不仅股价的运行趋势与中长期走势相反，从量能上来看，与大趋势也是相违背的。比如说牛市当中的次级折返走势，缩量调整的情况是比较常见的。但是，这并不妨碍股价在牛市大行情中延续上涨的势头。而熊市当中的次级折返的走势，成交量虽然也会放大，但持续时间非常短。两种次级折返的情况中，准确判断大趋势结束的重要信号，就是成交量上反映出来的明显转变信号。如果不是牛市当中的指数缩量见顶，或者说是熊市中指数的放量见底回升，趋势转变方向是比较困难的。

第三节 "横向调整"可以代替次等趋势

横向的调整走势是可以代替多数的次级折返的调整形态的。横向调整的走势中，股价波动的幅度是非常小的，而持续在一个价格范围内运行的时间又相对较长。在横向调整阶段，多方要想买入廉价的股票是不可能的，只能提高价格到横向调整的价格范围以上买入大量股票。而多方想要获得更为丰厚的利润，也是不大可能的事情。空方可以选择低于横向调整时候的价位卖出手中的股票，获得与其他做空的投资者相似的利润。持续很长时间的横盘调整的情况中，股价在波动空间非常小的价格范围内，短线出现的突破信号都是非常重要的。关注股价在横向调整完毕后的突破方向，将有助于投资者判断股价运行的真正趋势。

横向调整的走势中，该调整的情况会持续很长的一段时间。横向运行的过程中，多空双方最终促使股价转变运行趋势的信号中，其实是最为显著的信号。能否把握住反转信号，关系到投资者今后的盈亏状况以及操作方式。通常来看，突破横向调整的股价的信号是不会改变大趋势的。作为次级折返走势的横向调整的形态，通常是比较明显的矩形。矩形调整的走势完成后，也就是次级折返走势完成的信号，股价会延续前期的行情继续运行，直到真正的反向转变的信号出现为止。两种大趋势运行中的指数，如果一个指数正在经历次级折返的走势，那么另外一个指数很可能就在经历一段横向调整的走势。次级折返的调整走势中，指数的运行趋势与大趋势是相反的，这很容易判断。而横盘调整的过程中，指数的波动范围相当窄。虽然指数与大趋势相反的波动并不强烈，却仍然是次级折返走势的相似情况。横向调整结束之后，指数有望重新进入前期的大趋势中稳步运行。

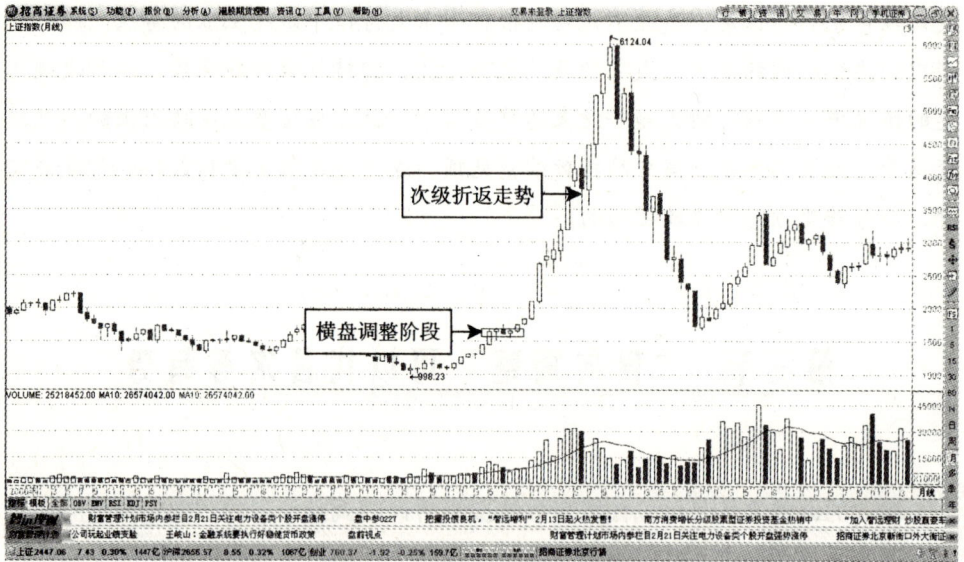

图 2-12　上证指数月 K 线图

如图 2-12 所示，上证指数的月 K 线当中，指数在 2006 年到 2007 年的牛市行情中出现走强，却也出现了相应的调整情况。大趋势虽然是牛市，指数的回落调整以及横向调整还是频繁地出现。回落幅度并不大的调整，可以说就是次级折返的走势，而在指数的横向运行的过程中，则是相当于次级折返走势的调整形态了。从指数调整的性质上来看，其实两者之间并没有太大的区别。

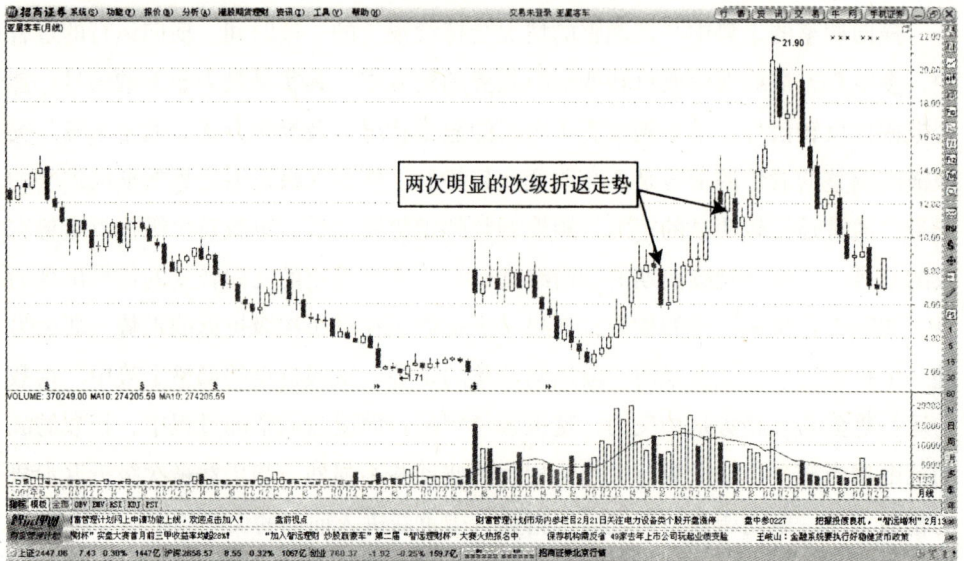

图 2-13　亚星客车月 K 线图

　　如图 2-13 所示，亚星客车的月 K 线当中，该股两次次级折返走势都出现了明显的缩量回调情况。很明显地，缩量回调的过程中，抛售压力得到了充分的释放。忽视这一次级调整走势，投资者会错过大的向上趋势以及调整中的低价加仓机会。掌握住该股牛市大行情的情况下，在股价的次级折返走势中寻求调仓的操作，更容易增加投资利润。

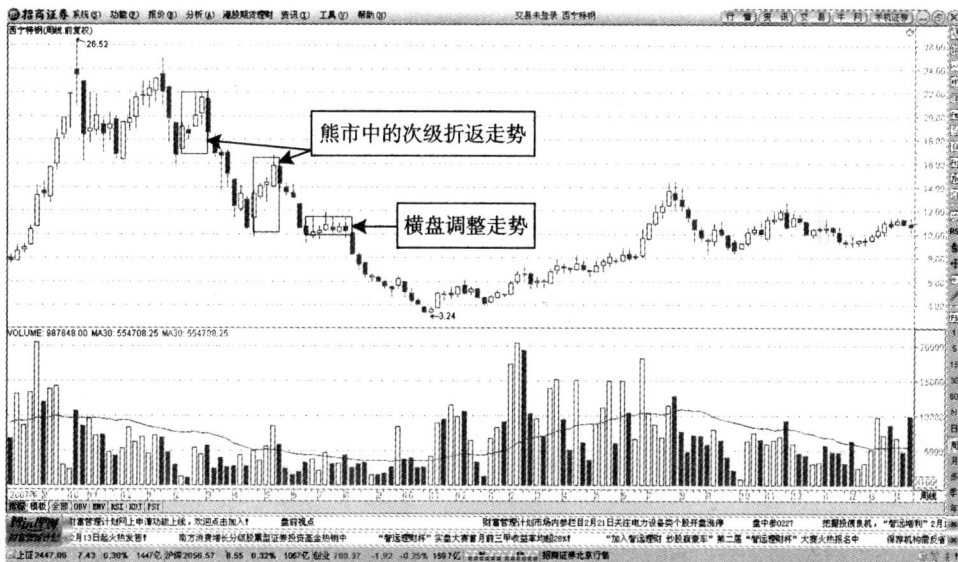

图 2-14　西宁特钢周 K 线图

　　如图 2-14 所示，西宁特钢的周 K 线当中，在股价的大幅度回落情况下，短线反弹的次级折返也曾出现过。只不过次级折返走势出现的同时，短线横盘调整的走势也曾出现。在把握该股长期回落的熊市前提下，次级折返的过程显然是减仓的不错机会。而该股横盘运行期间的调整走势，虽然股价波动空间不会很大，却也是稳定运行的减仓机会。在横盘运行期间以及股价出现次级折返走势的时候，都是投资者减仓的好时机。

小提示

　　横盘运行的指数或者是个股，通常都是次级折返走势的不同形态。对股价的调整，横向运行的矩形走势其实就相当于次级折返的走势。判断大趋势无误的情况下，等待横向运行完毕后，指数或者是个股的运行趋势通常不会发生太多变化。横向运行的指数对于投资者判断正确的趋势的帮助是很大的。相比次级折返的情况，横向运行的指数并未真正改变指数运行的大趋势。短暂的调整结束之后，指数还是会重新进入到前期的行情中。从道氏理论的原则上来看，判断指数运行趋势发生转变的信号，通常应该是量能的快速变化以及反转信号的出现。如果不是这两种情况的话，趋势出现转变是很困难的。

第四节　收盘价原则

　　道氏理论涉及的价格通常都是收盘价格。对于分时图中出现的最高价格或者最低价格，对股价运行趋势的影响都不大。收盘价格在股价运行的过程中的作用是非常大的。重要的支撑位或者压力位置都出现在收盘价格附近，而不是出现在最高或者最低价格。

　　收盘价格原则在投资者判断反转价格的时候尤其重要。次级折返的股价出现反转信号的时候，也是用收盘价格来判断的。而运行趋势出现明显的反转的时候，不仅量能要发生改变，收盘价格判断指数的运行趋势也会出现重大的转折信号。如果指数收盘价格没有出现根本的转变，不管最高价格或者最低价格在何种位置，指数都将延续前期的运行趋势。

　　道氏理论不同周期的行情，其判断的价位也是收盘价格。历史上的最高位不能提供相应的买卖机会。而收盘价格一旦成为趋势转变的重要转折点，那么该价格就应该引起投资者的重视才行。重要的转折意义的收盘价格对今后股价的走势将产生深远的影响。

　　如图 2-15 所示，中小板指的周 K 线当中，该指数出现了非常明显的拉升走势，虽然在图中所示的位置出现了非常明显的回调，但终究还是重新反弹至均线以上。这表明，股价继续大幅度上扬的势头仍然在延续当中。把握好该股的牛市行情的话，投资者仍然可以获利。从道氏理论的收盘价格原则来看，该股持续这种上涨的势头仍然能够延续。收盘价格线强势维持在均线之上的时候，投资者不可能遭受损失。

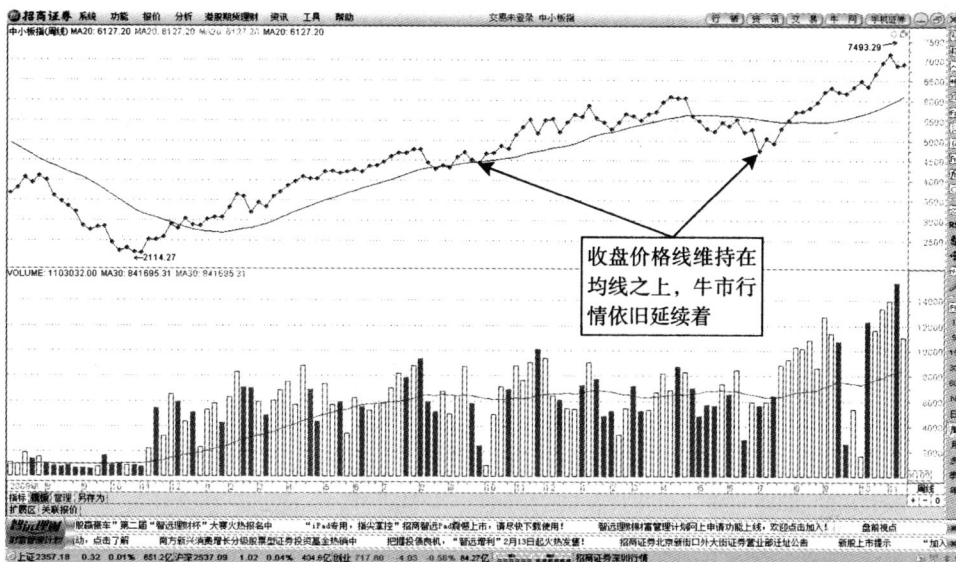

图 2-15　中小板指收盘线图

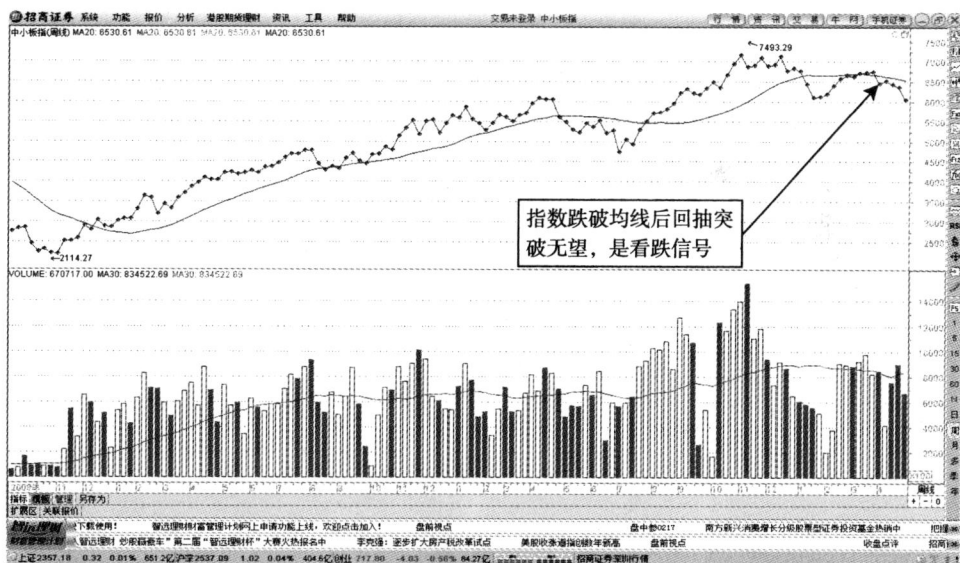

图 2-16　中小板指收盘线图

如图 2-16 所示，中小板指的周 K 线当中，该指数在图中所示的位置再次跌破了均线后就是投资者看跌该指数的信号了。为什么这样说呢？关键还在于图中中小板指数成功跌破了均线，而反弹的时候却再也无法反弹至均线以上，说明下跌的趋势很显然地出现了。把握住指数的这种下挫的大趋势的话，自然不会遭受损失了。

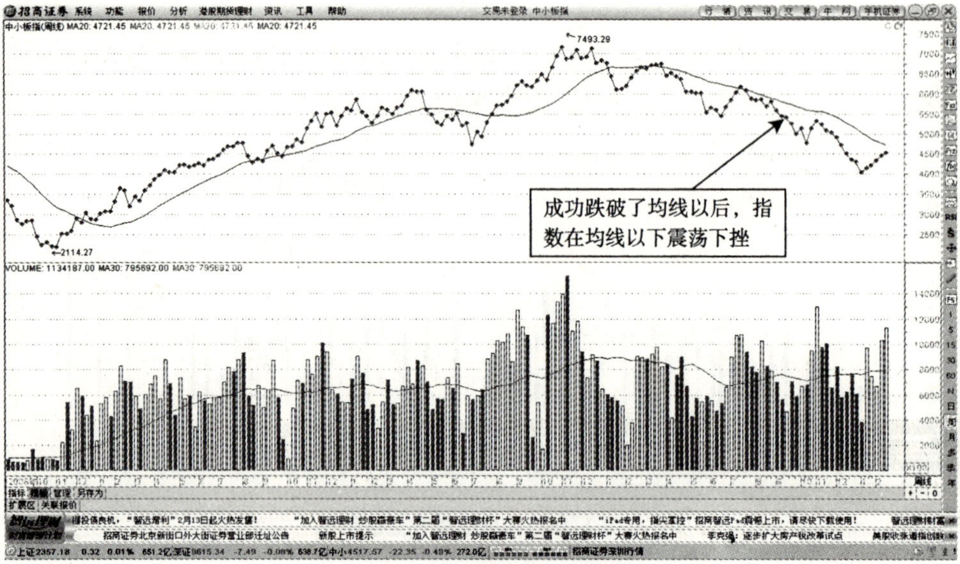

图 2-17 中小板指数收盘线图

如图 2-17 所示，中小板指数的下跌趋势已经非常明确了，量能在萎缩的情况下，指数显然会延续这种缩量下挫的趋势。量能无法维持放大的情况下，并且结合收盘价格跌破了均线的走势，长期做空指数是最佳的选择。

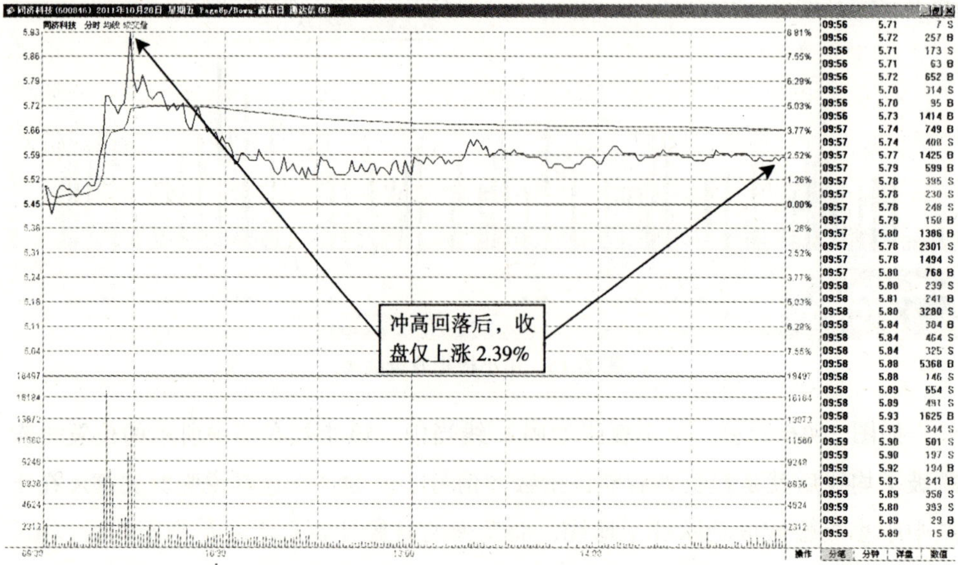

图 2-18 同济科技 2011 年 10 月 28 日分时图

如图 2-18 所示，同济科技的分时图当中，该股不仅开盘的时候已经有了一定的上涨空间，并且在开盘后的不足一刻钟内，股价自然调整到位并且大幅度冲高。虽然在开盘后的半个小时的时候股价大幅度冲击 8.81%，却没有维持在这样的高位运行。股价冲高回落之后，该股在收盘的时候仅仅上涨了 2.39%。这表明，该股虽然冲高，却不是看涨的信号。回头看一下该股当天仅仅上涨了 2.39%，说明短线真正的趋势并不看好。

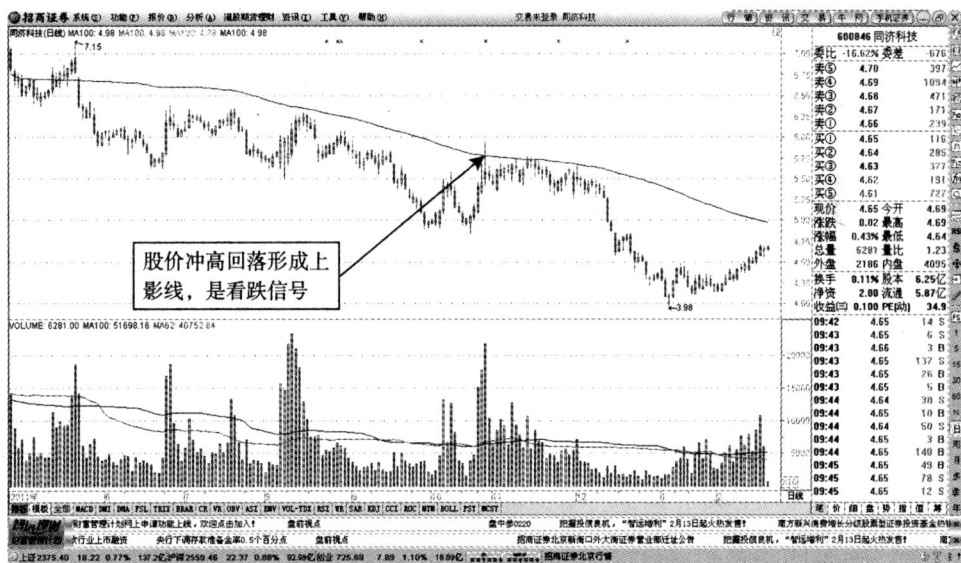

图 2-19　同济科技日 K 线走势

如图 2-19 所示，同济科技的日 K 线当中，该股形成了上影线非常长的见顶回落的阳线。这表明，分时图中大幅度冲高回落后形成的长上影线阳线是股价短线见顶回落的信号。道氏理论中所说的收盘价原则适用于指数，当然也适用于个股的走势。既然是收盘价格发出的反转信号，从短线看来也是比较可靠的。

小提示

收盘价原则在指数运行的过程中起到的作用是非常大的。不管最高价格与最低价格处于何种位置，收盘价格总是能够起到决定性的作用。收盘价格如果没有发出相应的买卖信号，最高价格与最低价格起到的作用将是非常小的。在大的趋势上把握收盘价格所处的位置以及起到的相应作用，投资者自然可以准确判断指数所处的趋势了。

第五节　反转信号确立趋势原则

反转信号真正出现之时才是趋势反转之日。投资者在反转信号出现之前采取的操作都是不可靠的。冒进的投资者看似提前一步做出了反应，却不一定能够准确判断趋势的方向。只有等到信号确认之后，才能够采取相应的操作。如果在反转信号确认之前采取行动，可能会出现反向操作的情况，这样的话，就会损失很大的利润了。确切地说，机会总是青睐那些学会等待的投资者。冒进的投资者不仅不能顺利抓住指数运行的真正趋势，还会有很大概率遭受损失。

道氏理论告诉我们，新的趋势的确立一定需要两种指数同时出现反转的信号才行。如果这种反转信号没有出现的话，投资者不能够盲目地操作。不仅需要在反转信号出现之时采取行动，而且是两种指数的反转信号确认才是可靠的信号。熊市没有出现结束信号之前，投资者盲目地追涨只会造成投资损失。同样地，牛市还未真正出现见顶信号前，指数上涨的势头还是会延续下来的。投资者在这个时候提前采取相应的操作的话，错失利润的概率还是非常高的。这样看来，投资者倒不如耐心等待反转信号的出现，然后再大幅度采取反向操作来增加收益或者避免投资风险。

牛市既然被确认了下来，投资者不应该急于出货。牛市反转的信号出现前，持股等待利润继续放大是明智的做法。而熊市被确认下来，持币等待熊市的反转信号出现后再采取相应的操作，仍然有机会获得不错的抄底机会。即便是指数短线涨幅很大了，确认了牛市行情，个股的上涨空间很可能还比较小，投资者可以抄底的股票是相当多的。

如图 2-20 所示，上证指数的日 K 线当中，该指数虽然经常出现短线调整的走势，但终究没有跌破均线。在均线之上持续走高的过程中，投资者如果提前预期该股见顶并且采取相应的减仓操作的话，必然会失去很大一部分股价上涨的利润。因为指数出现真正的见顶信号之前，投资者的任何减仓行为都将损失一部分利润。指数不管是大涨还是小涨，维持在牛市当中的话，投资者就应该继续持有股票，等待反转信号出现之时再考虑减仓，才能够轻松减少损失。

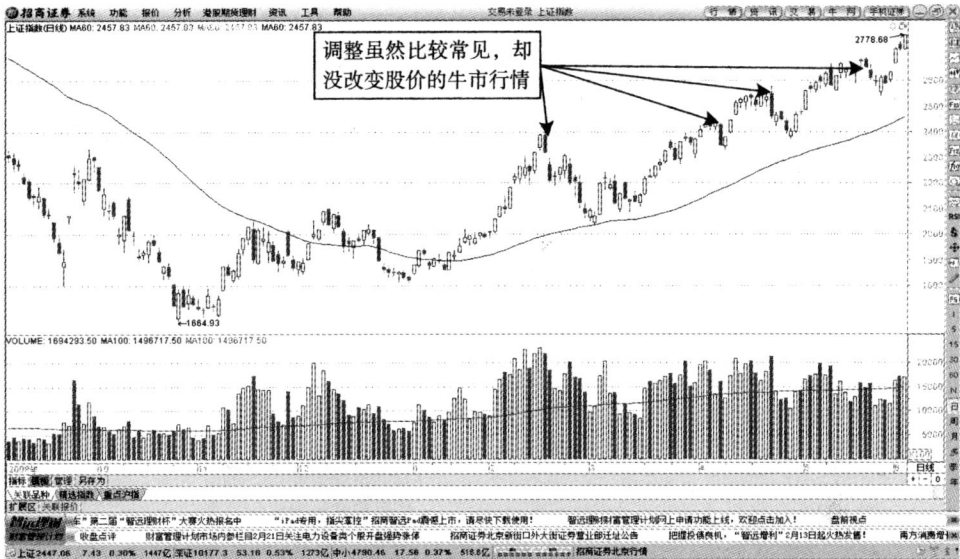

图 2-20 上证指数日 K 线走势

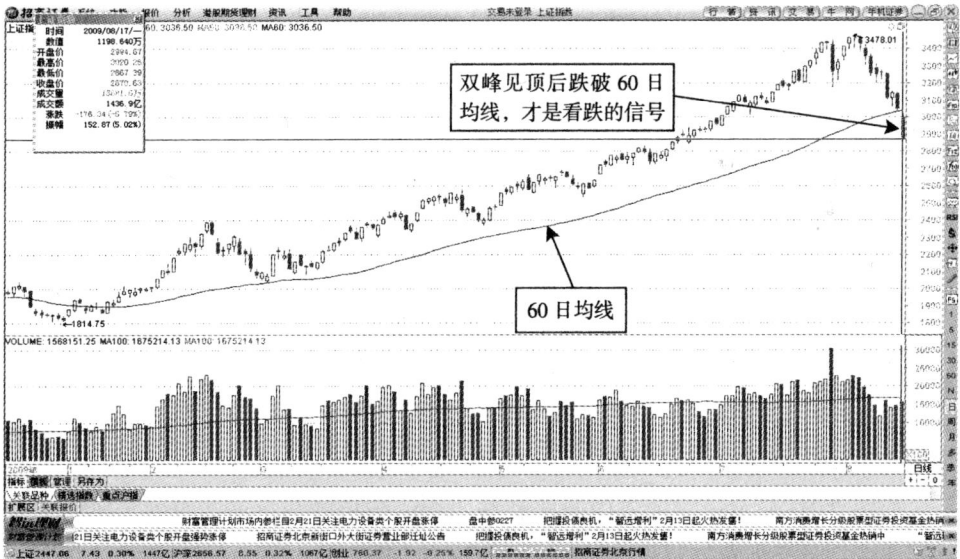

图 2-21 上证指数双峰见顶信号

如图 2-21 所示，上证指数的上涨势头果然不同凡响，指数在持续上涨的过程中，想必哪一个投资者也不会轻易猜测到该指数的真正顶部。只有指数出现了双峰的反转信号，并且指数成功跌破了该双峰形态，一直到该指数跌破 60 日的支撑均线，才是投资者看空的信号。提前一步减仓的投资者不会在股价见顶的时候损失利润，当然也不会获得尽可能多的收益了。采取持股待涨的操作方法，耐心地等待指数真正见顶之时再考虑减仓，是投资者在牛市当中尽可能获得高额回报的重要手段。

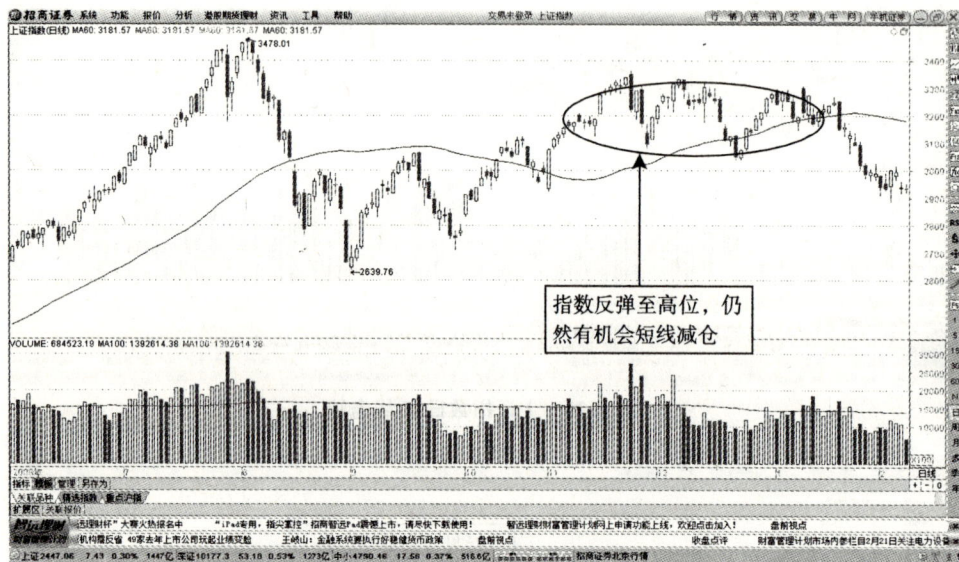

图 2-22　上证指数——高位调整的减仓机会

如图 2-22 所示，上证指数的日 K 线当中，虽然该指数出现了非常明确的双峰见顶信号，却仍然在见顶回落后大幅度反弹至前期的高位附近。这表明，投资者在操作上还是可以有机会高位减仓持股的。指数并不是一下子就回落下来的，投资者还是有机会在短线采取相应的减仓操作的。毕竟，在指数成功出现见顶信号后，该指数仍然出现了较大的反弹走势。在反弹的过程中减仓持有个股的话，仍然是可以获得相应的利润的。

如图 2-23 所示，深证成指的日 K 线当中，该指数与上证指数同步出现了双峰见顶的信号。而深证成指随之出现的大幅度下挫与短线反弹的走势，明确无误地确认了熊市行情的来临。两个指数的相互确认，说明牛市行情已经见顶。把握该反转信号，在个股上持续做空的话，有望减少今后出现损失的可能性。

如图 2-24 所示，复星医药的日 K 线当中，该股在除权之后延续了缩量下挫的大趋势。很显然，该股的下跌趋势在没有出现企稳的信号之前将很难有更大的改观。把握住股价持续回落的大趋势，投资者是可以减少损失的。像复星

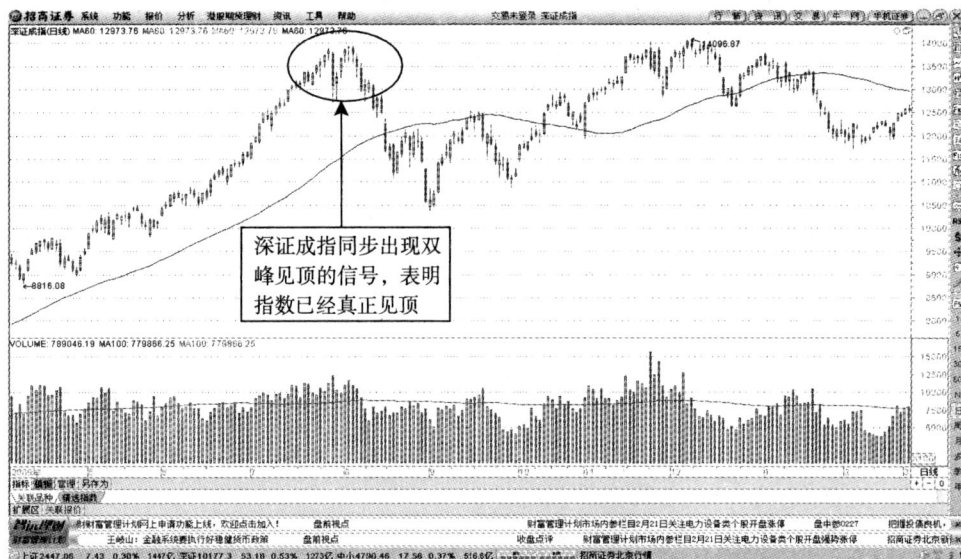

深证成指同步出现双峰见顶的信号，表明指数已经真正见顶

图2-23 深证成指——高位调整的减仓机会

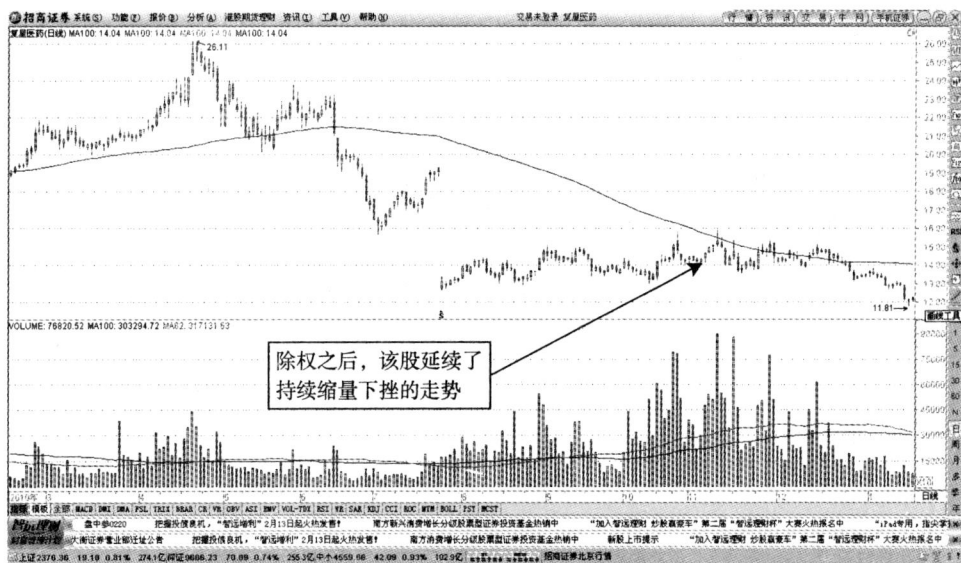

除权之后，该股延续了持续缩量下挫的走势

图2-24 复星医药——除权后走势

医药这样缩量大幅度走弱的股价，主力不去快速介入，将不容易挽回股价下跌的大趋势。

图 2-25 复星医药

如图 2-25 所示，复星医药在下跌趋势中虽然也出现了很多次的反弹走势，但这种反弹走势终究没有转化为大幅上涨的信号。投资者在股价短暂反弹的过程中减仓持股，才是比较理想的操作方法。任何的等待都将加剧投资者的持股损失。

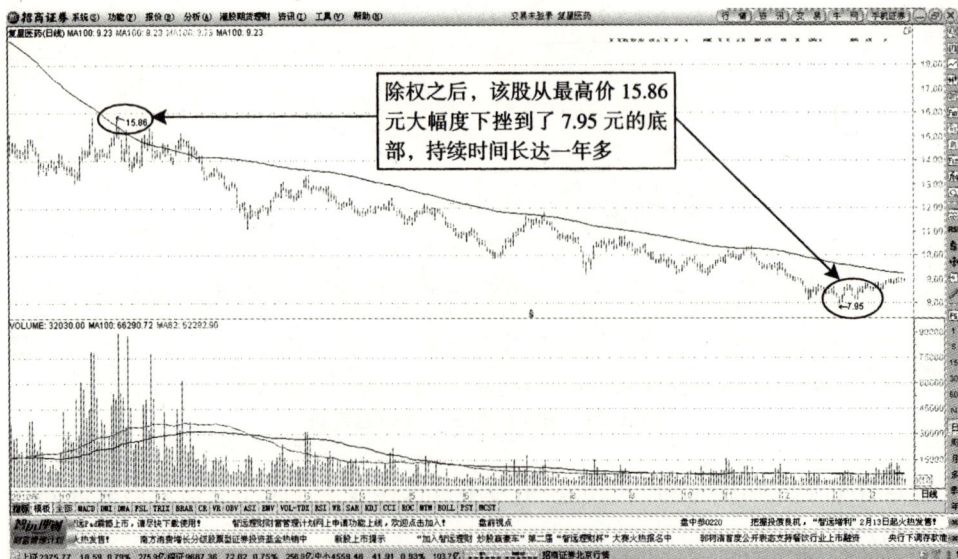

图 2-26 复星医药

如图 2-26 所示，复星医药的下挫走势持续时间长达一年零两个月，股价从除权后的最高价格 15.86 元的顶部，大幅度下挫到了底部的 7.95 元，跌幅高达 49.8%。几乎一半的市值在一年的时间里蒸发掉了。如此一来，投资者应该在熊市当中做好长线持币的准备。对待任何出现的反弹走势都不能够轻易地追涨。等待指数企稳或者该股出现了相应的企稳信号再做打算也不迟。

小提示

反转信号确立原则中，投资者要按照收盘价格确立的反转信号来操作股票。如果反转信号没有出现的话，投资者不能够轻易地去采取行动。趋势没有出现之前，股价运行趋势会延续前期的趋势。试图猜测股价运行趋势，并且主观臆测股价顶部和底部所在的价位，一定是得不偿失的。与其说预测可能出现的底部或者是顶部，倒不如按照前期股价的运行趋势来连续地操作股票，这样才能够抓住大趋势，获得利润或者是避免损失。趋势转变并不是像很多投资者预计的那样，在特定的价位开始转变方向。见顶回落或者见底回升的走势，没有谁能真正预测得清楚。等待信号确认之后再考虑改变操作方式，也不会错过赢利的操盘机会。

本章小结

本章所说的关于道氏理论的基本原则，虽然理解起来比较简单，实战当中却有很多投资者忽视简单的原则。没有这些简单的原则，道氏理论的运用必然是不成功的。总体来看，道氏理论的五条原则其实是相互联系的。孤立地去看五个不同的操作原则是错误的做法。比如说量能配合原则与反转信号确立原则，反转信号的出现是股价转变趋势的唯一信号，而这个时候只有量能发生了显著变化，才能够说明反转信号是可靠的。投资者使用反转信号确立来指导买卖操作的时候，也应该注重量能随之出现的变化才行。而量能配合的原则中，所说的股价运行趋势发生改变的时候，一定是伴随着股价运行趋势的转变的。量能变化引起股价运行趋势的短时间改变或者是长期转变，是必然的结果。可见，理解道氏理论不同原则的过程中，整体地看待这些原则对投资者的操作是很重要的。

第三章　道氏理论的趋势线分析

第一节　道氏理论与趋势线

一、趋势线的简单画法

趋势线是由不同价格的两个支撑点或者压力点相连构成的。在较大的长期牛市行情中，可以明显地发现组成长期牛市行情的中级行情。中级行情之间会有逐渐回升的底部，连接不同的底部价位就形成了牛市行情的上涨趋势线。而如果中级行情也分为几段比较小的行情的话，将最先出现的两段小行情的底部价位连接便能够形成中期行情的趋势线。而更小的短期行情的趋势线同样可以用这种方法画出来。

对于熊市行情，趋势线的画法是相似的。只不过趋势线的两个低点变成了股价反弹的两个高点。第一时间形成的或者最具有压制股价下跌意义的两条趋势线连接起来就形成了最初的趋势线了。趋势线被勾画出来后，对今后股价的走势将起到非常大的指导作用。

1. 上涨的牛市行情中，趋势线的画法

牛市行情趋势线的画法可以有两种：

其一，连接两条具有决定股价反弹意义的阳线的开盘价格，向右上方延伸，便是上升趋势线了。这种连接阳线开盘价格形成的上升趋势线，角度比较适合中级行情与原始行情。

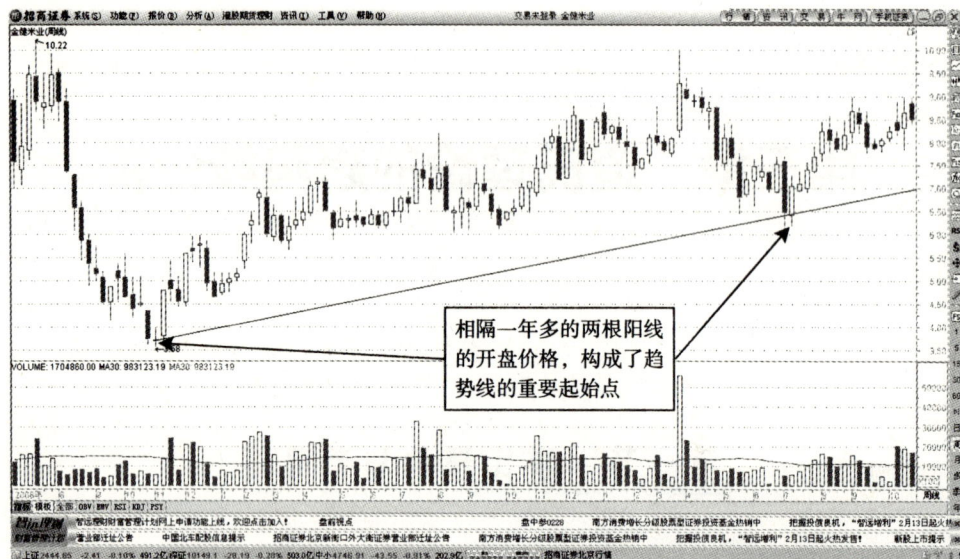

图 3-1　金健米业——周 K 线收盘价支撑线

如图 3-1 所示，金健米业的周 K 线当中，确认该牛市趋势线的两根阳线的开盘价格，相隔时间长达一年多，显然对股价上涨的支撑效果是毋庸置疑的。既然是收盘价格确认的支撑线，那么股价运行的过程中，一旦在某一个位置跌破了该上涨的趋势线，那将是投资者减仓的重要机会。趋势的延续显然不会在短时间内停止。该趋势线的确立能够为投资者提供不错的机会。

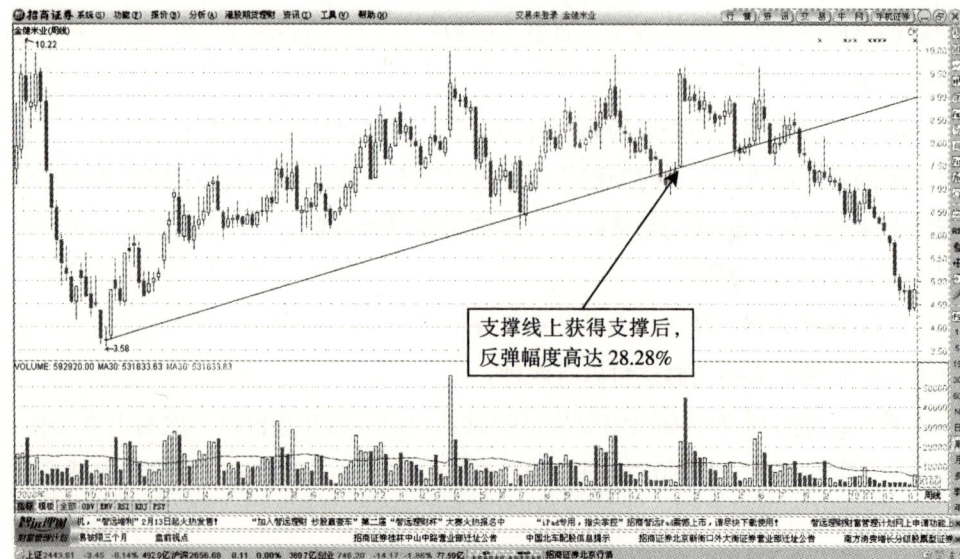

图 3-2　金健米业——趋势线的支撑效果

如图 3-2 所示，金健米业的周 K 线当中，该股短线虽然回落至上升趋势线，却是投资者非常好的短线抄底机会。在该上升趋势线附近经过了三周的调整后，该股短时间内暴涨幅度高达 28%，成为短线涨幅不小的黑马股。

其二，连接两条阳线的最低价格，形成一条向右上方延伸的趋势线。这种连接最低价格形成的牛市行情的趋势线不容易被期间的调整跌破，更适用于原始行情的走势。

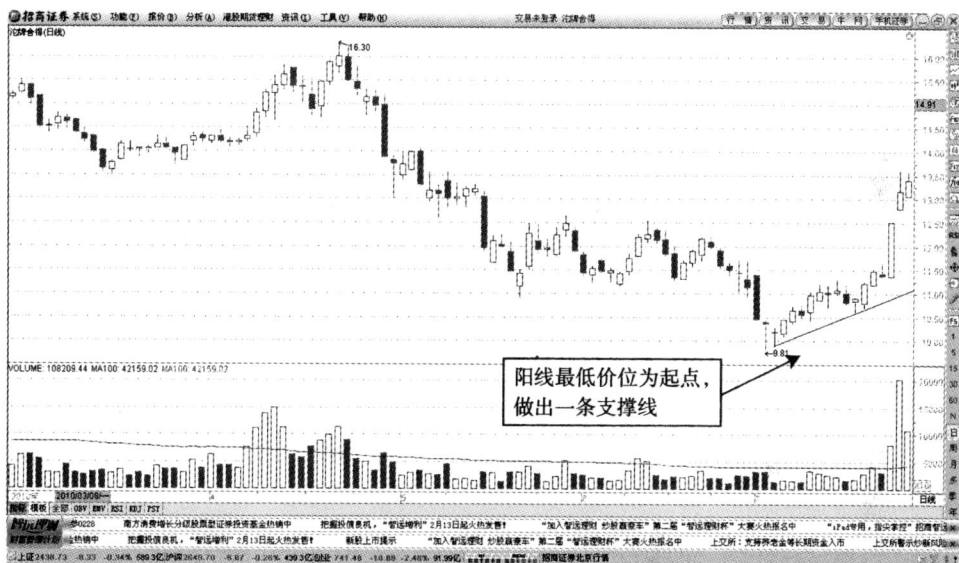

图 3-3　沱牌舍得——最低价支撑线

如图 3-3 所示，沱牌舍得的日 K 线当中，该股回升的趋势线是从股价反弹阳线的最低价格勾画出来的。量能放大的情况下，该股持续反弹，连接图中两个短线底部的小阳线，自然能够获得股价飙升的利润。

如图 3-4 所示，从支撑线的支撑效果来看，沱牌舍得的上涨趋势中，两次非常成功的反弹行情，起点就是图中所示的趋势线附近。这表明，通过勾画股价拉升出阳线的最低价格开始做趋势线，对股价长期回升的支撑效果也是不错的。只是在判断反弹点位的时候，使用收盘价格画出来的趋势线更加有效一些。

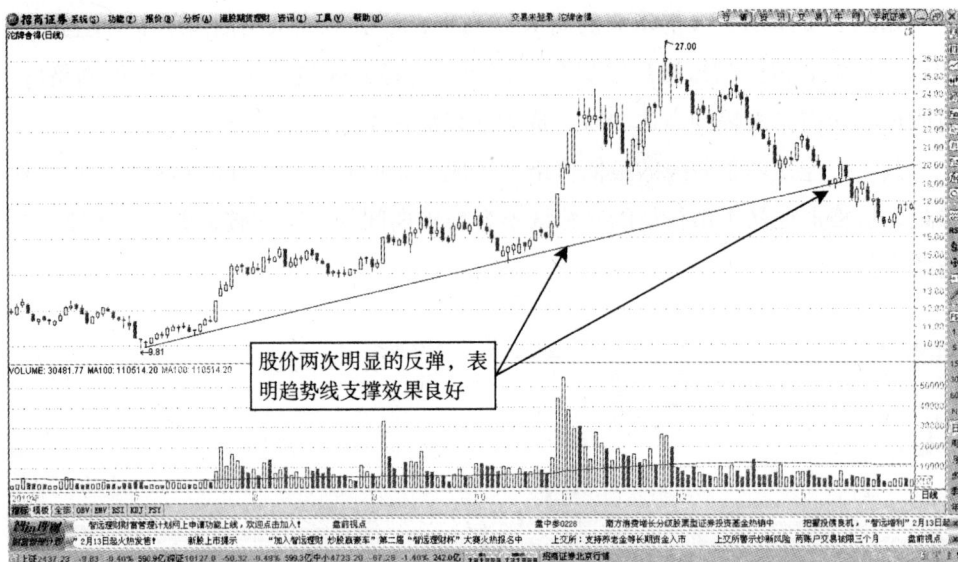

图 3-4　沱牌舍得——支撑效果

2. 下跌的熊市行情中，趋势线的画法

熊市行情的趋势线的画法可以有两种：

其一，连接两条具有决定意义的阴线的开盘价格，向右下方延伸，便形成了适用于中期和原始下跌行情的趋势线。

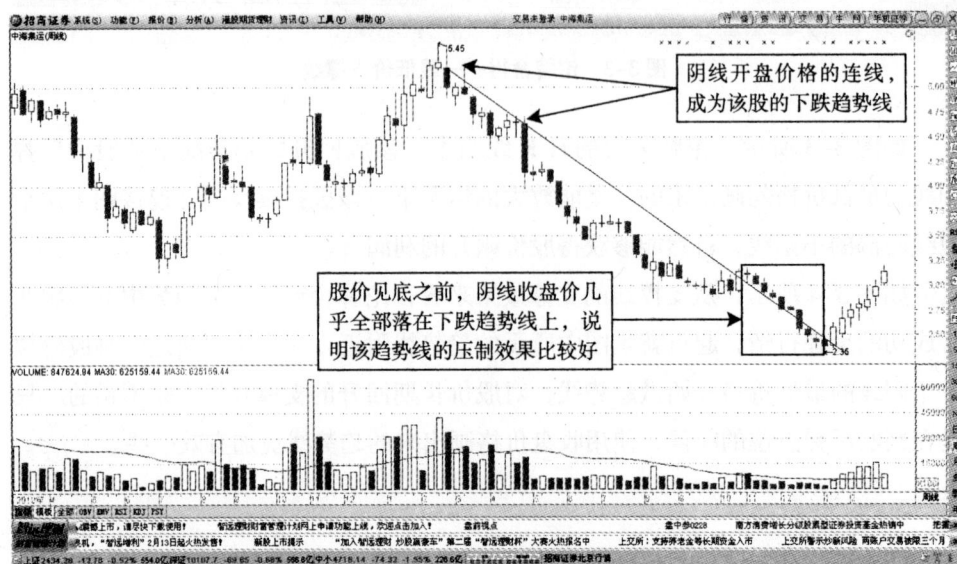

图 3-5　中海集运——周 K 线开盘价压力线

如图 3-5 所示，中海集运的周 K 线当中，股价的持续回落的趋势中，沿着图中两条阴线的开盘价格勾画出来的下跌趋势线，同样是投资者不可忽视的重要压力位。后市股价的运行趋势基本上是围绕着该趋势线以下运行的。这说明使用阴线的开盘价格勾画出来的回落趋势线对股价的压制效果还是很强的。

其二，连接两条具有决定意义的阴线的最高价格，向右下方延伸，便形成了适用于原始下跌行情的趋势线。

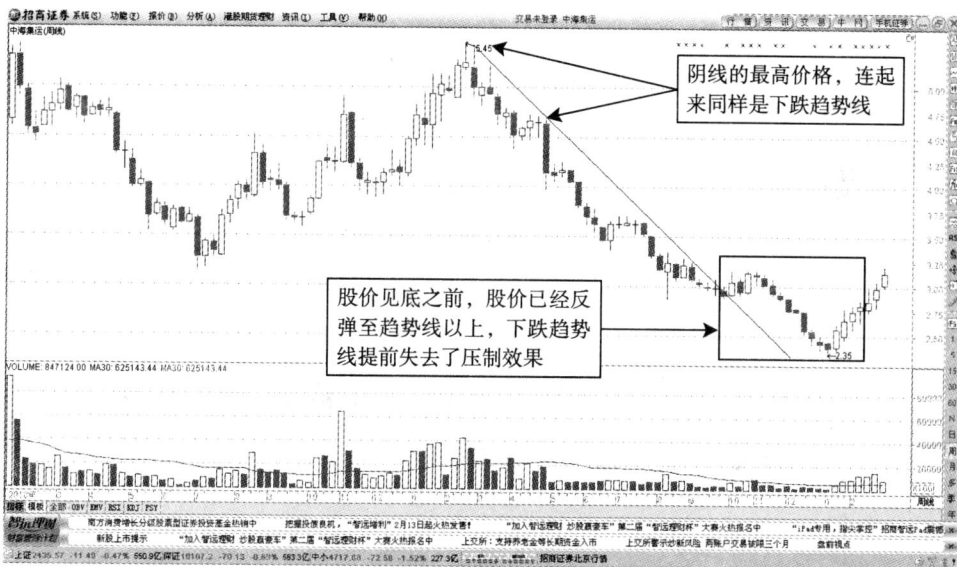

图 3-6 中海集运——周 K 线最高价压力线

如图 3-6 所示，中海集运的周 K 线当中，同样的趋势线，根据阴线的最高价格勾画出来的话，对股价的压制效果就很一般了。在该股见底的末期，股价已经明显地回升到了下跌趋势线以上。但是，该股距离真正见底的价位还有很大一段距离。

二、趋势线的有效性

判断一条趋势线的作用效果，可以从趋势线的确认次数、趋势线的持续时间、趋势线的角度三方面来看待。

1. 趋势线的确认次数

趋势线的确认次数越多，相应的支撑或者压制效果也会更加明显。投资者判断买卖时间的时候，可以根据有效的支撑或者压力线来判断准确的买卖机会，这样的话更容易获得成功。就拿支撑线来说，一旦支撑线被确认下来，股价屡次回落至趋势线附近的时候都能受到支撑，并且开始快速放量反弹的话，那么后市股价再次回落至趋势线上，一定还是不错的建仓机会。

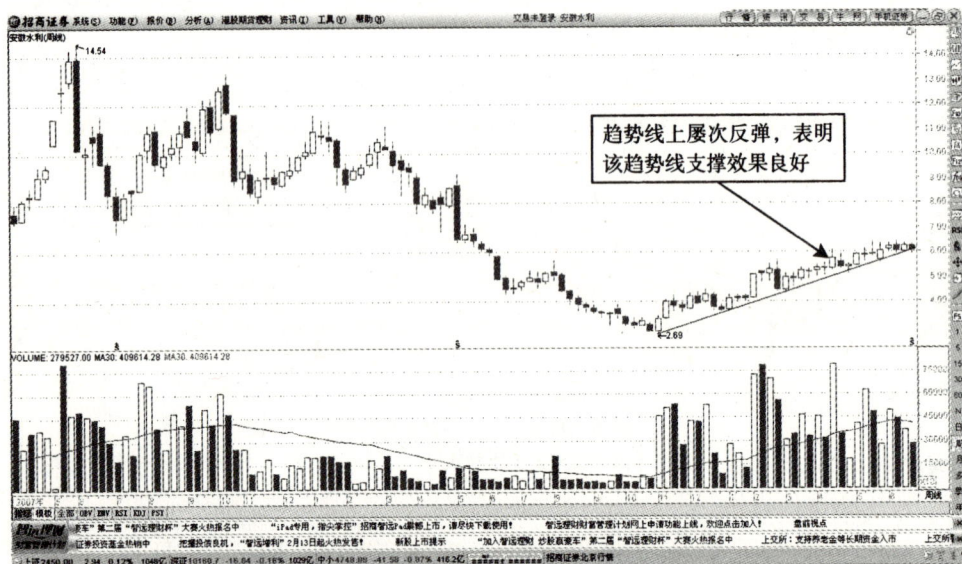

图 3-7　安徽水利——股价在支撑线上频繁反弹

如图 3-7 所示，安徽水利的周 K 线当中，股价自然见底回升之后就沿着趋势线不断地向上反攻。很显然，该上升趋势线已经成为股价大幅度冲高的动力来源。股价短线涨幅虽然不大，但是在趋势线附近持续出现的小反弹表明该趋势线已经得到了非常充分的验证。不管该股今后的运行如何，都不会轻易地跌破该回升的趋势线的。牢牢地抓住这一点的话，投资者就不会遭受损失了。

如图 3-8 所示，安徽水利的周 K 线当中，终于出现了放量突破的走势。图中该股大幅度上涨的起点，正是前期屡次确认有效果的上升趋势线。在长达九个月的时间里，股价短线不断地从上升趋势线上反弹，说明股价最终大幅度上攻是可以预见的走势。判断趋势线的支撑效果是可以从趋势线的确认次数上来看的。频繁被确认的安徽水利的上升趋势线，支撑效果相当可靠。

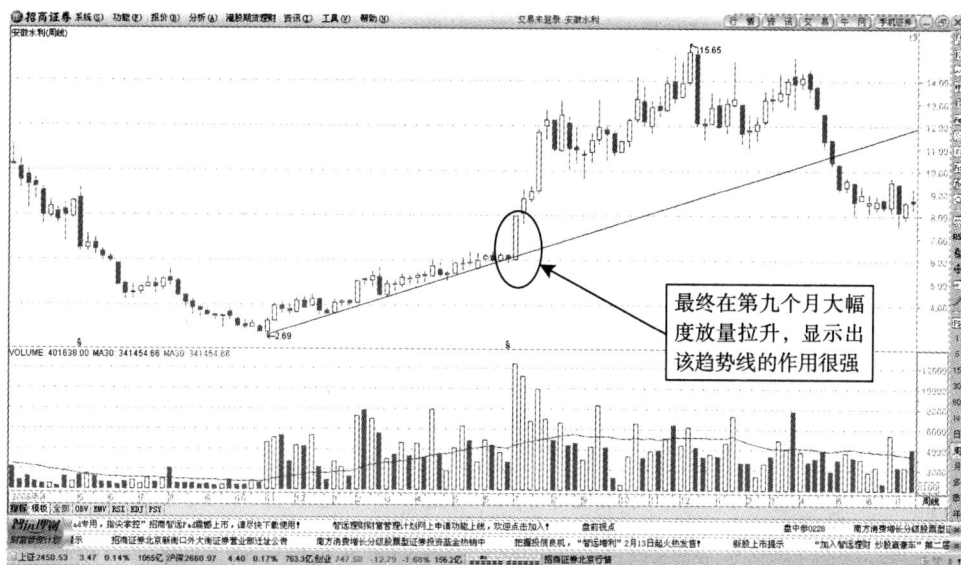

最终在第九个月大幅度放量拉升，显示出该趋势线的作用很强

图3-8 安徽水利——股价终于大幅突破

2. 趋势线的持续时间

趋势线持续有效的时间越长，对股价的长期走势的指引作用越有效。如果是牛市当中的话，股价之所以能够持续不断地大幅度上攻，其原因也是趋势线的长期支撑作用。当然，持续时间比较长的趋势线，两个靠近的股价调整的底部的连线不能够太平或者太陡峭，否则趋势线就会失去应有的效果。

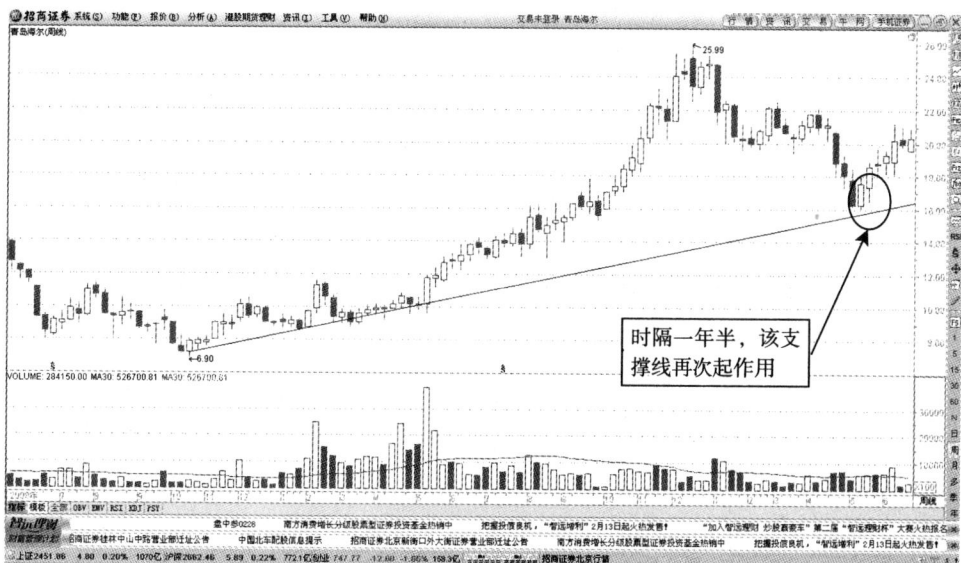

时隔一年半，该支撑线再次起作用

图3-9 青岛海尔——支撑效果持续一年半

如图 3-9 所示，青岛海尔的周 K 线当中，前期该股见底反弹后确认的支撑线，再过了一年半之后，仍然起到了支撑效果。从图中青岛海尔的短线大幅度反弹的走势中可以看出来，股价明显受到了支撑才开始大幅度走高的。从这一点来看，判断该股的企稳回升的信号其实是非常容易的。既然长达一年的支撑线可以支撑住股价，那么反弹将继续延续下来。

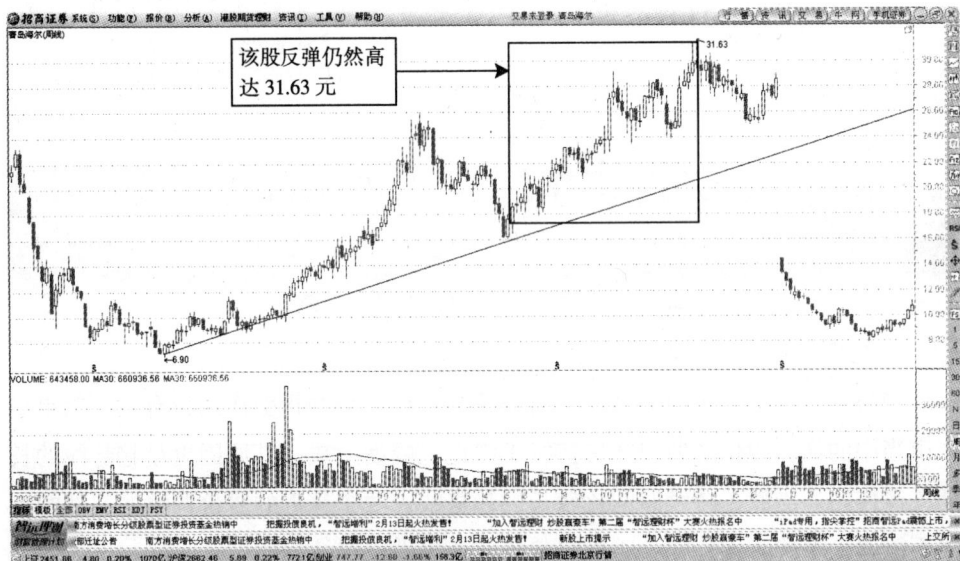

图 3-10　青岛海尔——股价再次冲高

如图 3-10 所示，在长期趋势线的引导下，青岛海尔果然开始大幅度放量回升的走势。股价从短线的 16 元开始反弹，直到高位 31.63 元才出现见顶回落的走势。这表明从趋势线持续时间上来判断支撑效果还是非常管用的。毕竟，长期走强的趋势当中，即便股价短时间出现回落，遇到支撑线再次反弹的概率还是比较高的。多方也不可能在短时间内就将股价打压至底部。下跌至长期趋势线附近的股价正是短线抄底的机会。

3. 趋势线的角度

趋势线的角度大小，将在很大程度上决定股价趋势的强弱。一般涨幅的股价与持续涨停板的股价，两者在趋势线上显然是截然不同的。一般涨幅的个股，趋势线要平缓得多，趋势线推动股价上涨的势头不会太强烈。而持续大涨甚至连续涨停的股价，表现在趋势线上要非常强。

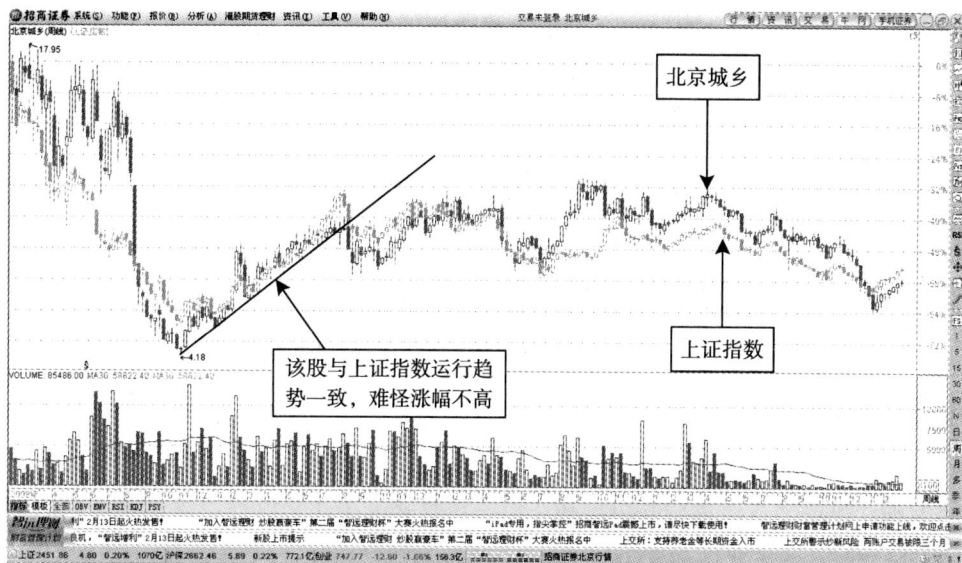

图 3-11 北京城乡——上证指数叠加图

如图 3-11 所示，北京城乡的周 K 线当中，该股的回升趋势与上证指数的上升势头是相似的。而对应的趋势线，两者也近似地重合在一起了。因此，后市北京城乡的上涨空间并不是很大，从该股趋势线的角度很小就可以判断出来。

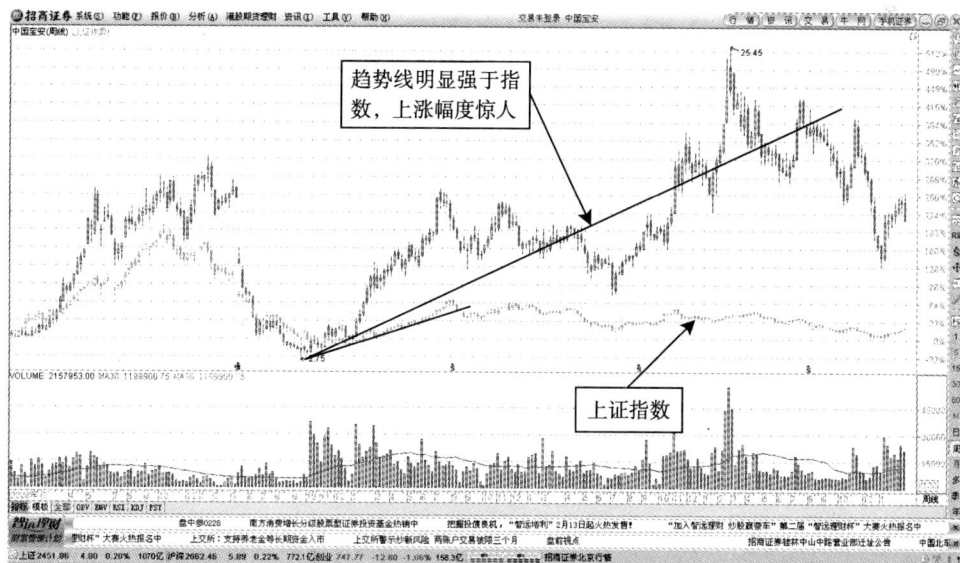

图 3-12 中国宝安——上证指数叠加图

如图 3-12 所示，中国宝安的回升趋势线的角度显然要大于上证指数的上升趋势线。当然，该股的回升趋势线从角度上来看也是大于北京城乡的，自然在股价涨幅上也是远远高于上证指数的涨幅了。把握好该股的回升角度，投资者判断趋势的有效性是很轻松的。毕竟，角度大的趋势线，支撑股价上涨的力度也很大。长期来看，股价今后上升的空间也会更高一些。

三、趋势线与道氏理论趋势大小的判断

趋势线表现出来的股价运行趋势的强弱，能够在很大程度上反映趋势的大小。简单地说，趋势线的角度越大，意味着股价上涨或者下跌的趋势也会更大。股价沿着趋势线运行的过程中，能够出现的涨跌空间也会更大。从趋势线被确认的第一时间，投资者就应该判断出指数今后运行趋势的大小。既然已经基本上预测出股价的涨跌趋势大小，那么投资者就应该提前采取对策，以免错过最佳投资机会。

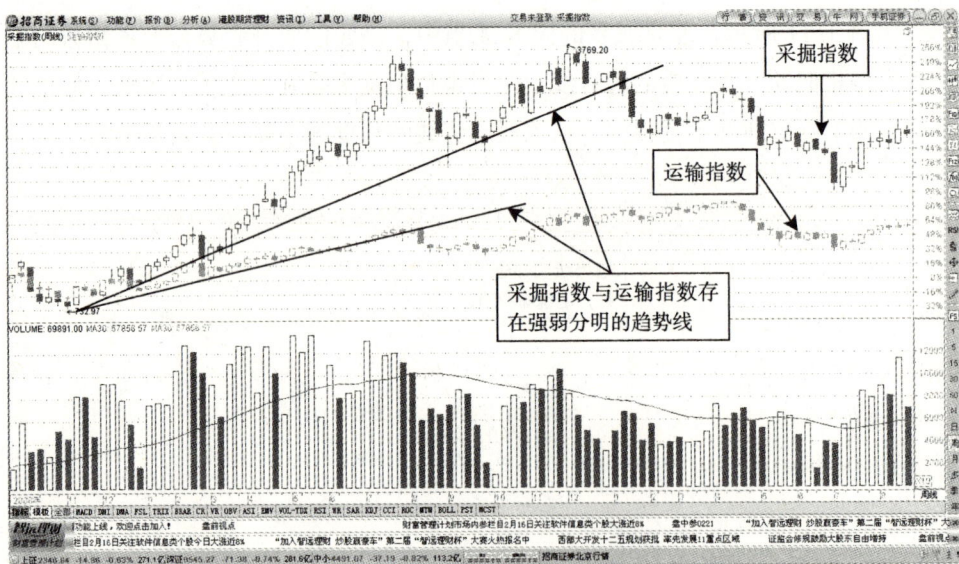

图 3-13　采掘指数与运输指数

如图 3-13 所示，判断采掘指数与运输指数强弱状况，投资者可以从两个指数的上升的趋势线中发现一些端倪。从趋势线上看，采掘指数的上涨势头显然是强于运输指数的。从这个角度来讲，在指数处于底部阶段，买入采掘类的股票要比运输类的股票获得的利润高得多。事实上，后市采掘指数与运输指数反弹的高

度就已经向投资者说明了两者之间的强弱关系。牛市当中持有采掘类股票的获利
程度要远远高于运输类股票的获利程度。

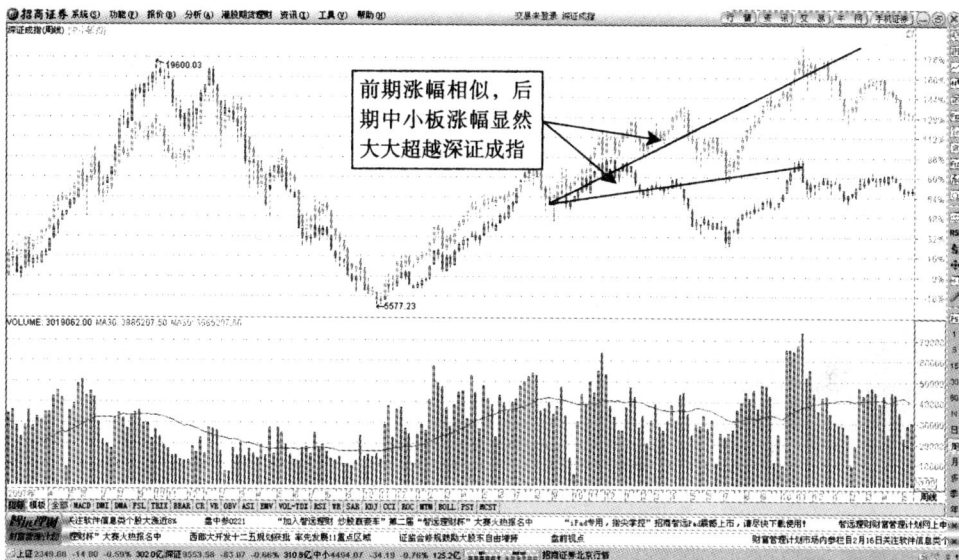

图3-14　深证成指—中小板指数叠加图

　　如图3-14所示，深证成指与中小板指数的叠加图当中，两者从底部反弹起
始点，运行趋势是相似的，但在指数反弹到一定高度后，深证成指明显滞涨了，
而中小板指数再次发力上攻，两者之间的背离趋势说明了不同趋势线下两者之间
的牛市行情持续的大小是有很大差别的。不去考虑两者之间的差别，必然遭到投
资失败。持有深证成指里的股票，出现损失的概率是很大的。而同期中小板指数
的再次发力上攻，表明该板块的股票强势依旧。把握好两者之前的关系，投资者
自然能够获得较好的回报了。

　　如图3-15所示，关于趋势线与股价运行趋势的问题.，上证指数与中小板指
数的叠加图形同样可以反映出这样的特征来。在上证指数短线见顶进入调整趋势
后，中小板指数还延续着前期回升的牛市行情。没人能够忽视这一再次获利的机
会。中小板指数强于上证指数，趋势线上就能够表现出来。而在指数大幅度冲高
后，上证指数出现了跌破趋势线的走势，而中小板指数依然维持强势。两者之间
的背离，就是投资者采取行动的机会。将主板的股票换做中小板的强势股的话，
投资者在这个阶段必然获得相应的回报。

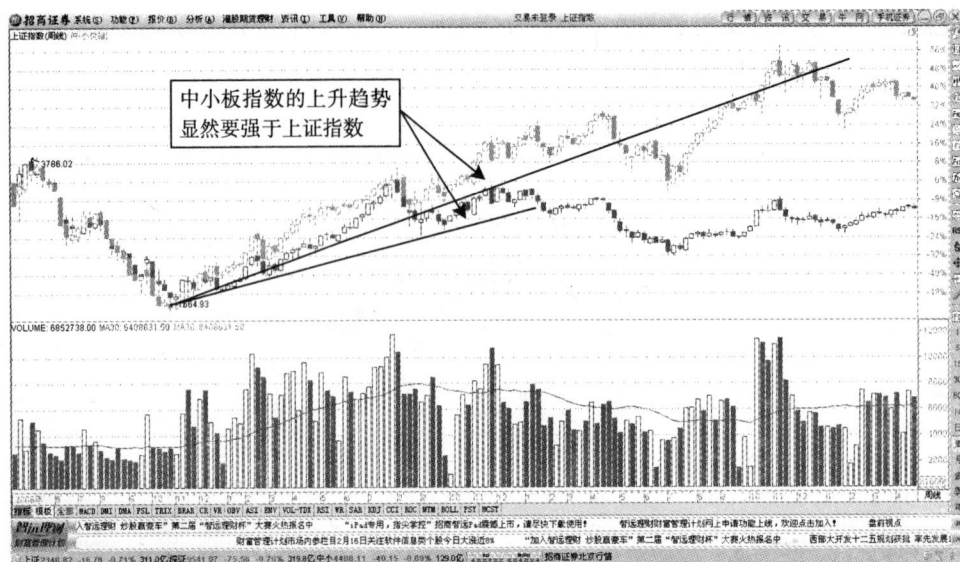

图3-15　上证指数——中小板指数叠加图

小提示

　　得到验证的趋势线的可靠程度以及趋势线形成反转角度，都预示着趋势能够延续的程度。把握好道氏理论中的长期趋势，投资者就应该对于趋势线有更深层次的理解。短线股价的走势受到趋势线的影响可能较小，长期来看股价的涨跌定会受到趋势线的重大影响。股价反转过程中验证趋势较大的情况下，说明股价运行的趋势能够成为道氏理论里的中长期走势，更能够支撑股价大幅度上涨。

四、趋势线与道氏理论趋势多空的判断

　　股价沿着趋势线运行的强弱状况，在很大程度上反映了道氏理论趋势的多空状态。趋势线一旦确立，股价就将沿着趋势线指向的方向运行。并且，在趋势线被成功突破之前，股价的运行趋势不会出现太大的变化。即便股价出现了有悖于大趋势的走势，那也应该当作是长期走势的中期折返走势。中期的折返走势并不会改变股价运行的大趋势。

　　一旦趋势线被向着反方向运行的股价突破，那么趋势线在前期起到的支撑或者压制作用也就同步消失了。股价将在新的趋势上运行，投资者在操作上也应该做相应的调整，才不至于遭受损失或者错过相应的建仓机会。

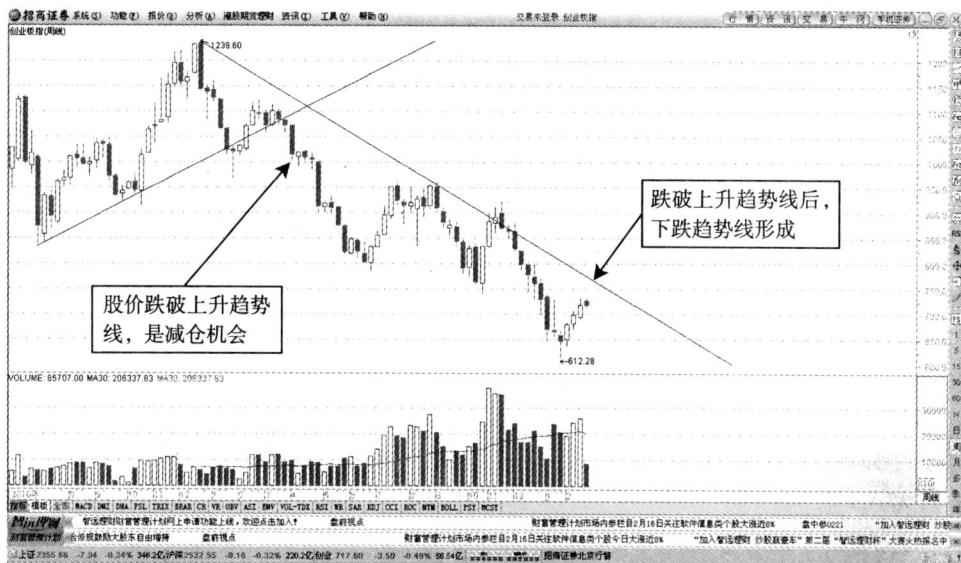

图 3-16　创业板指周 K 线

如图 3-16 所示，创业板的周 K 线当中，该指数起初还是延续上升的趋势震荡走高的。但是这种上升的势头持续的时间不长，股价就成功跌破了上升趋势线，也就是这个时候，成为投资者短线减仓的重要时机。从趋势线的转变来看，股价的运行趋势从看多转变为看空，其实也是大趋势转变的重要信号。

小提示

判断指数的运行趋势，其实就是看趋势的运行方向。如果趋势线是持续向着一个方向运行的，那么没有特殊情况的话，这种趋势会一直延续下来。一旦股价从趋势线指向的方向上脱离，并且运行到趋势线的反方向的话，将是趋势开始转变的重要信号。投资者把握好趋势运行的方向，是可以轻松完成相应的操作的。

五、趋势线与道氏理论趋势延续的判断

趋势线一旦形成，就不会轻易转变为反方向的趋势。道氏理论反应的趋势，其实就在趋势线上清晰地反映出来。只要股价还未成功运行到趋势线的反方向，那么趋势将延续下来。道氏理论中所说的股价运行的中长期的走势，其实也是股价运行在趋势线上的正常反应。可以说，准确地勾画出趋势线的运行方向，对于投资者今后的买卖操作的帮助是空前的。道氏理论中股价运行趋势就是趋势线延

续以及股价运行的过程。

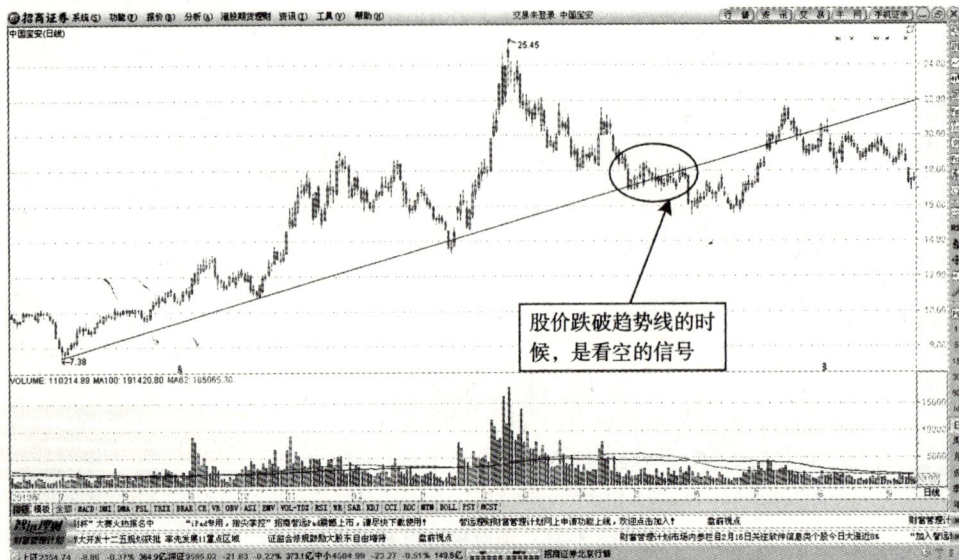

图 3-17 中国宝安——上升趋势

如图 3-17 所示，中国宝安的日 K 线当中，股价的回升趋势还是比较明确的。股价在趋势线上出现了持续三波短的拉升行情。而图中股价最终跌破趋势线的时候，就是道氏理论的中长期牛市行情转化为熊市的信号。把握该股反转的信号，成功逃顶将不是问题。

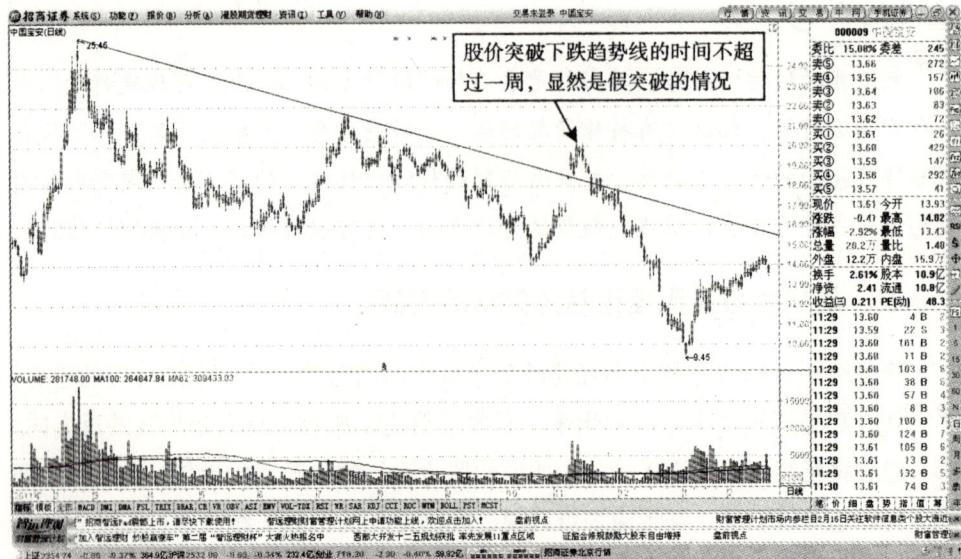

图 3-18 中国宝安——回落趋势

如图 3-18 所示，中国宝安的回落趋势已经相当明确了。虽然股价在下跌途中也曾经短线反弹至下跌趋势线以上，却没能够改变股价的下跌大趋势。股价反弹至趋势线之上后，持续的时间不超过一周，显然是股价的假突破信号。在道氏理论中，该假突破的走势可以被看作是次级折返的短期走势，不能够改变股价持续回落的大行情。趋势线未被突破前，股价持续下挫的大趋势就是确定无疑的。投资者要想正确操作股票的话，应该认真理解趋势线与道氏理论所说的大趋势的方向是一致的。

💭 **小提示**

　　趋势线作为股价运行的趋势线，引导股价向着一定的方向运行的力度是很强的。短线的任何调整是不足以改变股价的这种趋势的。道氏理论所说的中长期的大行情，在趋势线上已经清楚地反映出来了。把握好股价的这种趋势线反映出来的趋势，也就懂得了道氏理论所说的中长期走势。顺势操作股票，牛市获利以及熊市减少风险将不是问题。

六、趋势线与道氏理论趋势反转的判断

　　可靠的趋势线一旦形成，道氏理论所说的中长期走势也就出现了。股价短线的次级折返走势不断地出现，却不能够改变股价运行的中长期的走势。真正的反转信号是次级折返走势更深入的发展，以至于股价运行到趋势线的反方向，那么道氏理论的中长期行情也就宣告结束了。下边以 ST 中冠 A 的牛市结束的信号来说明一下趋势的反转。

　　如图 3-19 所示，ST 中冠 A 的周 K 线当中，股价持续回升的大趋势虽然长达一年半，但是终究没有逃过转变趋势的结果。图中股价成功跌破了该股的上升趋势线，意味着道氏理论中所说的长期牛市行情也跌破了。后市股价大幅度下挫就是长期牛市转化为长期熊市行情的重要信号。判断道氏理论的长期趋势的转变信号，也就是在股价突破趋势线的那一刻起。方向被确认之后，投资者在操作上应该做出相应的调整。

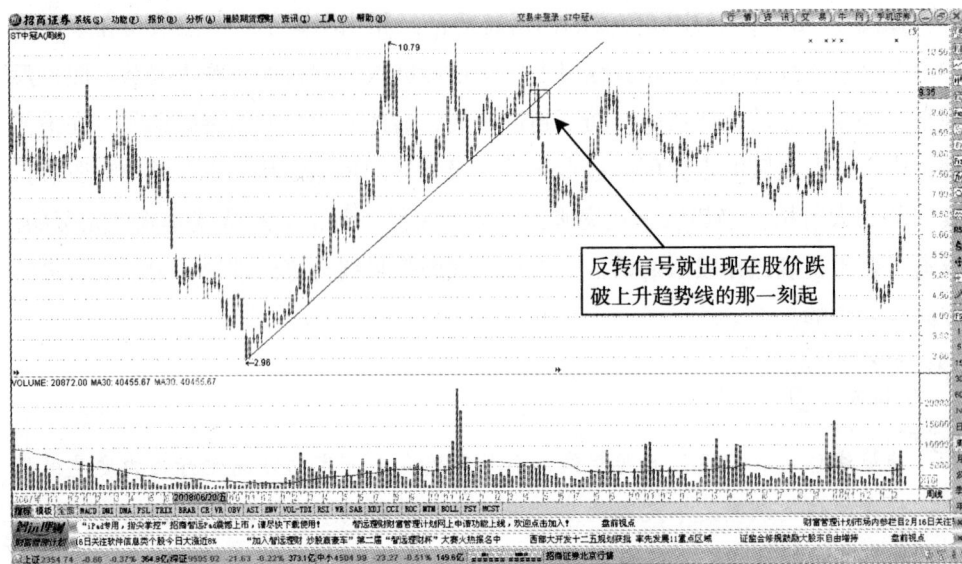

图 3-19 ST 中冠 A 周 K 线

💭 **小提示**

趋势的转变，其实是股价突破趋势线的结果。不管是牛市行情还是熊市当中，投资者要想把握好趋势的转折点，就应该时刻关注股价次级折返走势的情况。如果股价次级折返走势大幅度延续下来，并且成功突破趋势线的运行趋势，那么道氏理论中所说的长期趋势也就转变了。

第二节　趋势线的假突破

一、判断有效突破的原则

1. 收盘价原则

在判断趋势线有效突破的信号方面，收盘价格原则同样是非常重要的。没有收盘价格的突破，股价要想顺利突破趋势是不可能的。道氏理论中所说的趋势的转变，一定是以收盘价格来判断的。分时图中的任何价格都只是股价波动过程中的中间价格，不能够起到决定作用。而收盘价格则不同。收盘价格一旦得到确认，那么在很长时间将发挥着作用。尤其在大的趋势出现反转的时候，收盘价格的作用将是非常巨大的。

2. 量价配合原则

量价配合原则同样适合趋势线被突破的阶段。熊市下跌趋势如果向牛市转换的话，需要量能放大支撑股价向上突破下跌趋势线。而牛市转化为熊市的时候，缩量跌破上升趋势线是典型的突破信号。两者不同之处在于，股价向上突破需要放量突破，而下跌突破则只需要量能萎缩就可以实现了。

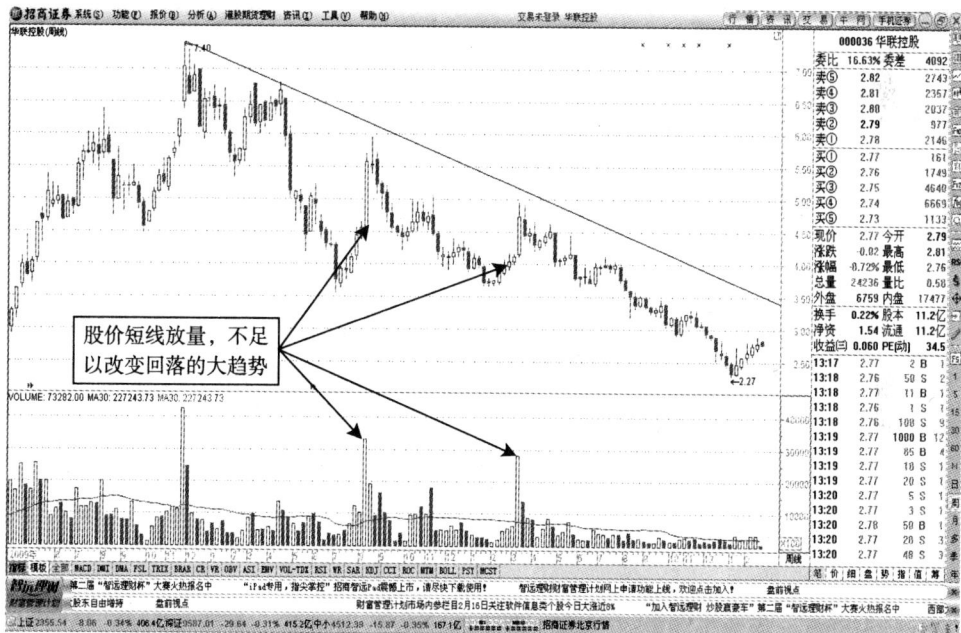

图 3-20　华联控股

如图 3-20 所示，华联控股的周 K 线当中，该股自从见顶回落后还未成功突破股价的下跌趋势线。其间虽然也曾出现了短暂的量能放大的迹象，却不足以支撑股价的持续反弹。最终，该股每次次级折返的走势都无果而终。股价沿着下跌趋势线不断地回落，不断寻求新的有效支撑。可见，处于下跌趋势当中的股价要想成功摆脱下跌趋势线的影响，没有量能的持续放大几乎是不可能的事情。

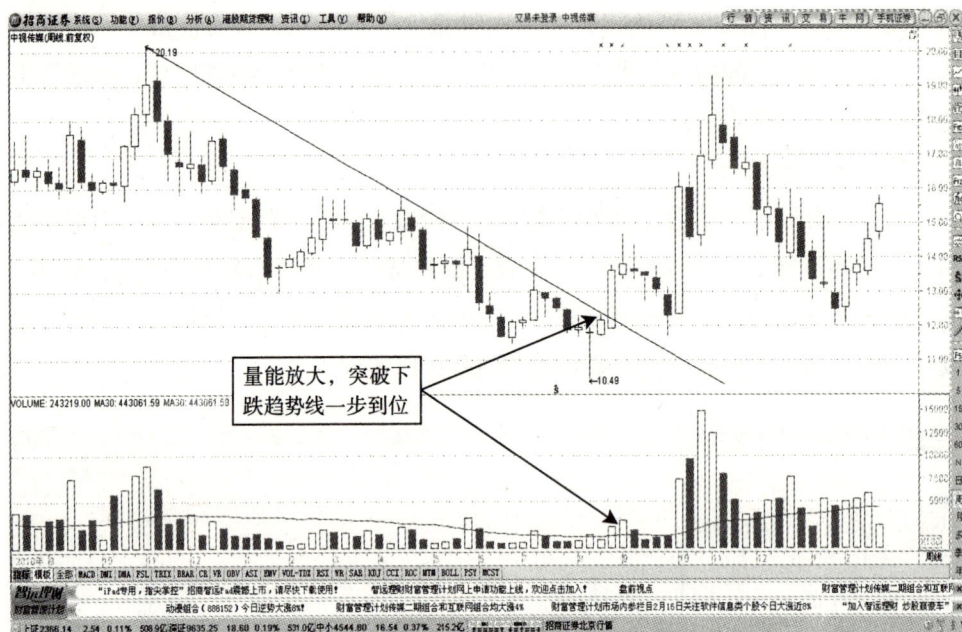

量能放大，突破下
跌趋势线一步到位

图 3-21　中视传媒

如图 3-21 所示，中视传媒的周 K 线当中，由于受到利好消息的影响，该股终于在图中所示的位置开始放量，并且顺利突破了下跌趋势线。突破时的量能虽然不是太大，却达到了等量线以上，因此，能够支撑短线时间走强突破下跌趋势线。就在下跌趋势线被顺利突破后，该股强势震荡，显然已经摆脱了熊市的束缚。今后该股的走势必然是看涨的。

如图 3-22 所示，宝安地产的周 K 线当中，股价沿着上升趋势线平稳运行，上升势头良好。但是股价短线冲高回落，成交量一再萎缩，股价在无量状态下大幅度下跌至上升趋势线以下。这说明，股价要想走坏的话，是不需要量能放大来配合的。多方不去购买股票，量能自然就开始萎缩了。没有多方的支撑，空方力量变得相对强大起来，股价自然在持续缩量的情况下大幅度跌破了上升趋势线。

3. 价格确认原则

在趋势线被突破的时候，股价返回趋势线的走势确认趋势的形成是很必要的。除非股价反转的走势非常坚决，一鼓作气突破了趋势线，并且在相反的趋势上越走越远，这个时候不需要价格重新返回趋势线来确认股价的走势。

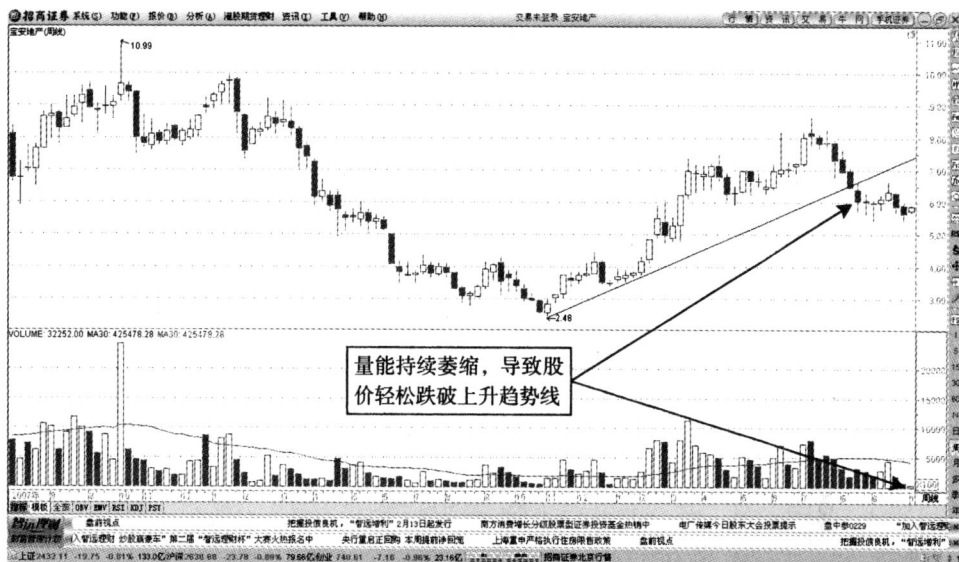

图 3-22 宝安地产

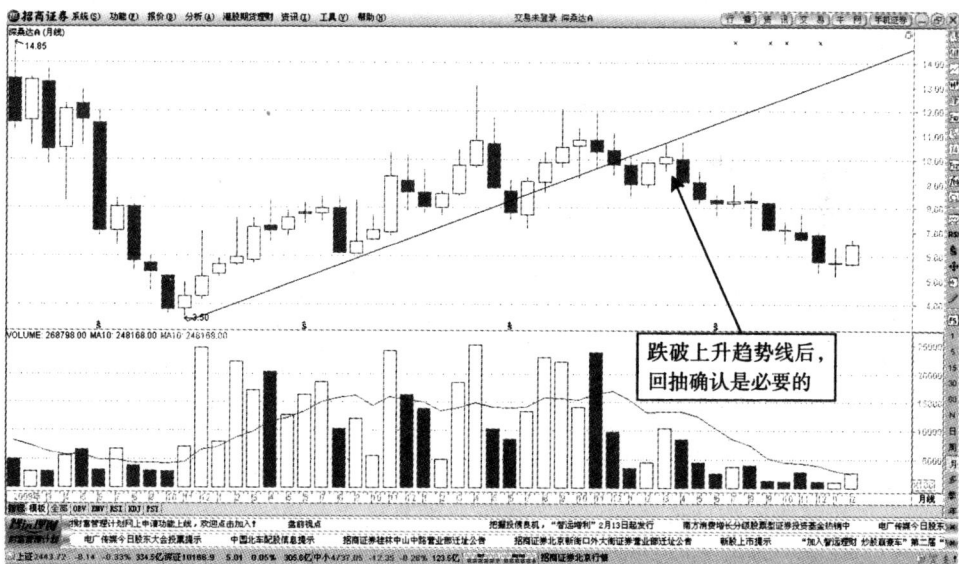

图 3-23 深桑达 A

如图 3-23 所示，深桑达 A 的月 K 线中，股价已经成功跌破了上升趋势线，但还是出现了回抽的走势。股价回抽到上升趋势线下方后，股价开始再次回落，表明跌破上升趋势线是有效的突破。股价虽然不一定在每一次突破趋势线后都出现回抽，但是一旦股价回抽失败，就进一步验证了趋势反转的必然性。投资者顺应新趋势来操作股票是不会有错的。

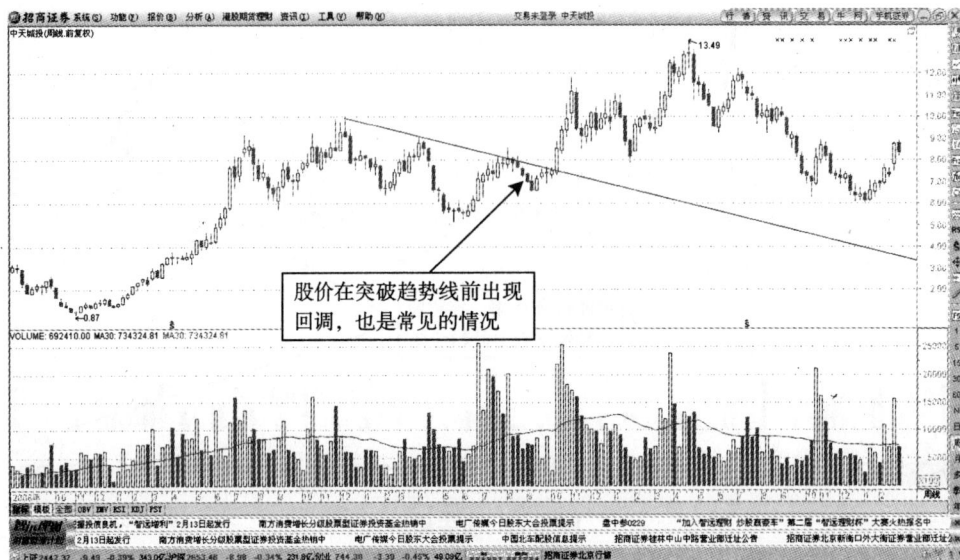

图 3-24　中天城投

如图 3-24 所示，中天城投的周 K 线当中出现了股价突破下跌趋势线前的回调走势。在趋势线仍然起作用的情况下，股价突破趋势线前的回调其实是必然的走势。如果没有短线的回调走势，股价成功突破下跌趋势线是很难的。特别是被不断验证过的下跌趋势线，没有量能的有效放大，股价只能在反弹至下跌趋势线附近时出现回调，然后二次上攻突破下跌趋势线。

小提示

趋势线在起作用的时候，是不会被轻易突破的。即便股价真的要突破，量能具备、收盘价格突破确认都是需要有的步骤。特别是道氏理论当中所说的中长期趋势，得到趋势线的确认之后，股价不可能轻易突破趋势线。准确把握股价突破趋势线的节奏，在股价突破趋势线的时候注意量能的变化以及股价短线波动的过程，才能够准确把握好突破点，获得相应的回报。

二、上升趋势线的假突破形态

趋势线虽然能够在大方向上支撑股价上涨，股价短线波动较大的时候却不一定能够有效地阻止股价向相反方向波动。道氏理论当中所说的次级折返的走势，很可能对趋势线构成非常强的挑战。短线来看，股价很有可能在次级折返走势中突破趋势线，从而转变股价的运行趋势。但是，短线股价的强势突破毕竟是假突破，在趋势线附近完成一定的形态后，股价仍然会沿着趋势线指引的方向运行。

1. 趋势线上的双底形态

趋势线上的双底形态是股价短线走弱后两次试探上升趋势线的走势。第一次跌破趋势线失败后，时隔不长股价又一次试探上升趋势线的支撑力度。这个时候，股价仍然假突破趋势线后，短线快速反弹上来，完成了双底形态。

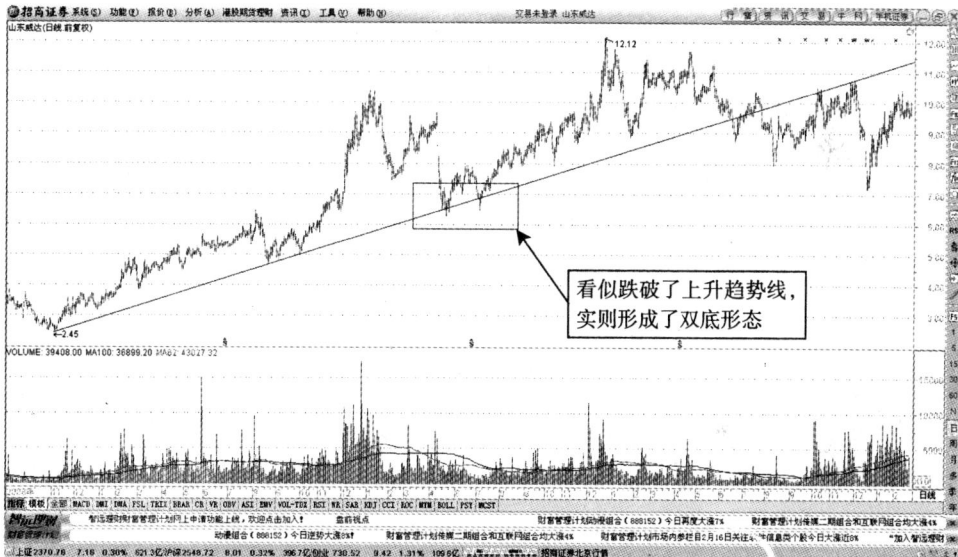

图 3-25 山东威达

如图 3-25 所示，山东威达的日 K 线当中，股价运行趋势显然是向上的。上升趋势线早在股价企稳的初始阶段就已经确认了。但是，调整总是不期而遇，图中上升趋势线上的双底形态就是股价短线次级折返走势调整的真实写照。次级折返走势出现在长期上升的牛市当中，对趋势的影响较大。但是图中股价短线回落跌破趋势线后，快速反弹完成了双底形态，显然是主力的诱空操作。道氏理论中所说的长期牛市并未结束，趋势线附近的双底形态成为股价再次大涨的起点。

如图 3-26 所示，从放大的图形来看，在山东威达这只股票的双底形态中，股价虽然跌破了上升趋势线，但是持续的时间显然是不长的。不足一周的时间里，股价就能够反弹至趋势线之上，表明跌破趋势线的走势显然是假突破。在股价跌破趋势线的瞬间卖出股票的投资者显然失去了今后股价再度拉升的利润。

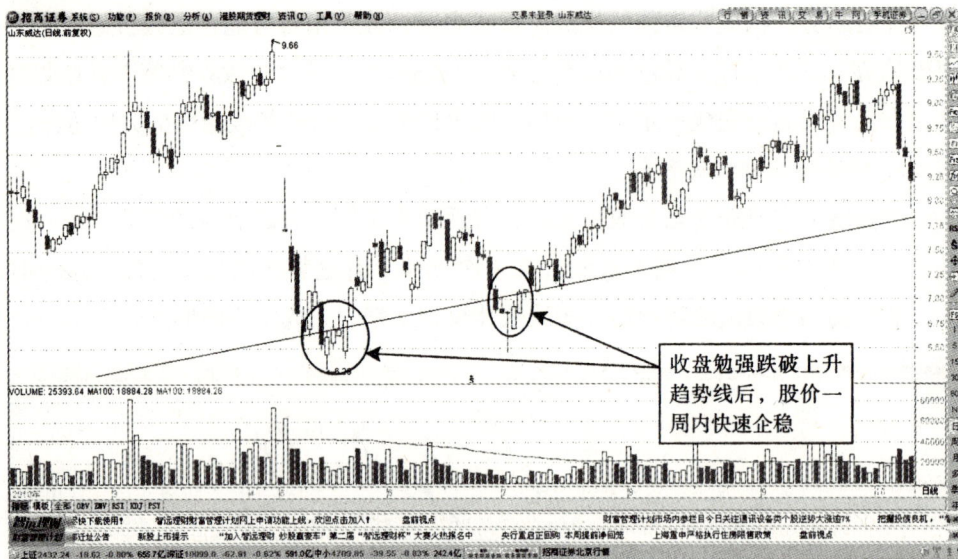

图 3-26　山东威达

2. 趋势线上的 V 形底部形态

股价跌破上升趋势线后，短时间内马上反弹至趋势线以上，形成了 V 形的反转形态。这说明，股价在这个时候出现了明显的趋势转变。前期持续回升的大趋势还未真正突破，短线跌破趋势线后的 V 形反转形态为投资者提供了抄底的机会。

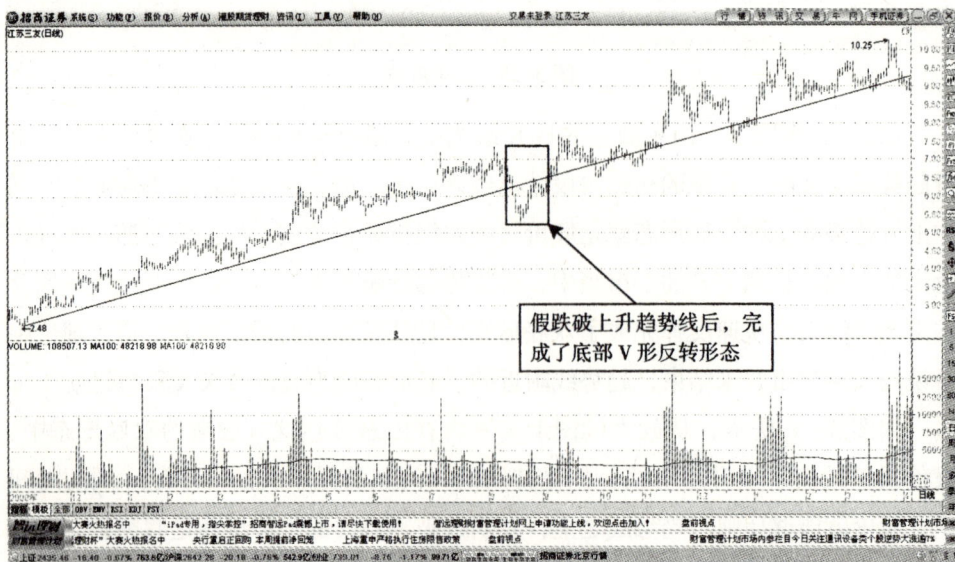

图 3-27　江苏三友

如图 3-27 所示，江苏三友的日 K 线当中，该股的回升趋势线对该股的支撑效果还是不错的。股价沿着趋势线指引的方向不断回升，途中虽然短线跌破了该上升趋势线，却在趋势线底部完成了 V 形的反转走势，后市依然看涨。股价短线跌破上升趋势线的走势，只是该股调整过度的反应。在短线反转形态的 V 形底部附近二次加仓，仍然能够获得利润。

3. 趋势线上的 U 形底部形态

趋势线以下的 U 形底部形态是非常难的追涨机会。股价虽然长时间跌破趋势线，但是成交量却出现了明显的萎缩。等待股价经过缓慢地放量拉升后，股价仍然能够回升到趋势线以上，便是追涨的机会。从股价跌破趋势线的走势来看，虽然不能算作长期趋势的一部分，但是，从道氏理论来讲，跌破趋势线后股价形成的 U 形底部形态恰好是长期牛市行情的次级折返走势的结束信号。

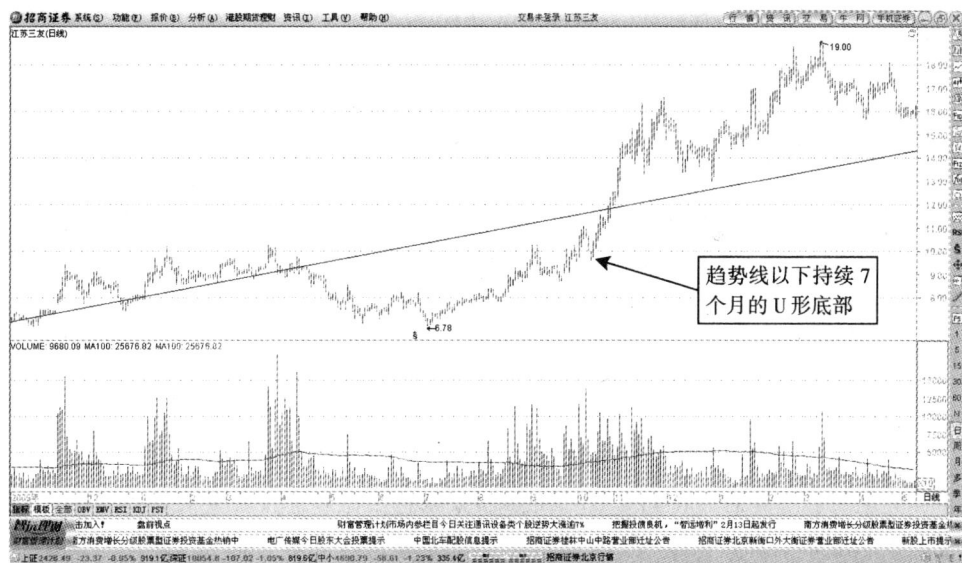

图 3-28　江苏三友

如图 3-28 所示，江苏三友的日 K 线当中，该股在前期跌破上升趋势线后，股价在趋势线以下企稳回升，并且完成了 U 形的底部形态。这表明，该股跌破长期上升趋势线的走势只是股价次级折返的情况。跌幅过大后，股价仍然能够放量回升至趋势线以上。股价在上升趋势线以下形成的 U 形底部形态就是投资者看涨买入股票的大好机会了。

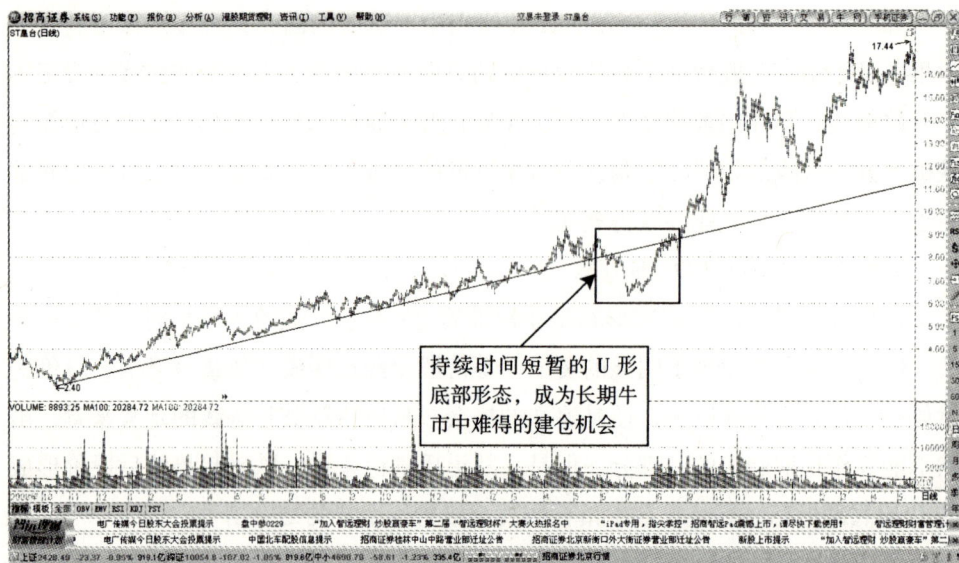

持续时间短暂的 U 形底部形态，成为长期牛市中难得的建仓机会

图 3-29　ST 皇台

如图 3-29 所示，ST 皇台的日 K 线当中，该股在长期回升趋势线附近出现的调整走势促使股价短线显著跌破了趋势线。与此同时，趋势线底部的 U 形形态成为股价再度企稳的支撑点。该股跌破上升趋势线的持续时间不过两个月，股价就已经完成了跌破趋势线的探底形态，说明股价的上升势头还是会延续下来。该股长期上涨的过程显然就是道氏理论中所说的长期趋势，而短线跌破了趋势线的调整只不过是更大一些的次级折返形态。

小提示

可靠的趋势线对股价的支撑作用是非常强的，但是次级折返的走势并不是轻易地就跌破了上升趋势线。一旦股价跌破了上升趋势线，那么关注短线股价的走势以及企稳形态对今后的操作有很大帮助。跌破趋势线的走势，充其量能算作是长期牛市行情中的次级折返走势。这种折返走势持续时间通常较短，跌幅也不会太大。股价企稳后的看涨形态就是这种次级折返走势调整完毕的结果。在次级折返走势完成后，股价再次放量冲高，也就为投资者提供了抄底的机会。

三、下跌趋势线的假突破形态

下跌趋势线对于多头的打压是非常有效的。妄图在股价下跌的过程中拉升股价至高位，这种想法显然是过于天真了。没有成交量的有效配合，股价是很难有大的起色的。短线突破下跌趋势线的情况，仅仅是对调整趋势的次级折返而已。没人能忽视下跌趋势线的作用，次级折返的幅度再高，成交量不能持续放大的情况下，也难言真正的牛市出现。

1. 下跌趋势线上的双顶形态

下跌趋势线附近出现的双顶形态，是短线投资者高位追涨后形成的。成交量在短时间内放大，是散户不顾股价下跌的大趋势疯狂追涨造成的。因为短线多头力量不足以支撑股价大幅度上涨，因而在下跌趋势线附近形成了双顶形态。即便这个双顶形态短线已经突破了下跌趋势线，股价仍然要继续看跌的。进入熊市中的个股，投资者应该以长线看空、短线看多的眼光来操作股票。这样的话，才不至于在股价反弹的时候高位追涨套牢。

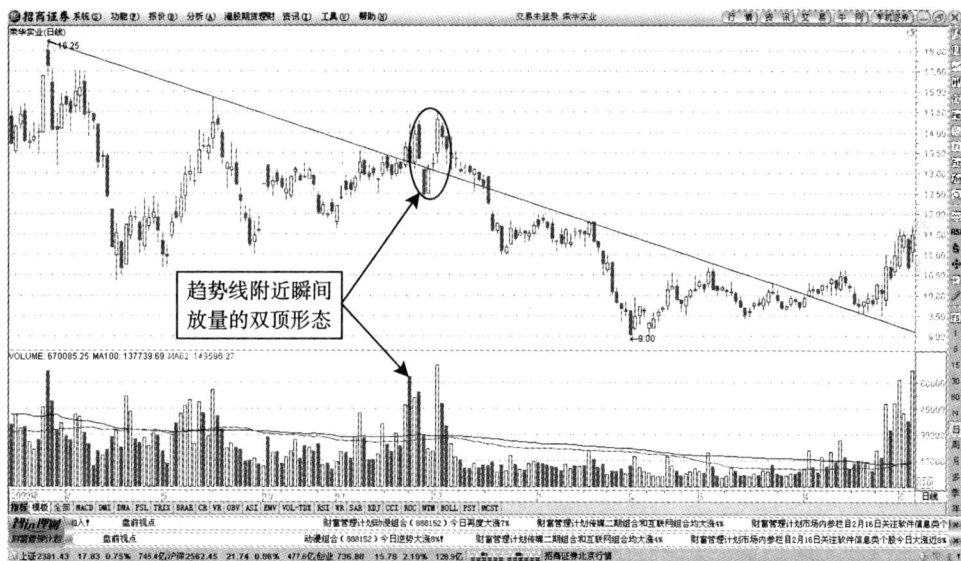

图 3-30　荣华实业

如图 3-30 所示，荣华实业的日 K 线当中，股价的下跌趋势还是非常大的。但是，短时间内不免有放量突破的见顶形态。而图中所示的双顶形态就是该股短线见顶的重要特征。从长线来看，投资者应该把握住股价的这种顶部特征，持续不断地做空才行。不然的话，很容易错过高位减持的大好机会。

2. 下跌趋势线上的锤子形态

下跌趋势线出现的阴线锤子线，是股价短线放量冲高回落的正常反应。阴线锤子线出现在趋势线附近，收盘价在趋势线以下，表明多方无力拉升股价至高位，下跌趋势线仍然起到非常大的作用。在股价反弹至下跌趋势线的时候减仓持股仍然是理想的操作方法。运行在下跌趋势线以下的股价再次回落给投资者造成的损失同样是非常大的。把握好卖点，就算是顺势操作了。

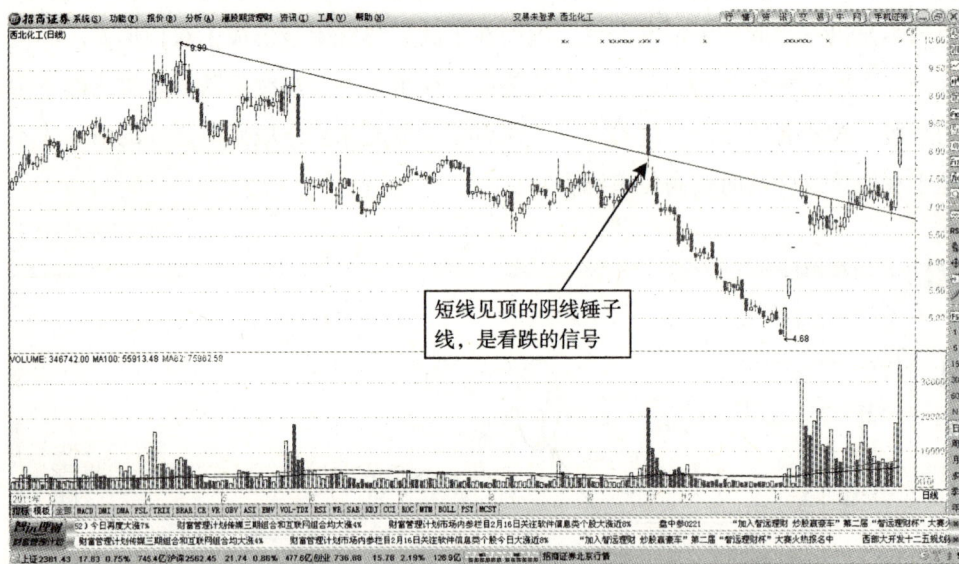

短线见顶的阴线锤子线，是看跌的信号

图 3-31 西北化工

如图 3-31 所示，西北化工的日 K 线中，该股冲高回落是非常明显的一根阴线锤子线。股价在锤子线完成后出现了较大幅度的回落。从锤子线的最高价 9.99 元大幅度下挫到了底部 4.68 元，深幅下挫了 53.1%。由此可见下跌趋势线附近的冲高回落的阴线锤子线有多么厉害。该形态出现之后，投资者减仓持股是必然的做法。

如图 3-32 所示，通过西北化工的阴线锤子线就可以知道，该股虽然开盘的时候已经在涨停板了，但是盘中股价大幅度下挫，收盘的时候股价处于下跌趋势线上，突破显然是失败的。既然是抛售压力巨大的失败的突破走势，那么投资者不得不去做空该股了。后市股价继续下挫，其实是下跌趋势线再次起作用的正常走势。

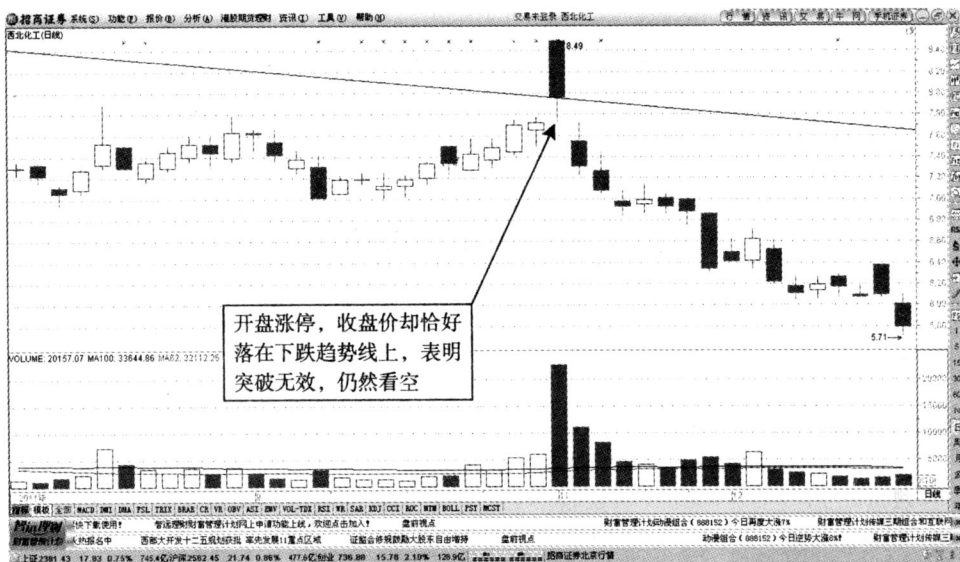

图 3-32 西北化工

3. 下跌趋势线上的十字星形态

下跌趋势线附近的十字星形态经常出现在短线冲高回落的走势当中。投资者在下跌趋势线附近发现这样的十字星的话，应该果断地去做空才行。尤其十字星的上影线较长的情况下，说明股价当天就已经大幅度冲高回落了。再次持股必然在股价下跌的过程中遭受损失。

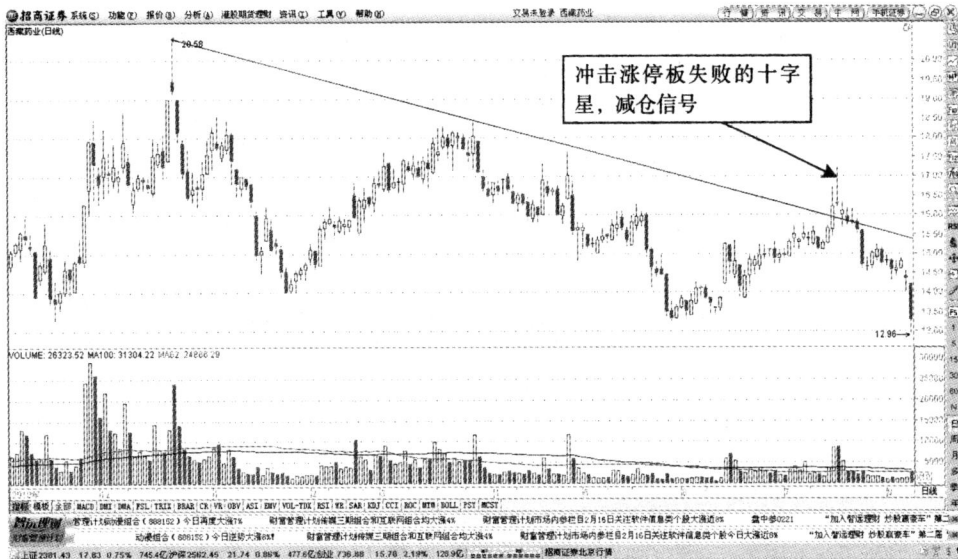

图 3-33 西藏药业

如图 3-33 所示，西藏药业的日 K 线当中，该股短线冲高回落，形成了非常长的上影线。考虑该股的长期下跌趋势，十字星成为趋势线附近抛售压力大增的重要信号。在这个时候减仓持有股票的话，投资者便能够避免损失扩大。

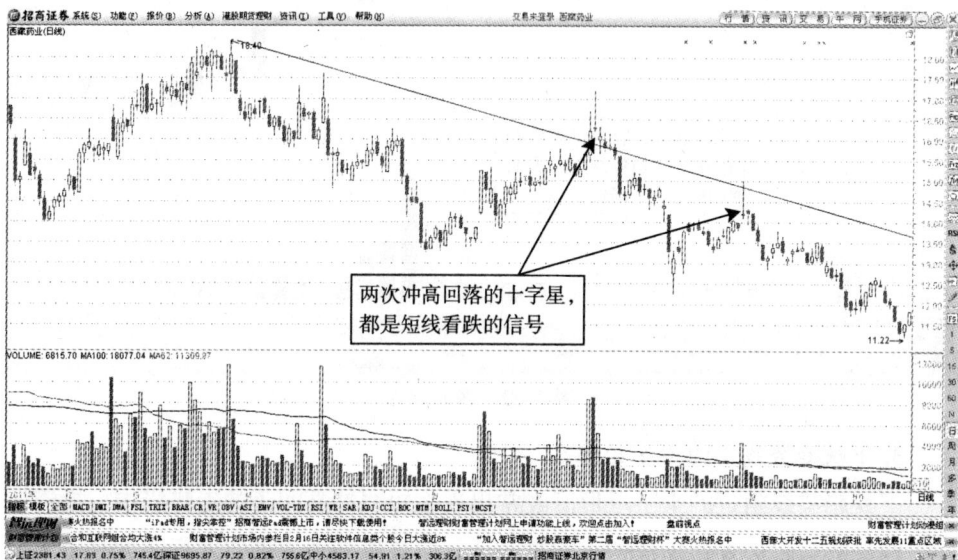

图 3-34　西藏药业

如图 3-34 所示，西藏药业的见顶十字星频繁出现，图中显示的十字星形态已经是第二次出现了。每一次出现这样的十字星都是投资者减仓持股的重要机会。在下跌趋势线的作用下，无持续放大成交量配合，股价的反弹只能称为道氏理论中的次级折返走势。股价持续下跌的趋势依旧延续，减仓持股才能够避免损失扩大。

第三节　压力线与支撑线的作用效果

一、压力线的作用效果

股价运行强弱不同，对应的趋势线压制股价的力度也会有很大差别。准确地判断趋势线对股价走强的压制作用，有助于投资者掌握股价真正的运行趋势。有效果的下跌趋势线对股价反弹的压制是空前大的。量能即便有些许的放大，股价的上涨空间也会不高。判断下跌趋势线压制股价的力度大小，可以从量能萎缩的速度、股价下跌的力度、下跌确认的次数来看。如果股价在下跌的过程中，量能萎缩得非常快、股价跌幅又非常高，那么被多次确认后的趋势线对股价的压制效果就比较好。股价出现真正的反转走势需要足够大的量能以及足够充分的调整才能够从跌势中触底反转。

1. 量能萎缩的速度

从成交量萎缩的速度上来看，熊市中跌幅较大的个股，都是在快速缩量后进入下跌趋势的。股价在下跌趋势中是不需要量能放大来配合的。成交量越是萎缩得厉害，股价短线反弹的可能性越小。长时间回落的个股都是在量能无法放大的情况下出现的。股价一旦从牛市进入到熊市，成交量会始终维持在缩量状态。并且股价下跌的趋势越大，持续时间越长，量能也会更加萎缩。持续缩量的个股是不可能有企稳的可能的。

2. 股价下跌力度

从股价下跌回落的力度来看，股价下跌的幅度越大，相应的下跌趋势线越有效。股价反弹至趋势线的时候，能够出现的下跌幅度也会更高一些。判断趋势的大小，从股价反弹至下跌趋势线后的回落空间就能够准确知道趋势线压制股价的力度了。

如图 3-35 所示，东方电气的日 K 线当中，该股的下跌趋势还是非常清晰的。下跌趋势线被确认之后，该股从趋势线附近大幅度下挫。图中股价以跳空的方式快速回落后，显示出该股的下跌趋势线压制股价的力度还是非常强的。以跳空的方式受阻于下跌趋势线后，股价回落的趋势也就非常明确了。理性的投资者是不会在趋势线以下轻易地做多的。只要该趋势线没有被放量突破，股价就会维持在下跌趋势当中。

如图 3-36 所示，东方电气的日 K 线当中，该股虽然在下跌趋势线以下长时间地回落，但是仍然没有办法轻松突破该趋势线的压制。图中股价虽然勉强维持在趋势线以上，却没能够轻松站稳该趋势线。股价沿着趋势线继续下挫的过程中，其实仍然是下跌趋势压制股价的时刻。

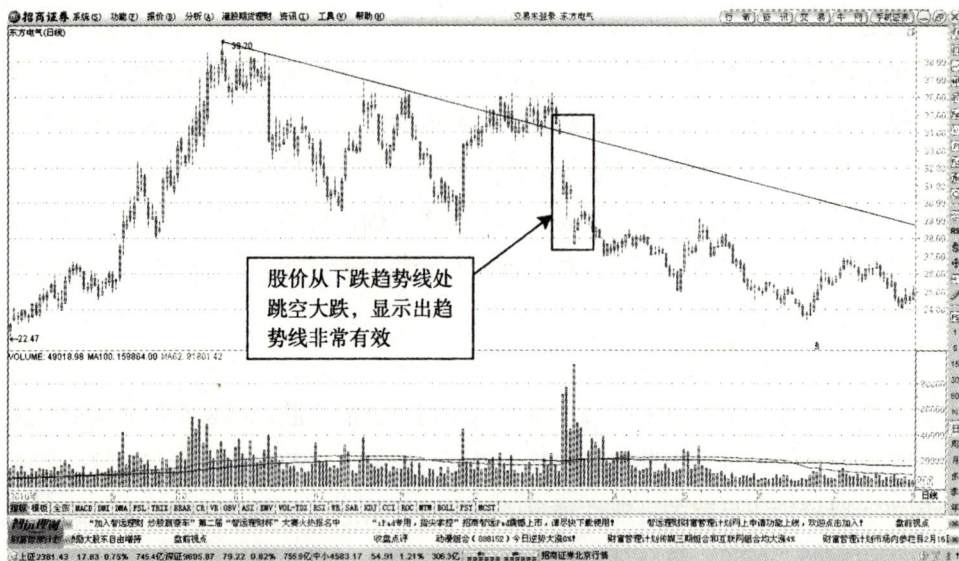

股价从下跌趋势线处
跳空大跌，显示出趋
势线非常有效

图 3-35　东方电气

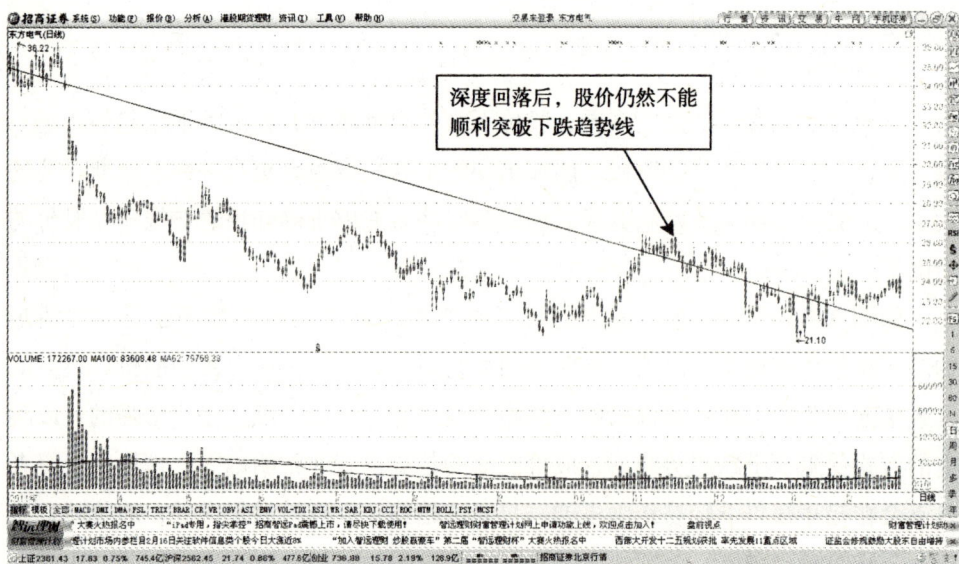

深度回落后，股价仍然不能
顺利突破下跌趋势线

图 3-36　东方电气

3. 股价回落确认次数

股价在下跌趋势线附近的回落次数是判断趋势线有效性的重要标志。如果股价能够在下跌趋势线附近频繁地下挫，以至于形成了加速下跌的趋势的话，那么趋势线毫无疑问是非常有效果的。经过频繁确认的下跌趋势线，没人会怀疑今后的下跌趋势。不仅下跌趋势线短时间能够压制股价，从长时间来看仍然能够促使股价不断地深度调整。

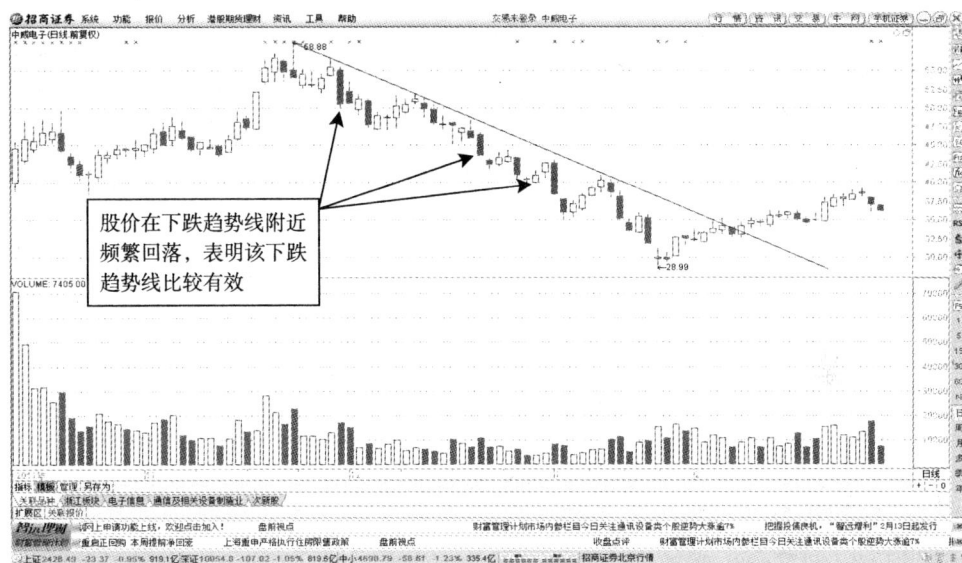

图 3-37　中威电子

如图 3-37 所示，中威电子的日 K 线当中，股价在回落趋势线附近不断地见顶回落，表明该趋势线的压制效果还是相当不错的。进一步说，股价每一次反弹至该趋势线的时候，都可以当作是做空的机会来临了。后市该股大幅度下挫的时候，投资者自然能轻松空仓减少持股风险。

小提示

判断趋势线的作用效果，对于投资者减少损失是很有帮助的。有效的压力线对股价的中长期走势起到的作用都是非常大的。短线即便是出现了反弹的走势，也不足以改变长期回落的大趋势。从成交量的萎缩状态、股价在下跌趋势线回落的幅度以及趋势线确认的次数来综合判断下跌趋势线的有效性，是非常好的办法。

二、支撑线的作用效果

1. 量能放大程度

从成交量的放大程度来判断支撑线的作用效果，是比较可靠的做法。如果股价短线冲高回落至趋势线附近，而股价出现了快速放量的反弹走势，那么说明上升趋势线的支撑效果比较好。通常来看，量能放大程度越高，股价在趋势线处开始反弹的情况越好，说明趋势线可以支撑股价不断走强。

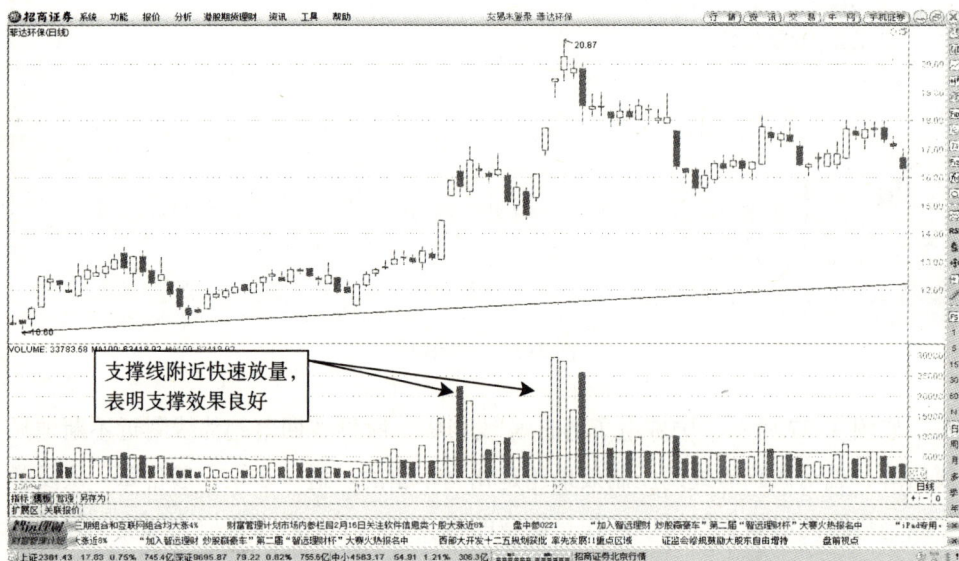

支撑线附近快速放量，表明支撑效果良好

图3-38 菲达环保

如图3-38所示，菲达环保的日K线当中，该股在趋势线以上不断走强的过程中，成交量显然是出现了明显的放大的。这样看来，该股之所以强势上攻，跟股价放量拉升是分不开的。从量能上判断，股价出现强势上涨的走势正是主力资金源源不断介入该股的结果，股价后市大幅度冲高，自然也是意料当中的事情。

2. 股价反弹力度

趋势线如果非常有效的话，短线跌至趋势线的股价受到的支撑作用一定是非常强的。股价在回落至趋势线后，大幅度冲高的走势出现的概率是相当高的。在趋势线被确认的初期阶段，投资者判断趋势线的支撑效果就可以从股价反弹的力度来考虑。短暂回落至趋势线就马上反弹的股价，预示着趋势线支撑股价上行的动力十分强劲，后市会明显地看涨。

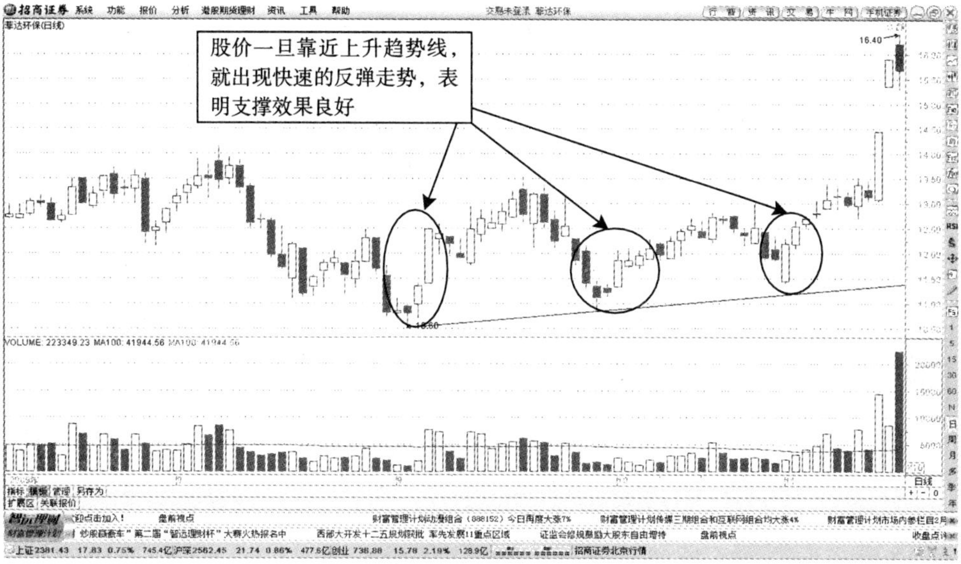

图3-39　菲达环保

如图3-39所示，该股的上升趋势线被确认之后，股价一旦回落至趋势线附近，就马上出现短线快速反弹的走势，表明该支撑线的支撑效果是相当好的。股价能够在该趋势线上不断地走强，投资者若能够抓住时机加仓买入该股，是可以获得相当不错的回报的。趋势线附近快速反弹，说明主力已经迫不及待地要拉升该股了。投资者顺势操作，大量买入股票的话，自然能够获得相应的回报了。

3. 股价反弹次数

判断支撑线的作用效果，还可以从股价反弹的次数来看。次数越多，表明上升趋势线的支撑效果越好，股价能够上涨的空间也会更高一些。得到三次以上确认的上升趋势线对股价今后的上涨帮助非常大。把握好股价的这种强势上攻的走势必然有所收获。趋势线的延续也是在股价不断上涨的过程中得到确认的。股价在趋势线处的反弹与趋势线的延续是相互照应的。

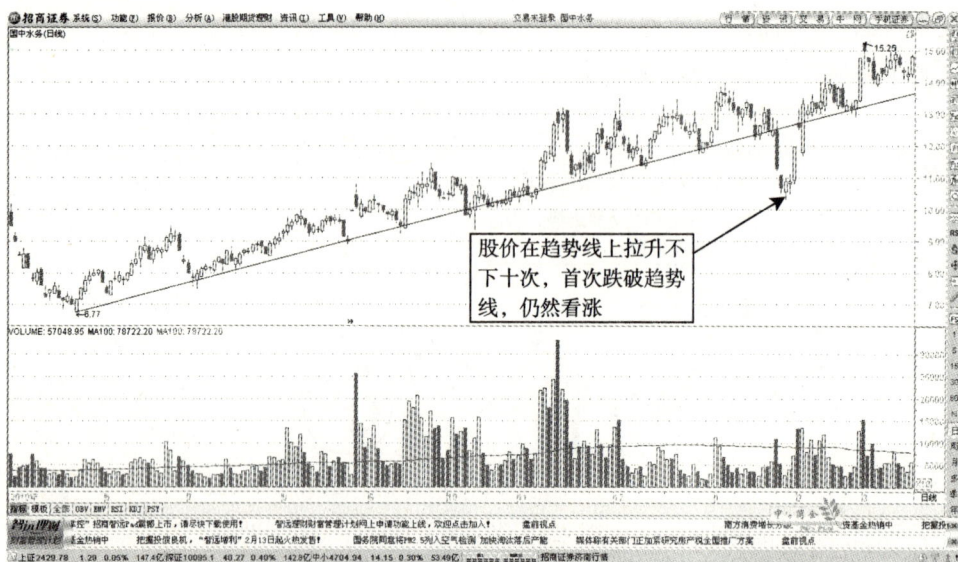

股价在趋势线上拉升不下十次，首次跌破趋势线，仍然看涨

图3-40 国中水务

如图3-40所示，国中水务的日K线当中，该股的回升趋势还是相当明显的。股价在趋势线上反弹的频率相当高，有不下十次的趋势线附近的反弹走势，表明该趋势线的支撑效果是非常好的。图中股价虽然短线跌破了趋势线，但是考虑到前期趋势线的支撑效果还是相当好的。投资者仍然不能够轻易地看跌该股。短线在股价跌破趋势线的时候，持仓或者加仓该股，后市仍然获得了不错的利润。

小提示

趋势线的强弱是股价长期走势的自然反应。并不是说短线出现了量能很高、股价波动力度很大于是趋势线就比较可靠了。能够在比较长的时间里延续趋势所指引的方向运行的股价，必然是值得投资者关注的。综合考虑各方面因素后，投资者才能够把握好趋势的强弱以及趋势线的作用效果。

第四节　压力线与支撑线的互相转化

一、趋势线的突破与回抽

1. 压力线的突破与回抽

压力线被股价顺利突破后，通常股价会短暂回调趋势线，考验下方的支撑效果。如果股价能够再次企稳下跌趋势线以上的话，表明下跌趋势线已经不具备压制股价上涨的能力，后市看涨。股价回抽其实并不可怕，能够大涨的股价都是在突破下跌趋势线并且回抽确认后才真正开始上攻的走势的。等待股价重新企稳后不断持股，自然获得相应的利润。

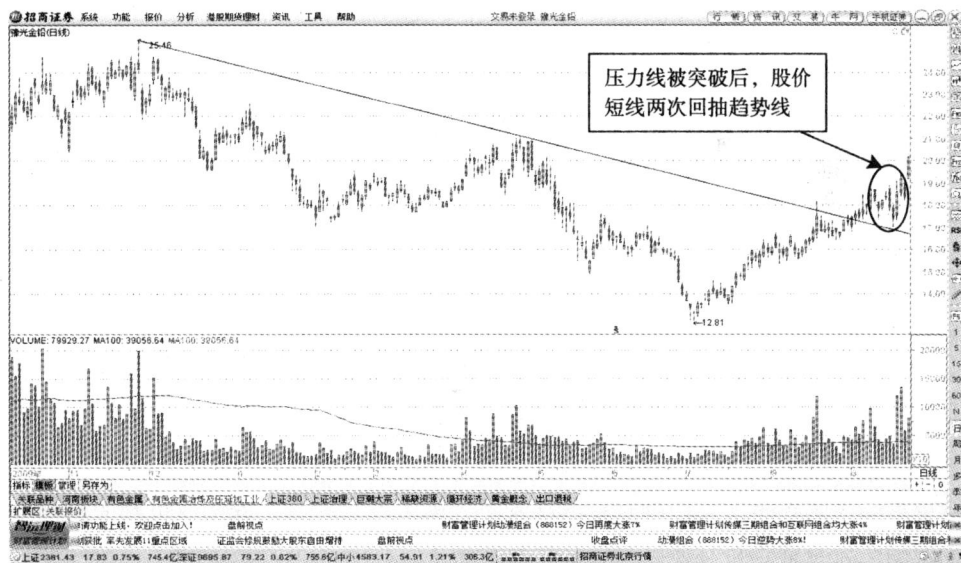

图 3-41　豫光金铅

如图 3-41 所示，豫光金铅的日 K 线当中，股价的企稳回升显然是在短暂回抽下跌趋势线后开始的。首次突破该下跌趋势线后，股价上方的抛售压力还是非常大的。大幅度拉升之前，股价必然经历短线的回抽趋势线的动作，才能够进一步地冲高。回抽下跌趋势线，显然是股价蓄势待涨的重要前提。投资者可以在这个时候调仓等待股价调整完毕后获利。

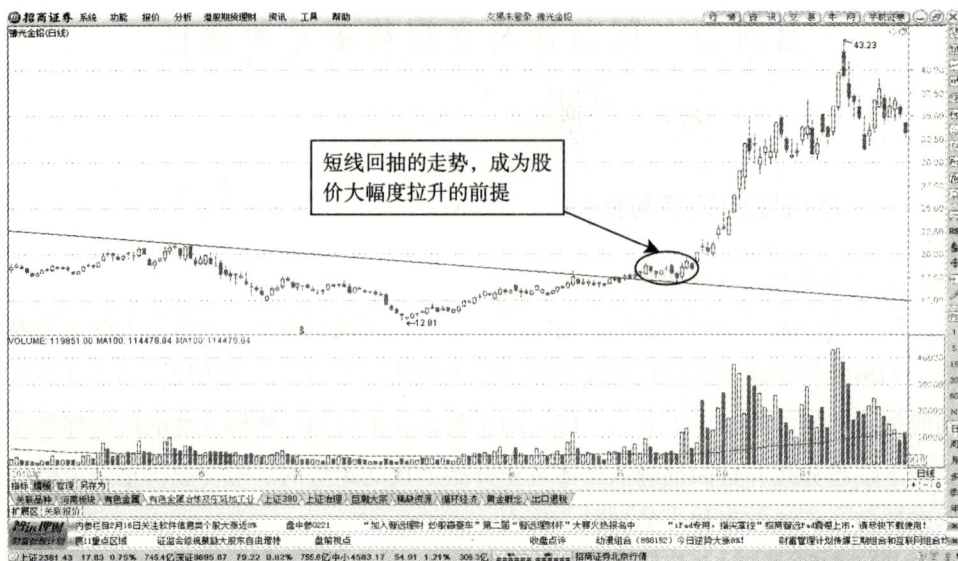

图 3-42 豫光金铅

如图 3-42 所示，豫光金铅的日 K 线当中，该股的回升趋势显然是开始于图中股价短暂回抽下跌趋势线后。股价在此之后大幅度的上攻走势中，投资者获得的利润显然已经达到了翻一倍多的程度。在股价前期顺利突破下跌趋势线以后，投资者等待股价回抽趋势线后再次走强，仍然可以持股获利。

2. 支撑线的突破与回抽

上升趋势线被股价跌破之后，短线回抽趋势线的走势是股价确认压力的过程。如果股价回抽趋势线，却并未突破趋势线的话，那么股价走弱就顺理成章了。成功跌破上升趋势线后，股价在趋势线以下运行的时间越长，再次返回趋势线以上的前景越渺茫。回抽趋势线却并未突破上升趋势线，表明股价确实已经开始走弱了。投资者做空便是最佳的操作方法了。

如图 3-43 所示，江南高纤的日 K 线当中，股价成功跌破了上升趋势线后，该股短线持续回抽该趋势线，但是却从未顺利突破该线，表明股价的短线反弹受到了严重打压。这表明，即便股价回抽到了上升趋势线下方，股价后市看跌的趋势仍然不变。把握好该回抽点的高位减仓，是必要的操作动作，一旦在上升趋势线下方持续长时间调整，那么股价一旦下跌，造成的损失就不可估量了。

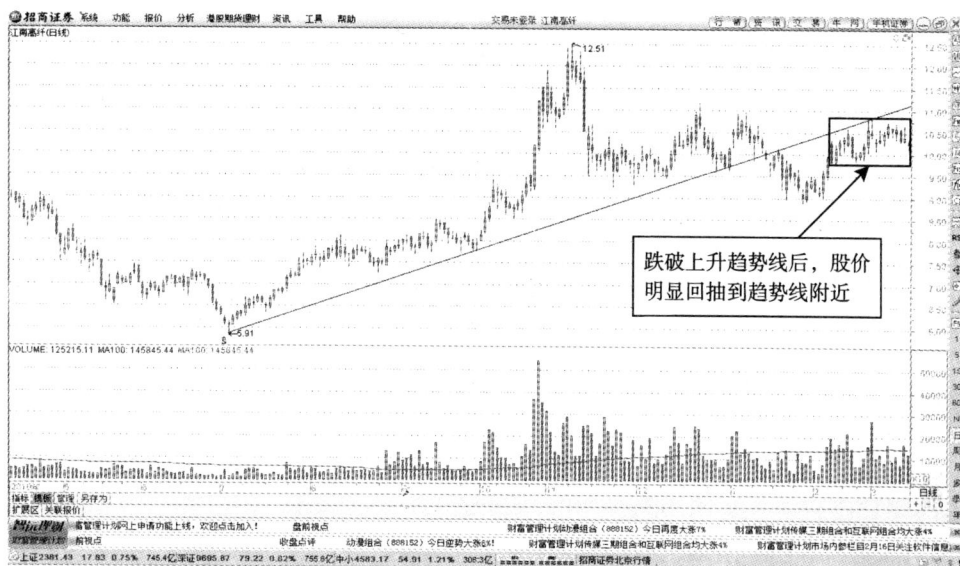

图 3-43　江南高纤

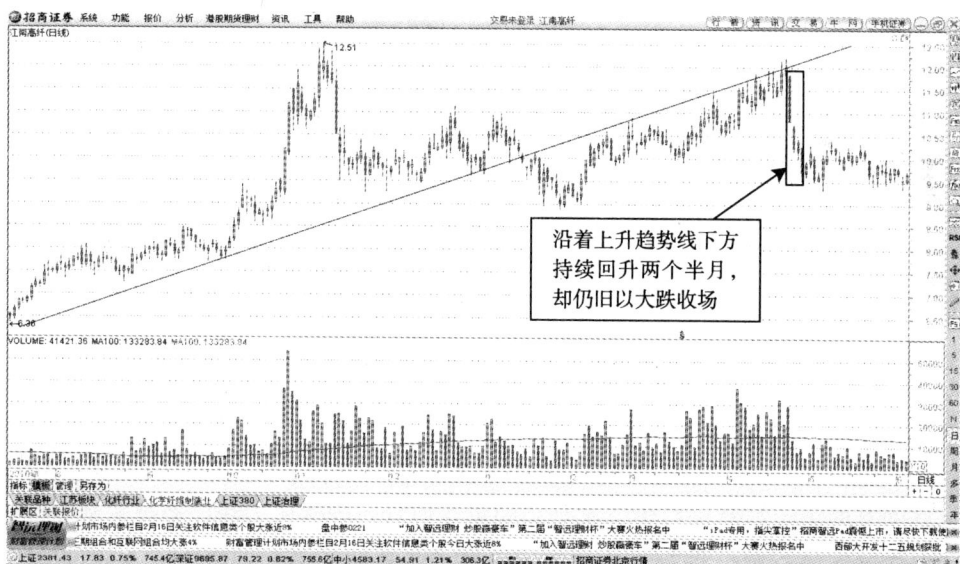

图 3-44　江南高纤

如图 3-44 所示，在股价回抽上升趋势线，并且沿着趋势线下方缓慢上涨了两个半月后，该股终于以大跌回落收场。这表明，跌破上升趋势线后，回抽趋势线却没办法突破的时候，以大跌收场是必然的走势。把握好这样的减仓机会，自然能够减少今后的投资损失了。

二、压力线与支撑线的转换过程

1. 压力线向支撑线转化

压力线向支撑线转化的过程其实非常简单，只要股价向上突破压力线，短线回抽压力线后重新企稳回升，便能够沿着确认后的支撑线上涨了。投资者寻找股价突破压力线的有效突破点的时候，一定要注意股价突破与企稳的走势，才能顺利抓住反弹中的黑马。

图 3-45　中钢天源

如图 3-45 所示，中钢天源的日 K 线当中，股价在顺利突破该下跌趋势线后，显然出现了回抽该压力线的现象。但是，回抽是为了今后更好地拉升，图中见底回升的锤子线就是股价二次企稳的重要信号。既然压力线已经被顺利突破，回抽后又开始反弹，该股显然已经摆脱了下跌趋势，进入到稳定上涨的行情当中。今后该股的回升走势将会更加明显，加仓或者持股的话，才是获利的根本。

如图 3-46 所示，中钢天源的日 K 线中，股价企稳回升的走势很快就开始了。回抽下跌趋势线后，该股再次放量反弹，图中两次反弹的价位构成了该股上升的趋势线。把握好该股的反弹走势，获得利润是非常容易的事情。中钢天源突破下跌趋势线后回抽反转，并且加速上涨的过程是一气呵成的。把握好机会，自

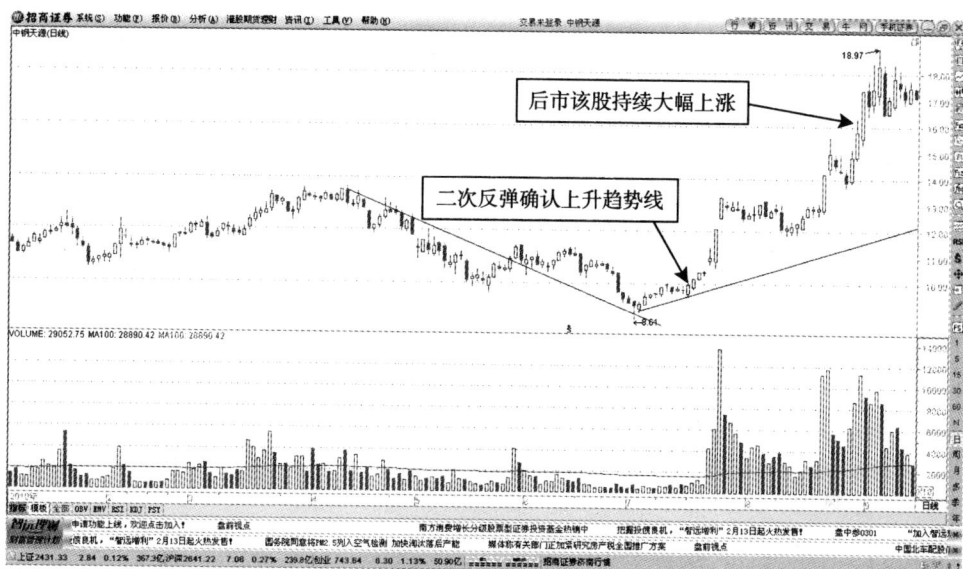

图 3-46　中钢天源

然能获得相应的回报。

2. 支撑线向压力线转化

支撑线向压力线转化的走势中，股价会首先跌破支撑线，并且在短时间内回抽前期的支撑线。当然，股价一旦跌破上升支撑线，那么回抽往往是不能够突破支撑线的。经过趋势线下方的持续调整走势，股价会大幅度地下挫，验证了股价今后持续走弱的大趋势。

如图 3-47 所示，天药股份的日 K 线中，该股的回升趋势虽然明显，最终却在图中所示的位置成功跌破了支撑线。跌破该股的支撑线后，股价短暂回抽到趋势线下方，显然是减仓的好机会。持续时间长达三个月的时间里，该股都运行在支撑线下方不远的地方，没有出现再次向上突破趋势线的走势。这表明，股价显然已经进入下跌趋势，只是短时间看来，该趋势还不是十分明显。但是，投资者应该在这个时候持续做空，以免遭受损失。

如图 3-48 所示，天药股份的日 K 线当中，股价见顶回落的趋势显然开始了。图中股价在支撑线以下出现的两次见顶回落的 K 线形态显然是持续看空的起点。由图中两个持续回落的价位连接起来构成的下跌趋势线，显然是投资者长期做空的开始。后市股价大幅度下挫表明投资者减仓持股便可以减少损失了。

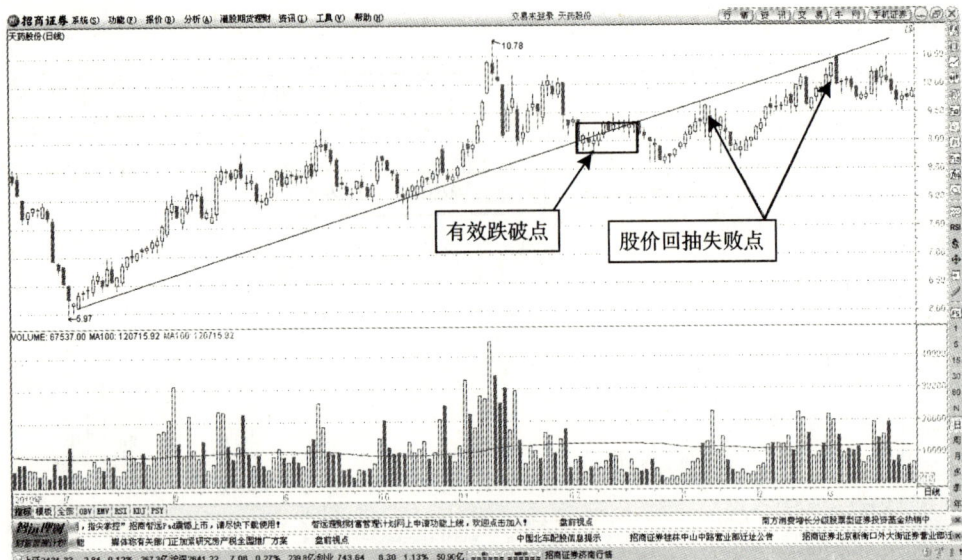

有效跌破点

股价回抽失败点

图 3-47 天药股份

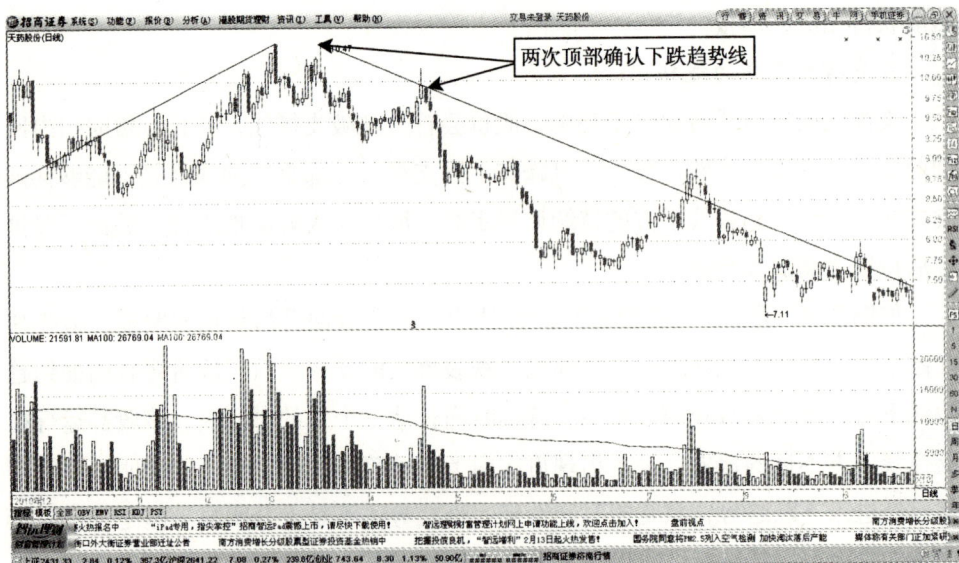

两次顶部确认下跌趋势线

图 3-48 天药股份

小提示

　　在股价突破趋势线之后，要想获得比较好的买卖机会，需要谨慎地观察突破之后的股价的动向。如果股价没有回抽趋势线的确认过程，表明趋势比较强，能够在突破趋势线的瞬间实现趋势的反转。但是，通常股价在顺利突破趋势线之后，必然需要回抽确认才行。在股价回抽趋势线之时便是投资者操作股票的重要机会。短线看来，回抽到趋势线的股价是有变盘的风险的。股价最终的走向还需要回抽完毕才能决定。从仓位上看，应该主动及时地调整，才可以把握好获利的机会。

本章小结

　　趋势线对股价的涨跌的作用是显而易见的。没有形成可靠的趋势线的个股，大涨或者大跌都是不现实的。投资者买卖股票的时候，应该在那些趋势明确的股票当中寻找，才能够在大概率上获利。道氏理论中所说的中长期的走势都是在趋势线的作用下不断地扩大涨幅或者下跌幅度的。判断趋势运行的过程中，投资者应该主动关注一下股价相对于趋势线的运行状态才能够把握好更恰当的买卖机会。

第四章　道氏理论的通道线分析

　　股价运行的过程中，沿着一定的趋势会形成价格波动的区间。在价格区间范围内，投资者要想获利的话，还是有很多机会的。价格波动的一定范围内，就是股价运行的通道线。分析股价的波动范围，有助于投资者判断股价的真正趋势，进而获得相应的回报。通道线的走向以及涨幅的高低的判断，有助于投资者测量股价的运行目标、判断加仓与减仓的机会，进而获得相应的回报。本章通过四节说明通道线与股价的运行目标、斜率与趋势大小以及反弹加仓与回落减仓的操作方法。

第一节　通道与股价运行目标

　　股价运行的过程中，既然能够形成一定的运行通道，那么涨跌的过程中就会有一定的目标位。在股价短线调整的阶段，投资者应该清楚的是股价延续前期的通道线运行的概率是非常高的。特别是那些运行趋势比较稳定，短线已经明确确认了通道线之后的那些个股。

　　通道线既然已经形成了，投资者应该在不同的趋势当中考虑仓位的大小，积极地调仓获得相应的利润。鉴于波动有规律可循的股价会沿着通道线不停地上下波动，在股价运行至通道线附近的时候，投资者可以短线参与股价返回趋势线的买卖机会。通道线虽然是趋势线反方向的曲线，但对于股价的压力或者支撑是不容小觑的。确认无误的通道线都能为投资者提供比较好的买卖点位，帮助投资者在最佳价位调仓，获利或者减少损失。

一、股价拉升的通道线目标位

　　股价在上涨的过程中，短线高位与底部的出现是可以确认股价的波动范围的。即便是股价持续回升，距离支撑线不会太远，一旦股价远离支撑股价上涨的趋势线，那么就会在与趋势线平行的通道线上遇阻回落。投资者判断个股的减仓机会当然可以在通道线附近了。而股价见顶回落至趋势线附近的时候，投资者同样可以在趋势线上抓住买入股票的机会，获得相应的回报。大趋势是向上的，短线频繁在上升趋势线与通道线之间波动的话，这就为投资者创造了不错的投资机会。尤其是短线投资者可以在趋势线与通道线之间不断地做低吸高抛的操作，以获取相应的利润。

　　值得一提的是，股价运行的大趋势是很难改变的，不过，短线的走势可以有很多种变化。投资者要想获得相应的利润，就可以在尊重股价上涨的大趋势的情况下，尽量在支撑线附近抄底做多，更容易获得投资收益。而牛市当中，即便股价真的会从通道线附近回落，那也是短暂的调整行为，投资者万万不能将通道线附近的做空机会当做长期机会来看待。

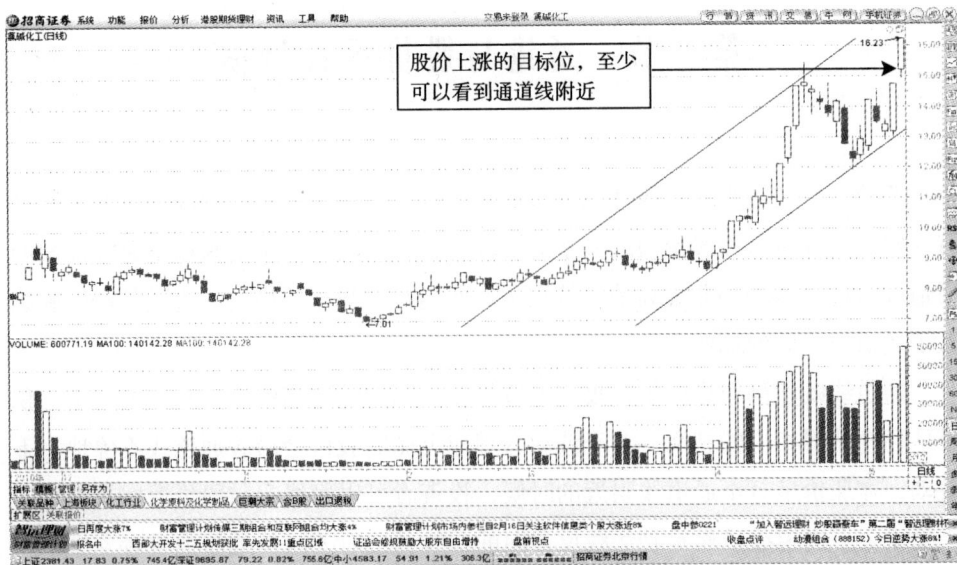

图4-1　氯碱化工

　　如图4-1所示，氯碱化工的日K线当中，在该股的回升趋势中，趋势线与通道线已经初步完成了。而图中股价的短线回落至上升的趋势线附近后，短线反弹的目标价位显然是可以看高到该股的通道线的。把握住趋势线附近的买点，短线获利将不是难事。

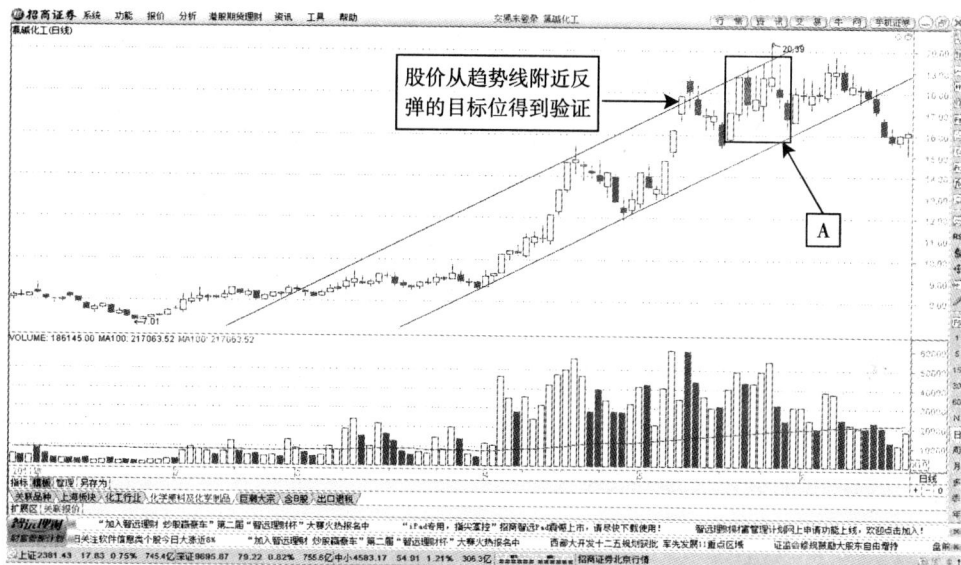

图 4-2　氯碱化工

如图 4-2 所示，氯碱化工的日 K 线当中，股价短线明显三个涨停板反弹至通道线附近。这样看来，投资者能够在趋势线附近加仓，并且获得短线丰厚利润。前期股价形成通道线后，首次在趋势线附近反弹至通道线的走势显然是非常明确的。而第二次该股在图中 A 所示的位置同样出现了反弹，反弹的幅度却大大减小了。但是，这并不妨碍投资者再次获得短线的利润。两次在趋势线附近抄底之后，在股价反弹至通道线时减仓，利润自然收入囊中。

小提示

拉升趋势当中，投资者操作的重点应该放在如何做多上。毕竟，股价上涨的大趋势是有目共睹的，短线的调整走势虽然也会出现，但是却不会改变股价长期回升的趋势。投资者要想获得利润，可以尽可能地在趋势线附近低价加仓持股，并且在股价反弹至通道线的时候考虑逐步减仓，这样的话，就能够兼顾利润与止损，自然可以在股价滚动上行的过程中成功获利了。

二、加速回升的第二、第三通道线目标位

股价沿着趋势线与通道线确立的价格范围运行的过程中，其波动的趋势一定是向上的。并且，随着股价的加速上行，通道线已经不能够阻止股价形成短线的顶部。股价涨幅达到通道线后，放量突破通道线的情况也是很常见的。一旦通道线被股价突破，那么新的通道线必然会出现。前期的通道线转变为股价上涨的支撑线。就在股价不断地加速上涨的过程中，第一通道线、第二通道线甚至第三通道线都会在短时间内形成。股价加速上行的过程中，短线的上涨趋势不断转化为道氏理论中所说的中长期牛市行情。投资者在这样的大趋势中尽可能地看涨做多，获得滚滚财源将不是问题。

新的通道线形成的过程中，投资者应该注意股价在不同的通道之间的转换节奏。并不是所有的股价都是有规律地涨跌的，把握好大趋势的前提下，注意随时调整仓位，才能够化险为夷最终获利。

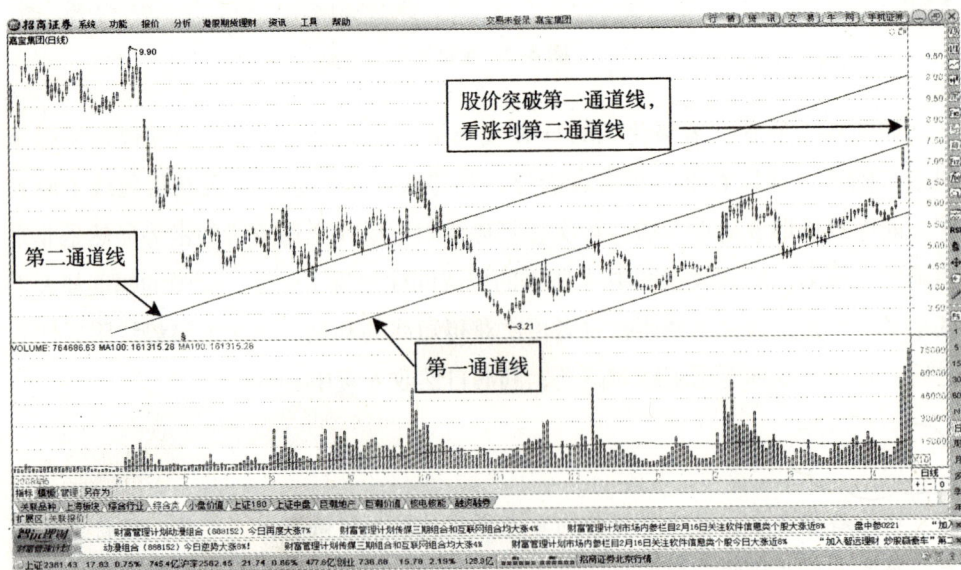

图 4-3 嘉宝集团

如图 4-3 所示，嘉宝集团的日 K 线当中，该股前期的上行趋势非常明确了。但是，该股短线强势上攻的过程中，显然已经出现了加速见顶的走势。图中股价不但大幅度上涨，还在短时间内以三个连续涨停板的方式顺利突破该股的通道

线。这样看来，通道线对该股的压制作用已经不复存在。如果股价能够在通道线之上企稳的话，那么该通道线将转化为新的支撑线。股价将会以该支撑线为起点，拉升至新的通道线之上。判断通道线的方法就是勾画出与第一条通道线方向相反而距离相等的平行线。

图 4-4 嘉宝集团

如图 4-4 所示，嘉宝集团的日 K 线当中，顺利突破了第一条通道线后，该股短线回抽的走势自然是不错的加仓机会了。突破第一条通道线后，股价并未大幅度上行，而是进行短线调整，为今后的拉升做准备。这个时候，投资者就可以画出第二条通道线了。股价短线最终的上涨空间应该可以达到第二条通道线之上。

如图 4-5 所示，嘉宝集团的日 K 线当中，股价在企稳回升后大幅度上涨到了第二条趋势线附近。这样看来，短线操作该股的过程中又一次的获利机会出现了。该股自从顺利突破了第一条通道线之后，短线企稳并且大幅度冲高到了第二条通道线。充分运用股价的这种波动状况，获利将是轻松的事情。

如图 4-6 所示，嘉宝集团在图中所示的位置又一次突破了第二条通道线，股价再次冲高，显然是不错的买点。虽然成交量已经逐步萎缩，但是股价震荡上行的走势没有发生变化。突破了第二条通道线之后，股价有望进一步地冲高至第三

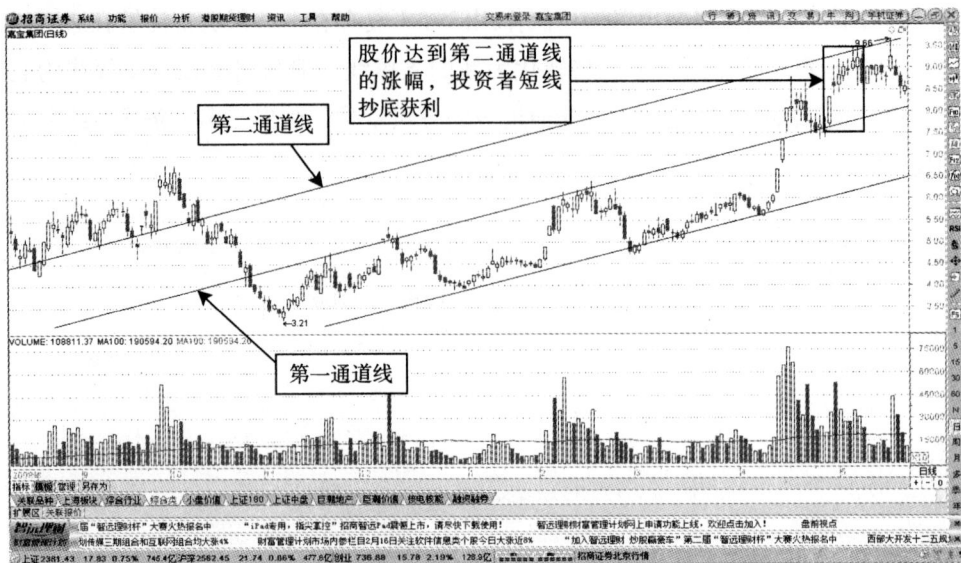

图 4-5　嘉宝集团

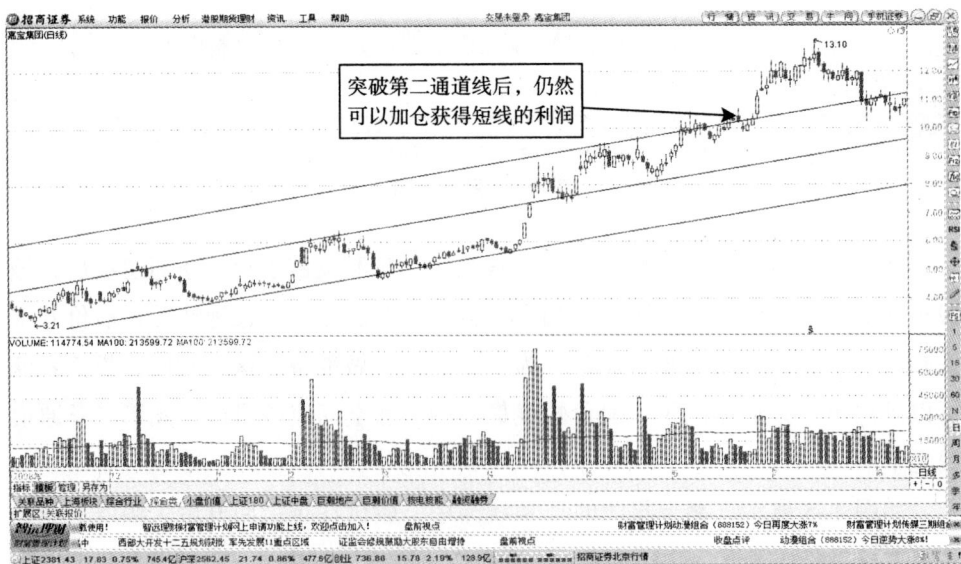

图 4-6　嘉宝集团

条通道线。抓住该突破点将会继续获利。

　　如图 4-7 所示，嘉宝集团短线再次飙升后，终于在第三条通道线见顶回落了。经过前两次突破通道线的走势，该股反弹的趋势逐步加速。投资者在股价加速回升的过程中，获利机会还是很多的。把握好买点的话，获得利润将不是难事。

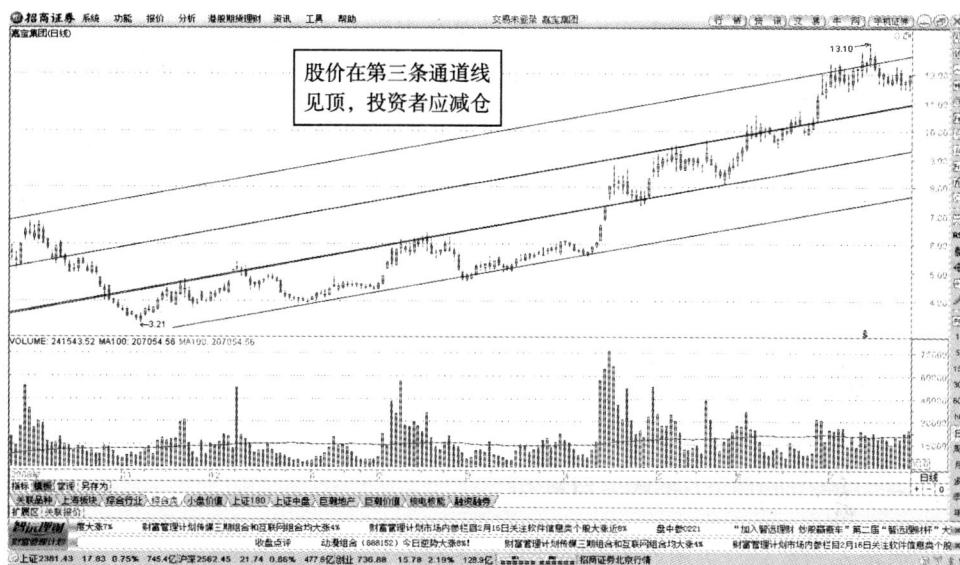

图 4-7　嘉宝集团

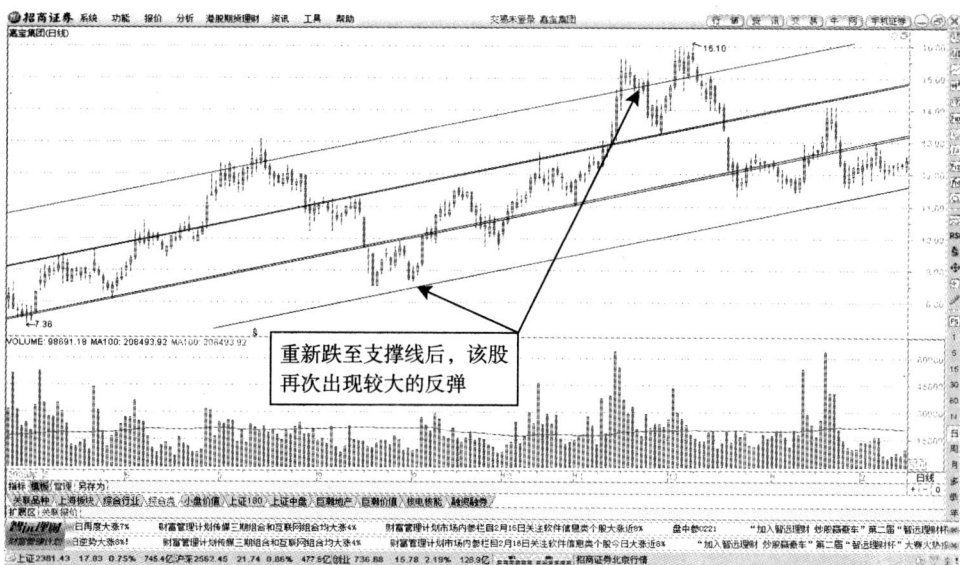

图 4-8　嘉宝集团

　　如图 4-8 所示，嘉宝集团短线见顶于第三条通道线后，该股重新持续回落，一直跌至支撑该股上涨的原始支撑线才开始二次企稳回升的走势。图中该股从趋势线反弹后继续震荡突破上方的两条通道线，都是投资者短线做多的有利时机。后市股价继续大幅度上攻到了第三条通道线，表明该股的反弹幅度是值得短线操作的。从股价前后运行的趋势来看，底部基本上没有脱离前期的支撑线，而高位在不断强势上攻的过程中出现了不同的通道线。投资者只要根据股价上攻的节奏，不断地选择短线抄底和减仓的波动空间，必然可以获得相应的利润。

> **小提示**
>
> 道氏理论所说的中长期的牛市行情中，股价上涨的趋势是比较明确的。虽然会有次级折返的调整走势，却不会改变股价长期回升的大好趋势。在上升趋势中，股价回升的速度可以是加速进行的。从支撑线与通道线的角度来讲，股价可以不断地向上突破通道线，进入更高一级的上涨趋势当中。

三、股价回落的通道线目标位

股价在回落的过程中会不断地受到压力线的压制而持续不断地回落。压力线的作用虽然大，但是股价下跌的幅度也不会无止境。短线股价下跌到一定深度，就会自然出现反弹的迹象。这个时候，投资者就应该关注即将到来的反弹走势了。股价短线超跌后反弹的位置就形成了下跌中的通道线。与上涨趋势中的通道线相似的是，这个时候出现的通道线与股价的压力线是相反方向形成的。在压力线和通道线之间不断做些短线，熊市行情同样可以赢得利润。

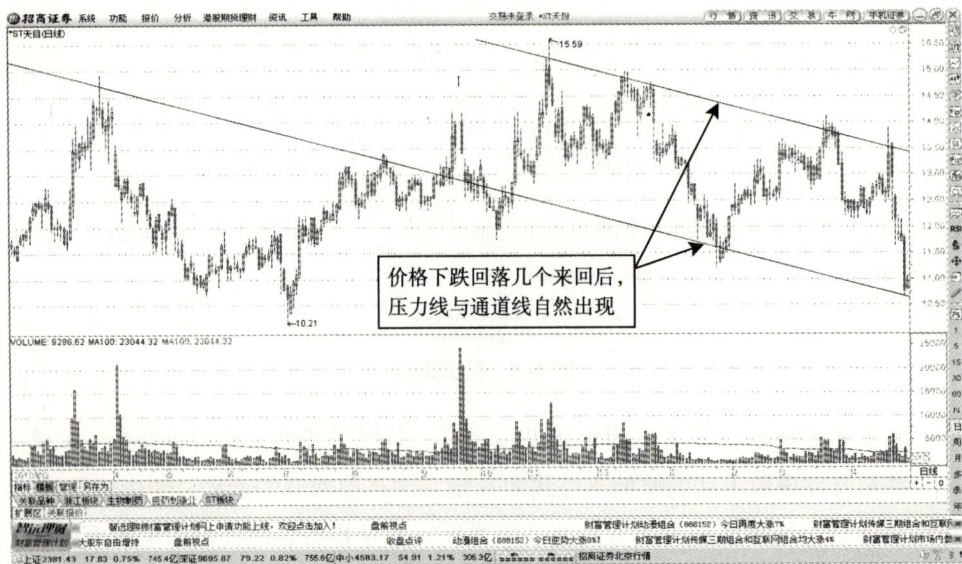

图 4-9　*ST 天目

　　如图 4-9 所示，*ST 天目的日 K 线当中，该股的下跌趋势还是比较清晰的。股价在一个震荡的走势完成后，压力线和通道线已经基本上被确定了下来。图中股价在该压力线和通道线确认的价格区域运行，显然为投资者操作股票提供了高点和低点的参考。依据该股的压力线以及通道线提供的高抛低吸的机会，在此期间获利其实是相当轻松的事情。

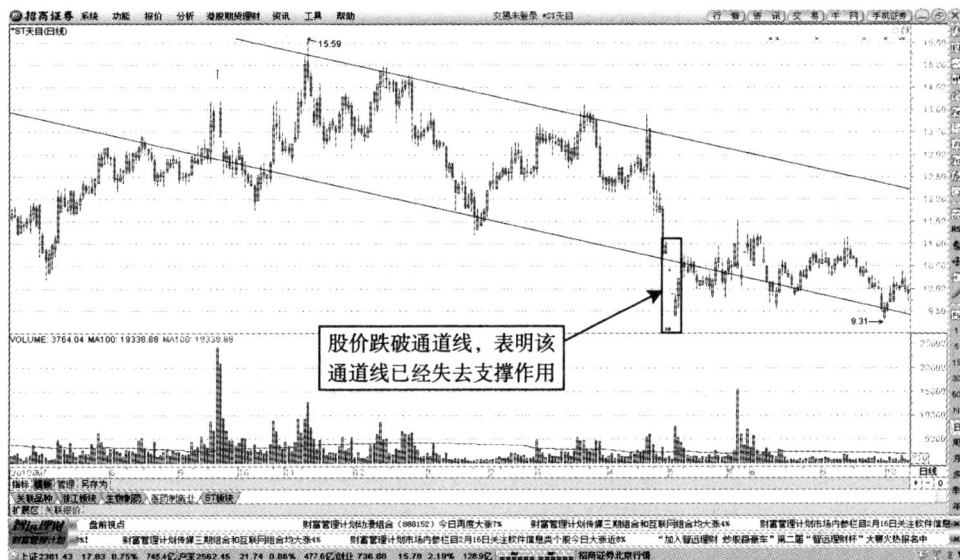

图 4-10　*ST 天目

　　如图 4-10 所示，*ST 天目的日 K 线当中，该股短线见顶从压力线回落后，股价显然是跌过了头。图中该股以跳空回落的方式跌破了通道线，表明该通道线的支撑效果已经值得商榷了。再次反弹之后，股价短线震荡的时候却没能够达到压力线附近，说明压力线的压制效果更强了。大幅度下跌之后，股价已经重新进入一个新的波动趋势，投资者应该在操作上进行调整，以便抓住合适的价位，获得更好的操作机会。

　　如图 4-11 所示，*ST 天目的日 K 线当中，该股前期率先跌破了通道线，又在远离压力线的地方提早地见顶回落。因此，该股对应的压力线和通道线都同时向下移动了。投资者要想获得高位减仓以及低点加仓的机会，必须依据修改过的压力线和通道线寻找股价反转点。依据图中所示的方法调整后，投资者自然能够获得相应的利润。

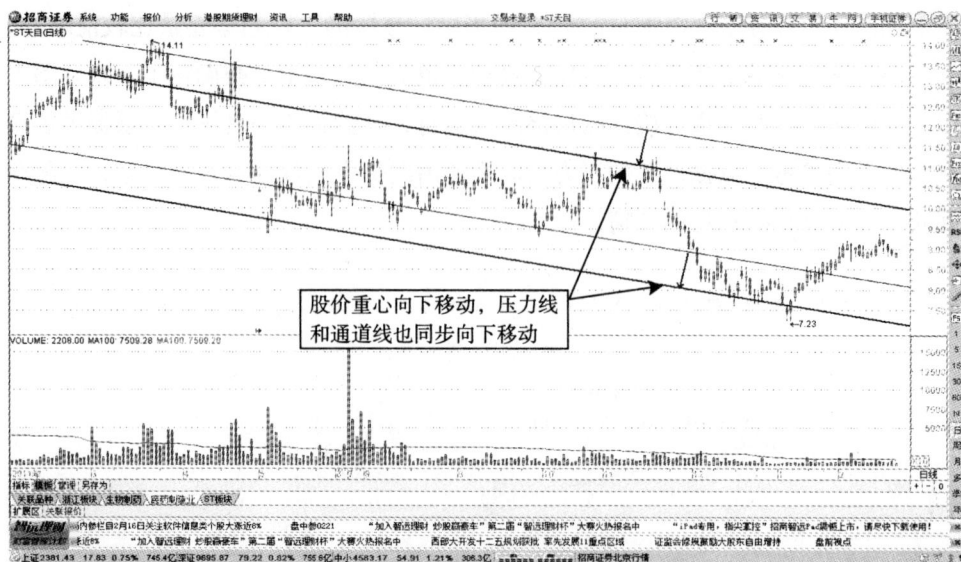

图 4-11　*ST 天目

💭 **小提示**

　　与下跌中的股价相似的是，在下跌趋势中持续的股价，长期走弱的时候也会出现加速下跌的走势。下跌趋势看似稳定，却不能改变股价的这种持续回落的趋势。空方会在股价震荡回落的时候不断打压股价。而这个时候，股价的运行趋势并不一定沿着压力线与通道线确认的价格范围波动。股价短线回落至通道线的时候，可以在杀跌的过程中轻松跌破通道线。而超跌至通道线以下的股价，即便是反弹，也不一定达到压力线附近。这样，股价整体波动的趋势就已经向下回落了。下跌通道在这个时候整体向下移动，投资者必须调整压力线与通道线的变化范围，才能够达到相应的目标。

四、变换通道线的下跌

　　处于下跌趋势中的股价，短线回落的幅度与压力线和通道线有密切的关系。从压力线受阻回落后，股价下跌的第一目标就是通道线。而通道线其实并不是真正的支撑线，但是股价却会在短时间内受到通道线的支撑而开始短暂反弹的走势。压力线和支撑线之间频繁波动之后，股价最终会见底回升。也就是说，股价不可能每次见顶于压力线后都是大跌至通道线附近。总有一天，股价会从通道线的上方企稳，并且短线放量拉升，突破上方的压力线。也就是这个时候，股价下跌的节奏开始放缓，短线放量企稳的概率有所增加。就在股价震荡幅度减缓之后，判断股价下跌的压力线和相应的通道线也会发生一系列的变化。投资者应该抓住这些变化，及时采取行动，抓住短线会出现的买卖机会。

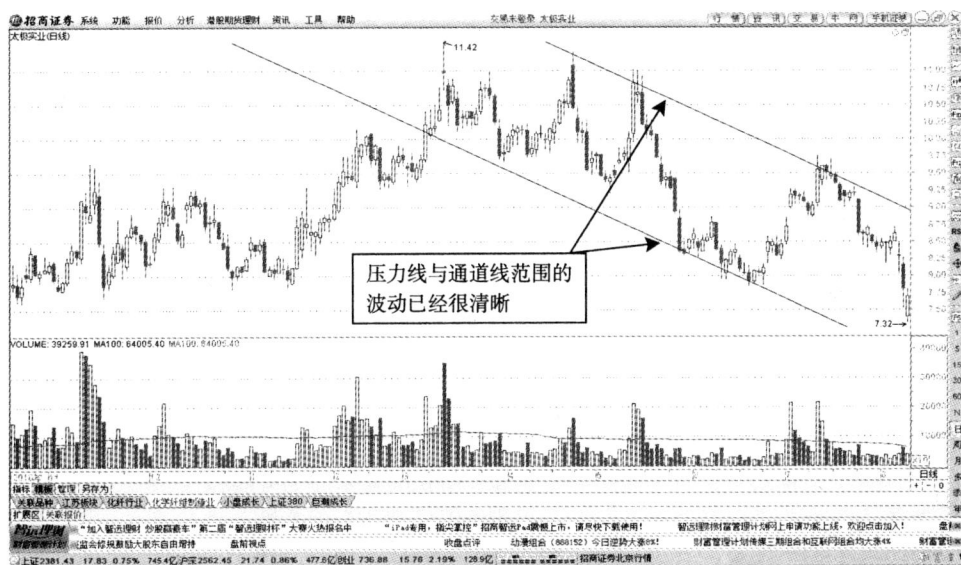

图4-12　太极实业

如图4-12所示，太极实业的日K线当中，股价的回落趋势比较明确。该股自从见顶前期见顶之后，在压力线和通道线附近的波动就已经展开了。大趋势向下，短线频繁出现反弹的走势。该股不断延续着熊市行情。从道氏理论的趋势大小判断，该股的短线频繁见顶于下跌趋势线的走势，可以称之为短线的回落走势。而该股从通道线附近反弹的情况是股价回升的次级折返情况。短线频繁下挫与次级折返的走势将构成该股中长期的大跌走势。

如图4-13所示，太极实业的日K线当中，该股虽然在持续大幅度回落，却没有停止反弹的走势。图中股价再次见顶于压力线后，短线企稳的价位显然与下方的通道线还有一段距离。如此一来，该股的下跌趋势能够提前一步企稳，说明跌势有缓解的征兆。而该股在通道线上方开始反弹后，短线已经顺利突破了上方的压力线，表明股价的真实波动范围将会向上移动。在新的压力线与通道线之间操作股价，便可以把握股价下跌的节奏了。

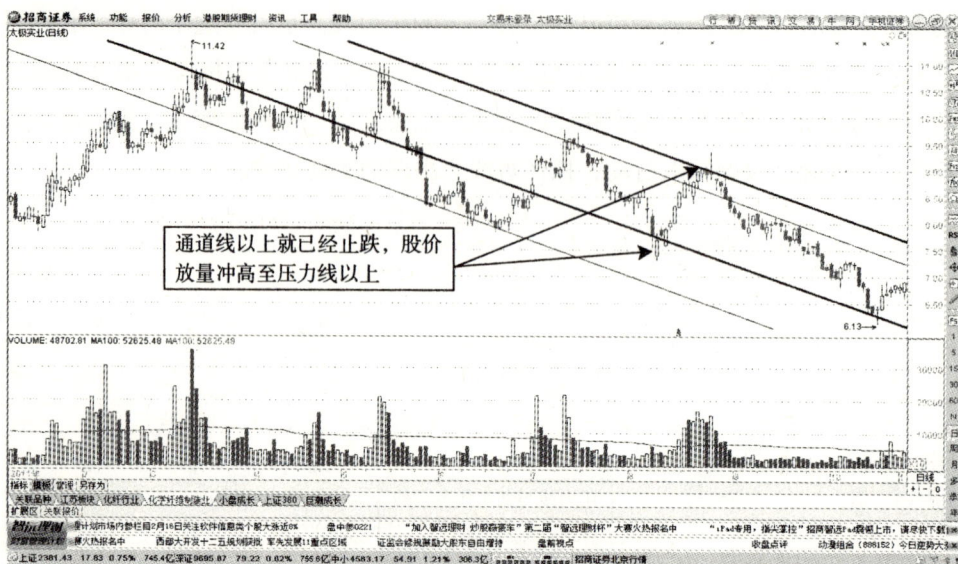

通道线以上就已经止跌，股价放量冲高至压力线以上

图 4-13 太极实业

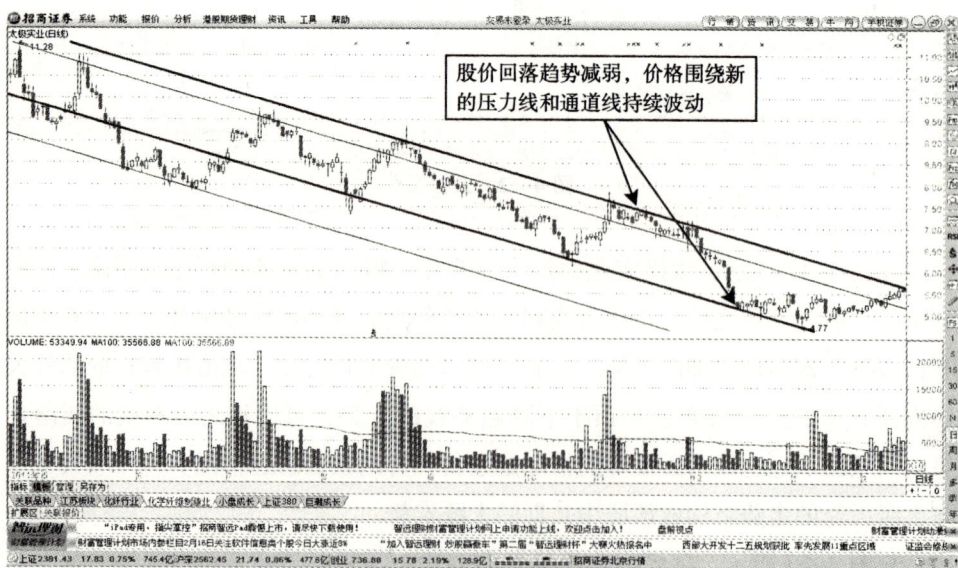

股价回落趋势减弱，价格围绕新的压力线和通道线持续波动

图 4-14 太极实业

如图 4-14 所示，太极实业的日 K 线当中，下跌趋势显然更上一个台阶。股价前期大幅度震荡并且深度回落后，后市该股的下跌趋势可以说是比较稳定了。压力线与通道线同步向上移动后，股价在两条线之间的波动短线从未停止。这样的下跌过程几乎持续了一年之久，其间在压力线附近抛售股价，并且在通道线附

近加仓，便能够轻松获得短线利润。

小提示

处于下跌趋势中的股价，判断下跌的节奏其实是一件非常难的事情。从压力线和通道线来看的话，股价波动的过程基本上会围绕两条线展开。但是，下跌的过程中，大跌之后跌幅放缓也是常有的事情。这个时候，投资者应该明白，通道线以上企稳并且突破上方压力线的股价不一定是见底回升的表现，很有可能是下跌节奏在变化。股价可以从前期波动的压力线和通道线转换为新的压力线和通道线附近运行。就在新的波动范围内，投资者同样有机会抓住股价下跌的节奏，从而为获利做好准备。

第二节　通道的斜率与趋势大小

股价在熊市波动的过程中，相应的压力线和通道线运行趋势虽然一样，但是角度却是千差万别的。不同斜率的趋势线，表明股价的趋势大小是不一样的。斜率大的趋势线，往往预示着股价的下跌趋势比较大，短线反弹之后股价深跌的可能性也大。而斜率小的趋势线，即便是处于下跌趋势当中，短线跌幅很可能不会很高。多数时间里，斜率小的趋势线对应的股价的下跌趋势是比较缓和的。比较两种不同的趋势线的时候，投资者就可以在操作上选择不同的手法买卖股票，达到熊市主跌行情中获利的目标。

如图 4-15 所示，永生投资的日 K 线当中，虽然同一个股价，两个阶段的下跌力度却大不相同。就在第一个阶段，该股回落的趋势还算比较平和，压力线的斜率并不是很大。股价在压力线与通道线之间频繁地波动。多数时间里，该股是震荡过程中的缓慢下跌，而不是快速杀跌达到通道线附近。

短线跌幅过大后，该股反弹的过程中，进入到另外一个深跌的趋势当中。在该下跌趋势中，股价受到压力线的压制更加厉害，短线深幅调整到通道线后，股价才有短线小幅反弹出现。图中所示的股价前期的下跌阶段，由于压力线斜率较小，股价短线调整的空间并不是很大。而第二阶段当中，股价的调整节奏显然是

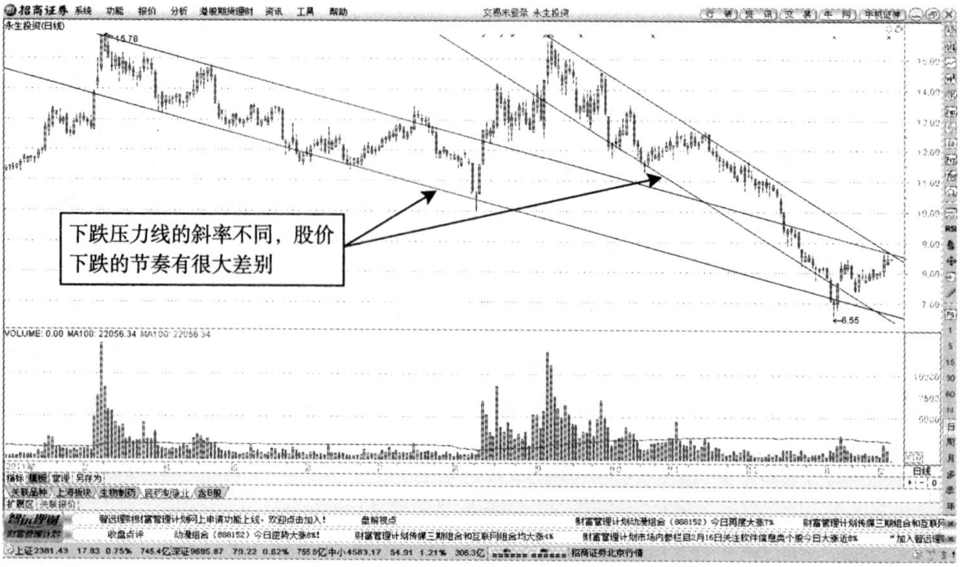

图4-15　永生投资

加快了，股价短线深度下挫的概率很高，都由于压力线的斜率较大。

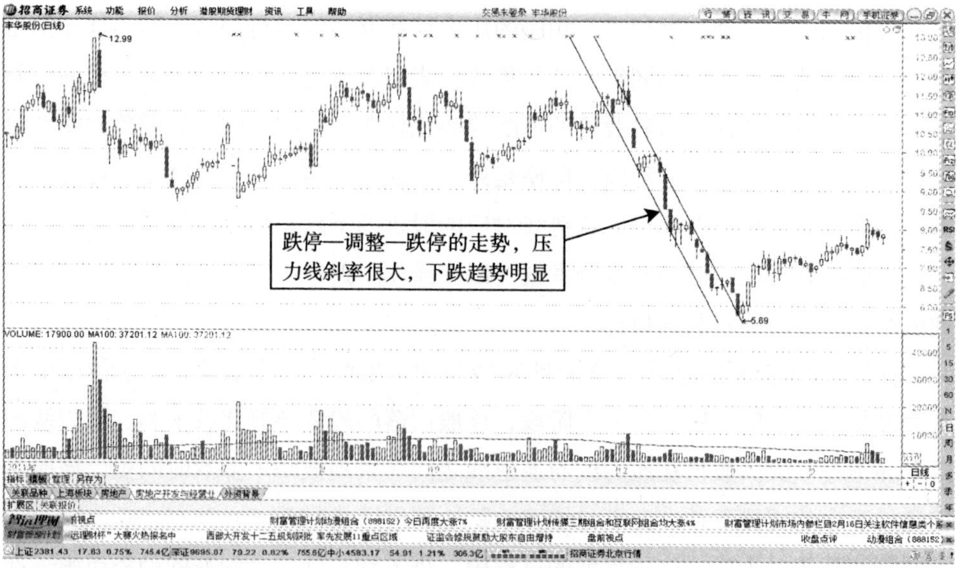

图4-16　丰华股份

如图4-16所示，丰华股份的日K线当中，股价的下跌趋势已经非常明确了。该股以跌停的方式见顶回落后，形成了明显的下跌通道线。就在压力线与下跌通道线之间，股价在跌停—调整—跌停的趋势中不断循环，最终从高位 12 元深度下跌至底部 5.69 元，下跌幅度高达 52.6%。可见，通道线的斜率大小在很大程度上影响了股价的运行趋势。如果斜率比较大的话，股价见底的深度将会很快，短线造成的杀伤力也会很大。

小提示

判断通道线的斜率大小，能够准确预示股价涨跌趋势的强弱状况。斜率较高的通道线，预示着股价波动的力度很大，短线涨跌高度也会很大。对于趋势比较大的通道线来讲，投资者最迫切的任务是要抓住大趋势，尽量在牛市中重持仓、熊市中空仓，才能够获利并且避免风险。

既然通道线的斜率能够预期股价运行的强弱状况，那么第一时间判断通道线的运行趋势就显得非常重要了。通道线的出现，一定在股价初步完成下跌或者上升趋势的起始位置开始的。如果股价运行趋势是牛市，那么必然形成两个标志性的底部和一个短线高位。这样才能够画出明确的通道线，帮助投资者判断股价的运行趋势。

第三节 通道线的提前反弹加仓

下跌趋势中，通道线本身是支撑股价短线反弹的一条趋势线。在股价下跌的过程中，如果股价没能够跌至通道线，却在通道线以上开始反弹，说明股价短线下跌幅度已经比较高，正在寻求新的支撑点。通道线以上开始反弹的时候，投资者应该关注股价的走向了。虽然股价处于道氏理论的中长期的熊市行情，股价却有可能出现次级折返的较大幅度的反弹走势。

如图 4-17 所示，航天通信的日 K 线当中，该股的下跌趋势比较清晰了，但是股价下跌的节奏出现了变化。图中股价短线虽然也见顶于压力线，下跌的幅度却不是很高。就在距离通道线一定幅度的时候，该股开始了短线反弹的走势。这表明，股价的企稳走势很可能在短时间内出现。把握好通道线之上企稳的信号，短线加仓该股，获利的概率将会很高。特别是图中股价两次反弹的价位都距离通

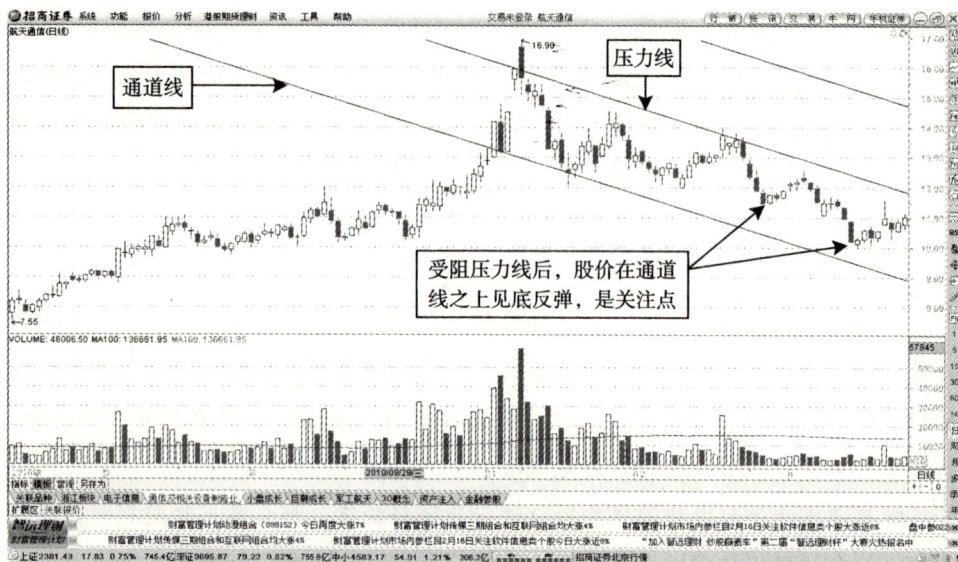

图 4-17　航天通信

道线比较远的情况下，该股的压力线恐怕也压制不住短线的反弹走势。如果压力线与通道线同时转换位置，投资者就应该注意了。

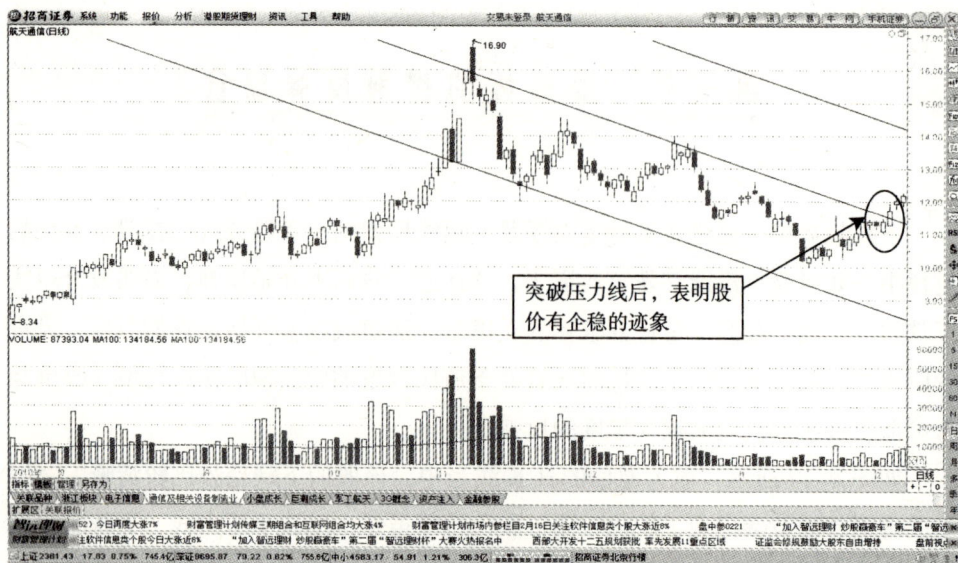

图 4-18　航天通信

　　如图 4-18 所示，航天通信的日 K 线当中，股价开始突破上方的压力线了。

这表明，不仅前期的下跌趋势中的通道线出现了改变，压制股价下跌的压力线同样需要调整位置了。其原因是，股价短线波动的幅度已经超过了这两条线的范围，继续强势反弹的过程中，股价波动区间显然是要向上移动了。虽然仍旧处于下跌趋势当中，但是投资者可以随时关注股价的下跌状况。在图中股价反弹力度增加的时候，将这次反弹走势看作是长期下跌中的次级折返的情况，还是有机会加仓获利的。

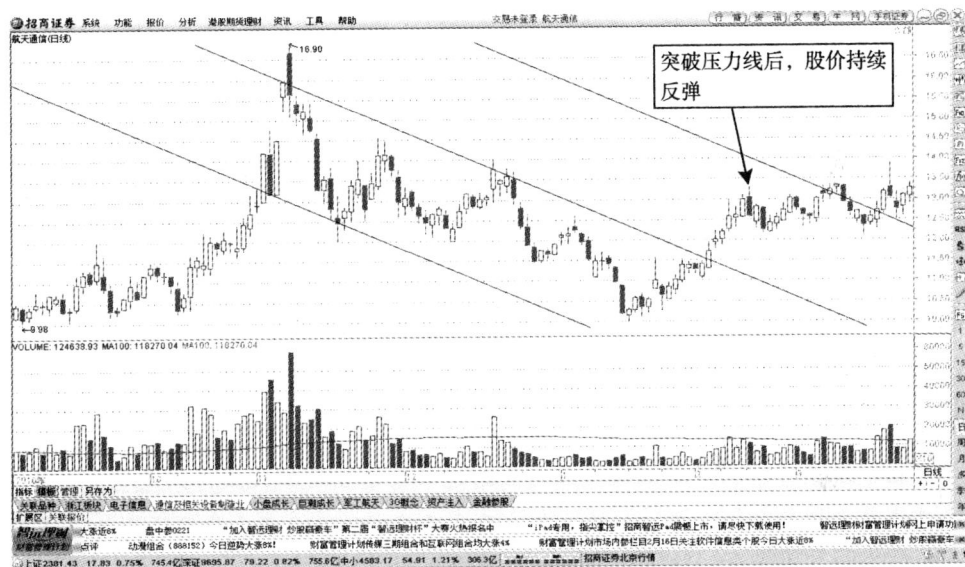

图 4-19　航天通信

如图 4-19 所示，在股价突破了压力线之后，短时间的反弹还是在持续着。图中该股反弹的高度一直到新的压力线之上。不仅如此，该股的反弹显然并未停滞不前，图中股价达到了压力线后，轻松向上穿越该压力线。新一个阶段的调整可能要在新的波动空间里进行了。通过做平行线的方式，投资者可以很容易地发现这样的新的压力线，进而为操作做好准备。

如图 4-20 所示，股价短线反弹的过程中，该股运行空间达到第二个压力线后，股价终于出现了见顶回落的走势。可见，即便是次级折返的情况也不能够轻易改变股价长期下跌的大趋势。在持续突破了两条压力线之后，该股进入新的下跌区域。就在这个新的价格波动区域里，投资者长时间里仍然需要做空。压力线和通道线之间的频繁波动并不会消失，把握好压力线附近的卖点以及通道线附近

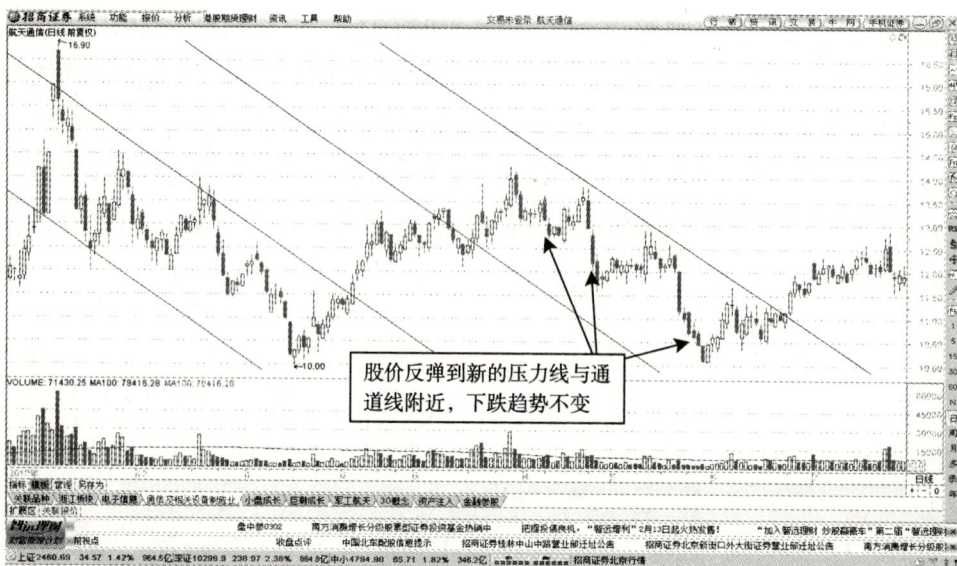

股价反弹到新的压力线与通
道线附近，下跌趋势不变

图4-20　航天通信

的短线加仓机会，即便是在熊市当中，也能够在保住利润的同时获得收益。

小提示

在下跌趋势中，谁都知道股价会在通道线附近出现短线反弹的走势。但是，就是平时常见的反弹走势，却不一定非要在通道线附近出现。如果股价足够强势的话，下跌的时候没有接触到通道线，股价就可以提前反弹了。把握股价反弹的机会，投资者可以在股价突破压力线的时候做多，仍然可以继续获得利润。下跌趋势中，股价首次突破压力线的时候，往往是短线调整的需要。并不是说股价就会在这个时候大幅度反转向上。但是，因为股价短线走强的意愿还是比较强的，投资者可以在股价突破压力线的时候，短线加仓买入一部分股票，获得短线反弹中的利润。

第四节　通道线的受阻回落减仓

通道线附近受阻回落的时候，显然是投资者减仓的重要机会。股价原本运行在支撑线与通道线之上，处于中长期牛市回升阶段。牛市当中，股价在见顶的时候会放量冲高。由于通道线的束缚，股价的上涨幅度通常不会超越通道线。一旦超越通道线，很可能要面临着短线的回落走势了。多方在股价见顶阶段放量拉升股价的时候，会造成追涨的资金不足而导致股价见顶于通道线后紧跟着会大幅度地下挫。这个时候，投资者就需要谨慎地关注股价的短线运行趋势了。在高位冲高回落的股价，很可能从通道线附近一直大幅度下挫至压力线以下。如果真是这样的话，股价也就结束了长期回升的大行情。通常来看，把握好股价跌破支撑线的机会，会帮助投资者避免很多损失。

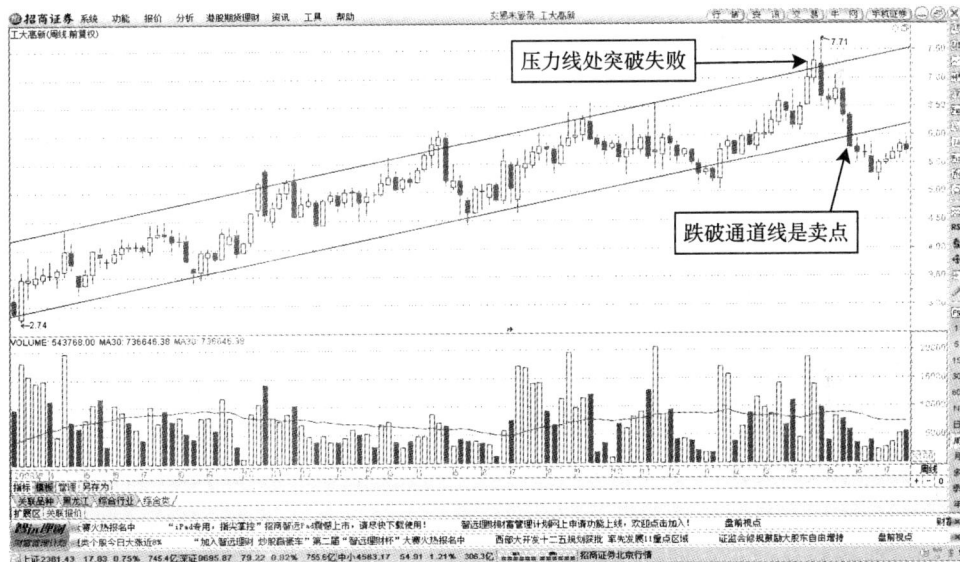

图 4-21　工大高新

如图 4-21 所示，工大高新的周 K 线当中，该股的上升趋势虽然非常明确，但是也出现了非常明显的见顶特征。图中股价短线突破上升通道线失败后，股价快速回落并且轻松跌破了支撑线。这表明，股价的运行趋势从此开始反转了。不同于日 K 线当中的回落，该股在图中周 K 线中明显地见顶下跌，显然假突破的概率是非常小的。并且，对比该股稳健的回升趋势来看，轻松跌破支撑线的走势显然是值得投资者去减仓的。不然的话，一旦下跌趋势开始，投资者将不得不面临较大的损失了。

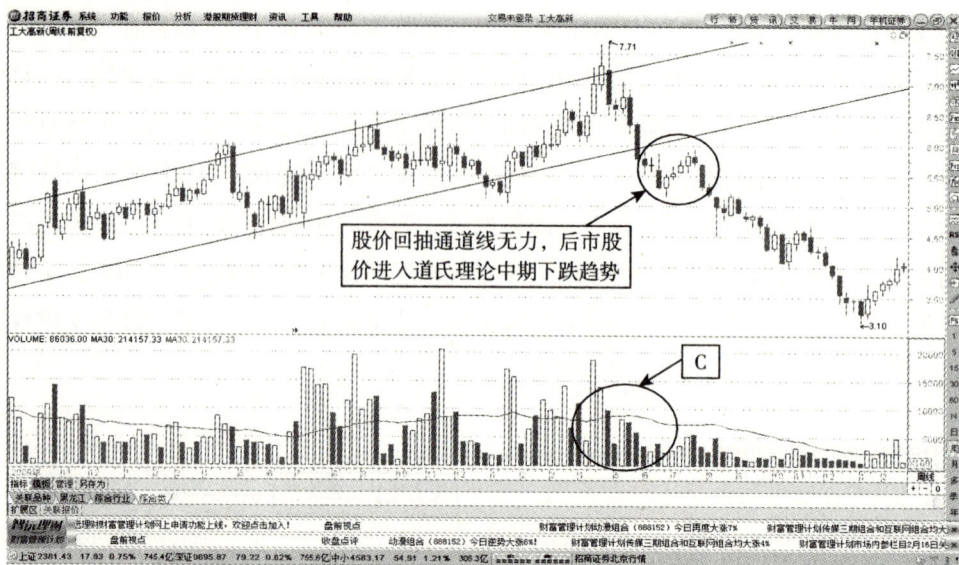

图 4-22　工大高新

　　如图 4-22 所示，工大高新的周 K 线当中，该股短线跌破了支撑线后，股价也曾出现过回抽支撑线的走势。但是，该回抽动作终究没有延续下来，股价还是进入中长期调整走势，持续回落的状态不断地延续下来。从成交量来看，前期处于支撑线以上的该股，量能始终维持在放大状态。而一旦股价弱势反弹却最终见顶，量能最终在图中所示的 C 位置出现了明显的萎缩。从股价和量能两个方面来说，判断该股的见顶信号还是比较轻松的。该股能够长时间维持在上升趋势线与通道线以下，是量能维持在放大状态的结果。如果量能开始萎缩的话，股价从高位进入下跌趋势，是经常可以看到的走势。进入中期下跌趋势后，如果没有量能的放大，股价要想反弹其实是很困难的。就算下跌趋势当中股价的次级折返走势都不容易出现。

　　如图 4-23 所示，彩虹股份的周 K 线当中，该股的回升趋势还是比较清晰的。股价维持在支撑线与通道线之间，不断地向上拉升。但是，图中股价大幅度上涨至高位后，出现了持续两次的突破通道线的走势，但最终都以失败告终。这样看来，股价从此开始走弱的话，将是大势所趋。两次突破通道线未果，该股短线却向下回落，出现了跌破支撑线的情况。这样，在成交量同时萎缩的情况下，股价的下跌将不可避免地出现。在高位大幅度震荡，股价上涨乏力的情况下，尽早减仓才能够减少损失。

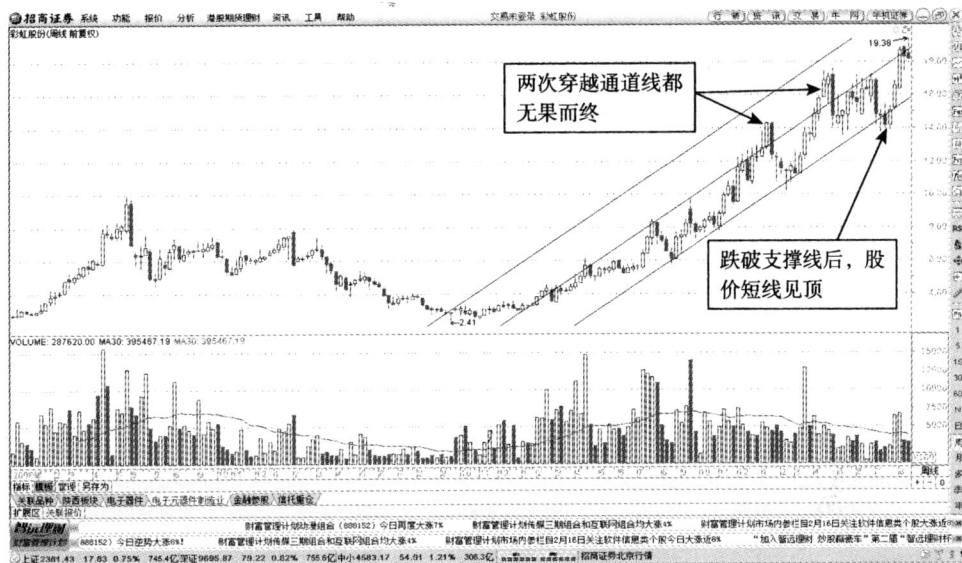

图 4-23 彩虹股份

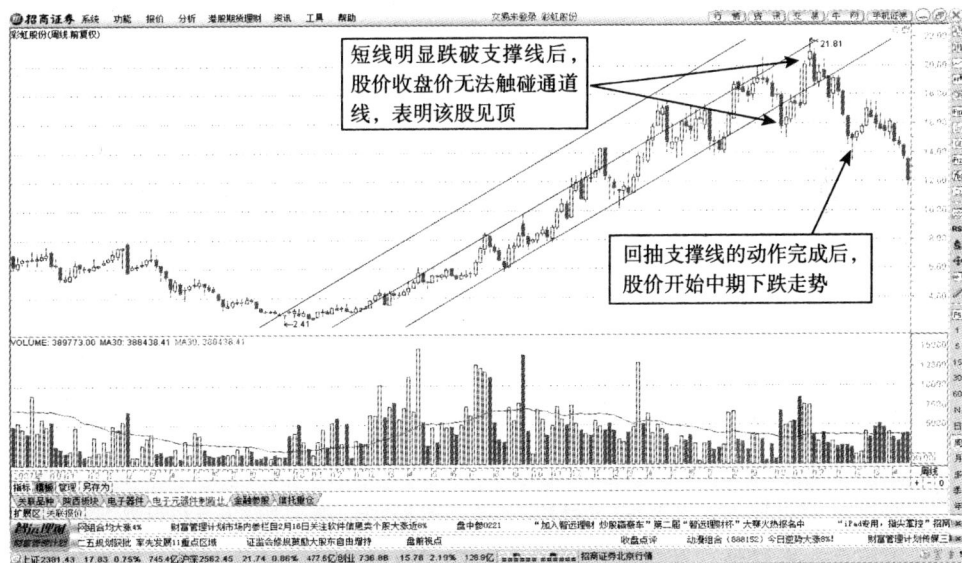

图 4-24 彩虹股份

如图 4-24 所示，随着股价短线再次跌破支撑线，反弹之后股价又未能顺利突破该股的通道线，表明做空的时刻已经到来。随着上升趋势中的支撑线被跌破，股价短线的回抽支撑线的走势又没有量能的配合，进入长期的下跌趋势已经成为现实问题。众多的阴线形态持续出现，成交量再无法放大的时候，趋势将不断地延续下来。

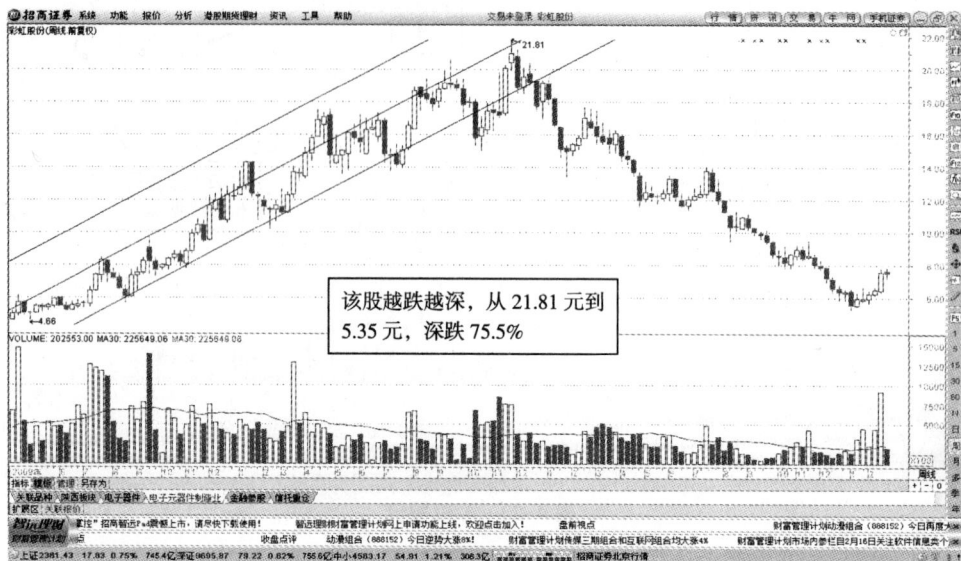

图 4-25　彩虹股份

　　如图 4-25 所示，彩虹股份的下跌趋势比较明确，自从回抽无望后，股价持续回落至底部的最低价 5.35 元，大跌幅度高达 75.5%。持续时间长达一年多的跌势表明股价已经进入到中长期的熊市当中。该股的长期回落的熊市行情开始的位置，就是图中股价顺利跌破了长期回升的趋势。股价大幅度下挫后，投资者高位减仓可以说是不错的机会。

　　就在该股顺利进入道氏理论的长期熊市行情的时候，股价已经两次突破通道线失败，并且持续两次出现了跌破支撑线的走势。如此一来，提前一步减仓的话，投资者避开真正的顶部还是有可能的。

　　股价见顶过程是复杂的，下跌的走势一定也是一波三折的。牛市见顶的过程中，股价会不断试探支撑线的支撑效果。如果股价能够跌破支撑线，并且第二次跌破支撑线后股价明显地出现滞涨的走势，那么短线反弹的股价还未达到通道线之上，就会再次跌破支撑线，就是彩虹股份见顶的过程了。

小提示

　　从周 K 线上来看，股价下跌的走势一旦确认，进入中长期熊市行情的概率是非常高的。原因很简单，股价在长期牛市行情当中，运行趋势已经非常明确了。跌破该长期回升的牛市行情是不容易的。一旦跌破支撑线，预示着主力的实力已经大为增加，下跌趋势显然会不断地延续下来。把握反转点的最终突破点，减仓便能够减少损失了。

趋势线是判断股价运行趋势的重要依据，而通道线虽然起到辅助作用，却是不可或缺的。两者结合起来用的话，投资者可以利用通道线提前判断股价运行趋势的转变信号，并且使用压力线或者支撑线来直接看股价是否已经反转。这样，对于周 K 线中道氏理论的长期运行趋势如果发生改变的话，投资者就应该提前做出反应，并且调整仓位来减少损失了。

本章小结

通道线与趋势线的区别在于，通道线与趋势线运行在相反的方向。通道线起到的作用，与趋势线同样也是相反的。在判断股价运行趋势强弱的时候，通道线可以说是不可或缺的直线。在牛市当中，支撑线可以支持股价不断地达到新的高位。而股价不能够达到通道线的时候，证明股价短线已经开始见顶，投资者以此作为减仓的依据还是不错的。而下跌趋势当中，压力线作为打压股价下跌的趋势线，当然也是不可或缺的。但是，股价在不能够达到通道线的时候，就是股价反弹的信号了。通道线虽然不能够直接表明股价的反弹信号，却能够从一个侧面证明。这个侧面就是股价不能够重新跌至通道线的提前反弹走势。可见，通道线与趋势线在判断股价运行趋势的时候，其实是具有同等重要的地位。结合通道线与趋势线的走势，投资者很容易得出相应的买卖信号。

第五章　道氏理论折返走势的
黄金分割线分析

　　道氏理论中所说的主要趋势、次级折返的走势都能提前预期股价涨跌变化的反转点。而使用黄金分割率来勾画出相应的压力和支撑预期出现的点位，有助于投资者提前判断买卖机会。从指数的走势到个股的涨跌变化，从主要的多头趋势、空头趋势再到折返走势、次级折返走势，都会出现在黄金分割位置上相应的调整情况。为了抓住买卖的最佳机会，投资者可以提前画出相应的点位，并且根据即将出现的反转信号做出买卖的操作动作。

　　本章重点向投资者介绍黄金分割在股价运行趋势转变当中的运用。相信投资者通过学习，必然能够掌握股价运行中反转信号变化的过程，把握住最佳的买卖机会。

第一节　黄金分割概述

一、黄金分割率的起源

　　意大利数学家斐波纳契在 13 世纪写了一本关于奇异数值的书。这些奇异数字并不是单一的，而是一组数值的组合集：1、1、2、3、5、8、13、21……即任何一个数字都是前面两个数字的总和 2 = 1 + 1、3 = 2 + 1、5 = 3 + 2、8 = 5 + 3……依次类推。

　　相关文件曾说，这些数字是斐波纳契研究金字塔得出的。金字塔的几何形态中隐含的数字与这些奇异的数值息息相关。金字塔的形状中有 5 个面，8 个边，总数为 13 个层面。这里的 5、8 和 13 都是连续的奇异数字里的一员。

由任何一边看去，都可以看到三个层面。金字塔的长度为 5813 寸（5-8-13），而高底和底面比率是 0.618，即上述神秘数字的任何两个连续的比率，譬如 55/89 = 0.618，89/144 = 0.618，144/233 = 0.618。

另外，一个金字塔五角塔的任何一边长度都等于这个五角形对角线的 0.618。

这组数字十分有趣。0.618 的倒数是 1.618。譬如 14/89 = 1.168、233/144 = 1.168，而 0.618 × 1.168 = 1。另外有人研究过向日葵，发现向日葵花盘有 89 个花瓣，55 个朝一方，34 个朝向另一方。这组数字就叫做神秘数字。而 0.618、1.618 就叫做黄金分割率。

黄金分割率的最基本公式是将 1 分割为 0.618 和 0.382，它们有如下特点：

（1）从第三项起，数列中任一数字都是由前两个数字之和构成；

（2）前一数字与后一数字之比，趋近于一固定常数，即 0.618；

（3）后一数字与前一数字之比，趋近于 1.618；

（4）1.618 与 0.618 互为倒数，其乘积约等于 1；

（5）任一数字与前面隔位数字之比，其值趋近于 2.618；与后面隔位数字之比，其值则趋近于 0.382。

理顺下来，上列奇异数字组合除了能反映黄金分割的两个基本比值 0.618 和 0.382 以外，尚存在下列两组神秘比值。即：

（1）0.191、0.382、0.5、0.618、0.809；

（2）1、1.382、1.5、1.618、2、2.382、2.618。

判断股价折返比例的时候，0.382、0.5、0.618、0.809 是比较常见的折返位置。指数在见顶回落的折返走势中，或者是见底回升的折返行情都容易在这些黄金分割比例位置出现折返的情况。投资者如果能够把握这些反转点，并且进行相应的买卖操作，抓住反转机会将不是问题。如果主要的多头或者空头市场延续了很长一段时间，并且超过了前期高位或者低点的话，那么黄金分割比例的 1.382、1.5、1.618、1.809 的重要分割位就将对股价的运行趋势起到很强的阻碍作用。这样，投资者可以提前预期这些反转点，并且进行相应地操作，以免失去操作机会。

二、黄金分割的重要画法

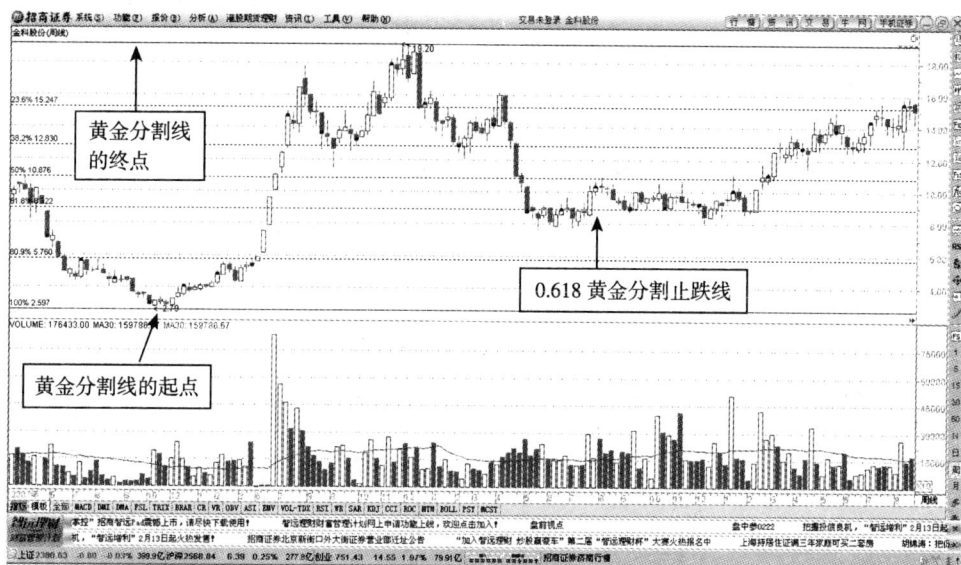

图 5-1 金科股份——回落点的黄金分割

如图 5-1 所示，金科股份的周 K 线当中，勾画出该股黄金分割点位的关键是寻找到该股企稳回升的点。图中左下角就是股价回升的起点。从最低价开始，一直延伸至该股主要多头市场的顶部最高价 19.20 元的高位。这样，判断股价折返后的止跌回升点就容易多了。股价在重要的黄金分割点 0.618 附近出现了明显的企稳信号，说明该黄金分割点的支撑效果较好，股价自然出现了止跌企稳的迹象。

如图 5-2 所示，中国宝安的周 K 线当中，股价的大幅度上涨走势终于出现了见顶的信号。图中股价飙升至前期高位之上的黄金分割线 1.382 的时候，出现了明显的跳空下跌的大阴线。这表明，股价的长期跌势就此开始了。前期该股在飙升至前期高位之前，调整也曾出现过。在股价超过前期高位的情况下，勾画黄金分割线的方法可以从主要多头行情的底部（图中 A 所示）开始，向前期高位（图中 B 所示）画黄金分割线。在主要的多头行情中，股价涨幅超越前期高位的情况下，判断折返点的话就可以在超过前期高位的 0.382 处。

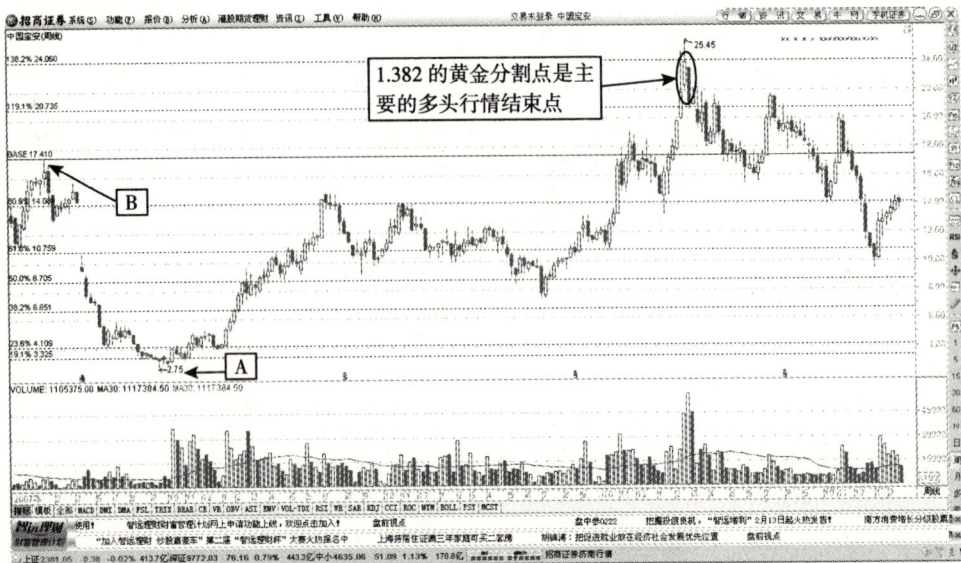

图 5-2 中国宝安——反转点的黄金分割

小提示

判断黄金分割点的折返走势，首先应该画清楚黄金分割线的起始点和终了点。判断股价折返位置的时候，可以顺着折返的方向画。而判断股价主要趋势延续的高度的时候，可以顺着股价运行的方向画。两种画法中，投资者都能够得到较好的反转点。

第二节　黄金分割与道氏理论折返幅度

一、牛市行情的黄金分割折返

牛市行情当中，股价的运行趋势也是有无形的规律的。这些看似无形的规律，就是黄金分割率。从熊市中企稳回升并且进入到牛市行情的个股，短线见顶回落的时候，企稳的位置可以用黄金分割线来判断。牛市行情中股价中短线回调的走势其实就是次级折返的情况。使用黄金分割点来判断次级折返的位置，有助于投资者挑选合适的加仓机会。

0.382 的黄金分割线是黄金分割率当中比较常见的分割点。中长期的牛市当中，如果出现次级折返的情况的话，下跌幅度可以首先看跌至 0.382 的回调位置。0.382 的分割线是怎样测量的呢？从股价反弹的底部算起，到短线见顶的位置，股价应该累计下跌 38.2%，才是股价短线见底回升的次级调整的位置。

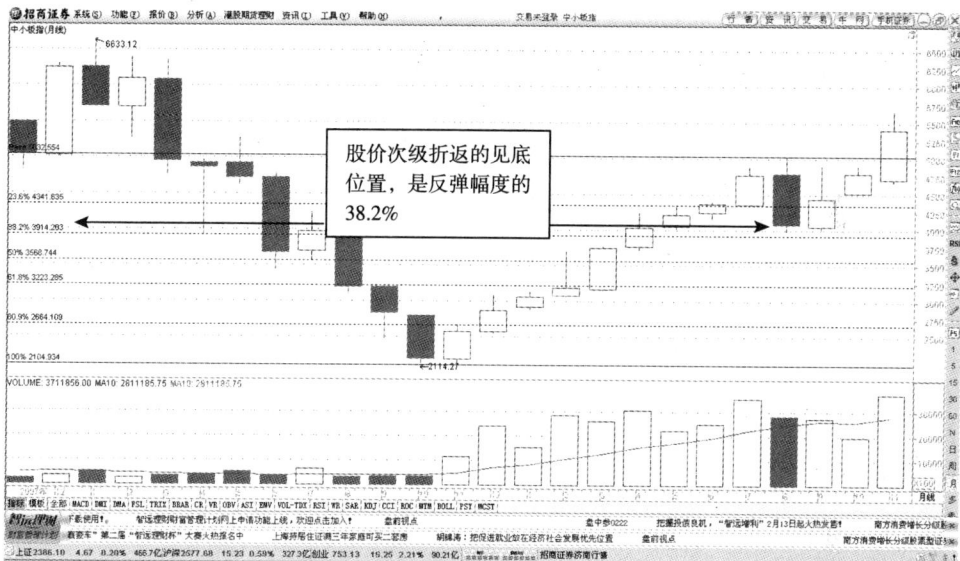

图 5-3　中小板指数的月 K 线——牛市中 0.382 的黄金分割

如图 5-3 所示，中小板指数的月 K 线当中，该指数告别了持续时间长达十个月的调整走势后，终于开始见底回升了。告别了长期调整的熊市行情，该股震荡走高的牛市中，调整情况明显地出现在了图中阴线处。

那么从黄金分割线来看的话，股价短线调整的位置可以下跌 0.382 这个幅度。也就是说，中小板指数从底部的 2114 点开始反转，达到反转的高位 5000 点后，累计上涨幅度达到（5000 - 2114）= 2996 点。也就是说，指数短线回调的位置应该是 2996 点的（1 - 0.382）处，为 [2114 + (1 - 0.382) × 2996] = 3965 点。从图中指数回落企稳的点位来看，正是 4000 点附近的位置，表明判断是非常准确的。如果投资者在日 K 线当中判断股价的企稳回升点的话，其实能够更加准确地判断出点位。

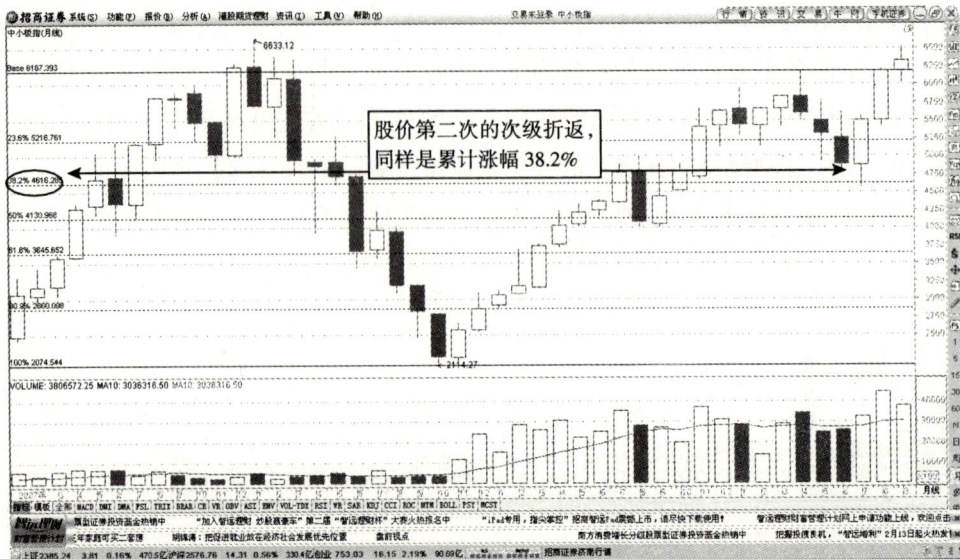

图5-4　中小板指数的月K线——第二次0.382的黄金分割

如图5-4所示，在长期牛市当中第一次出现了回调走势后，该股继续在图中出现了调整的情况。不仅第一次可以用0.382的黄金分割点来判断，第二次的次级折返的调整走势同样可以是0.382的分割线处。同样是从最底部的2114点开始计算，指数反弹至高位6187点的时候再次出现次级折返的下跌调整点，应该是2114 +（6187 - 2114）×（1 - 0.382）= 4631.114点。从图中所示的股价次级折返走势结束的点位来看，该指数反转点正是在4631点附近。

如图5-5所示，在完成了长期牛市行情后，中小板指数终于轻松见顶最高点7493.29点，并且开始了持续回落的走势。从最高点7493.29点开始计算的话，指数累计下跌的幅度达到0.618的黄金分割线。前期牛市当中，股价短线回调的位置可以是0.382的幅度。但是，指数自从见顶最高点7493.29点后，需要调整的空间就比较大了。指数之所以在0.618的分割线上出现了显著的反转，是因为该分割点在黄金分割率里边的特殊作用是其他分割点无法比拟的。投资者如果提前计算一下0.618的分割点对应的指数位置，并且做好抄底的准备，还是有望获得较好的抄底机会的。

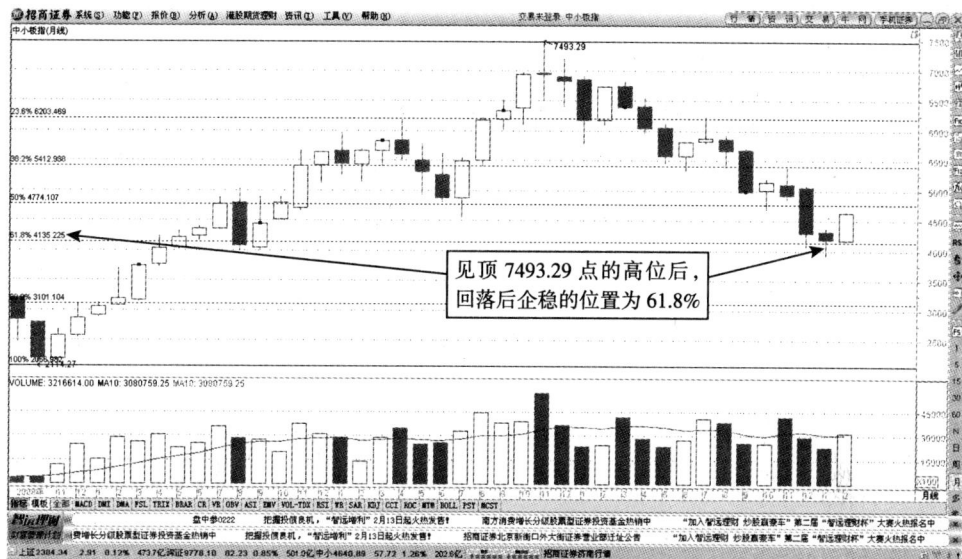

图 5-5　中小板指数的月 K 线——重要反弹位置

小提示

　　在股价反转的过程中，中期上涨幅度较大的情况下，出现次级折返的下跌走势其实是非常容易见到的情况。次级折返的情况中，用来判断股价回落位置的黄金分割线 0.382 当然是非常容易出现的折返情况了。由于指数的牛市行情比较明确，指数持续上涨的动力又比较充足，折返的情况本应该不会太高。因此，0.382 的黄金分割点出现概率较高，就比较容易理解了。次级折返的走势中，0.382 的黄金分割点比较容易出现。但牛市行情如果真的见中期顶部的话，下跌调整的空间可就较大了。用黄金分割的 0.618 来判断下跌的空间还是比较容易得到反弹的价位的。0.618 的位置在较大的调整中也不容易被跌破。投资者可以在这样的分割点处开始抄底，获得像样的利润。

二、熊市行情的黄金分割折返

　　股价的运行趋势不同，长期走势当中的次级折返的情况却是常见的。熊市当中，当股价回落到一定程度的时候，中短线的反弹走势可以说就是次级折返的情况。如果还是用黄金分割的理念来提前预测相应的折返点的话，投资者就可以在指数回落至相应的黄金分割点的时候开始加仓，并且获得一些短线的利润。

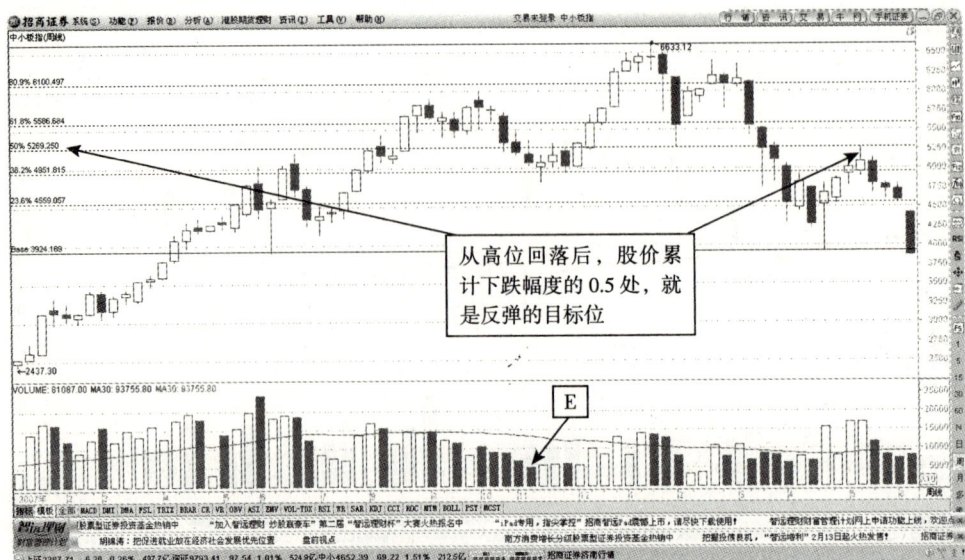

从高位回落后，股价累计下跌幅度的 0.5 处，就是反弹的目标位

图 5-6 中小板指数的周 K 线——熊市中 0.5 的黄金分割

如图 5-6 所示，中小板指数的周 K 线当中，股价的长期牛市行情终于出现了见顶的迹象。在量能达到图中 E 所示的地量程度的时候，该股终于开始逐步走弱了。从成交量上来看股价已经明显见顶了，这样，该下跌趋势显然是与前期的牛市行情对应的道氏理论的中长期下跌趋势了。既然是中长期的下跌趋势，那么在下跌图中，股价出现次级折返的反弹走势的概率是相当高的。其中 0.5 的黄金分割线也是投资者值得考虑的点位。

如此一来，在判断该股的反弹位置时，0.5 的反弹高度是值得关注的点位。图中中小板指数成功缩量见顶后，短线探底回升之后反弹的高度果然是该指数下跌空间的 0.5。指数见顶回落后能有这么精准的重新回落点位，表明投资者是可以在这个时候清仓的。说到底，选择合适的抄底机会的同时还需要在恰当的价位减仓甚至清仓持股，这样做的目的只有一个，在尽可能控制风险的情况下增加收益。

如图 5-7 所示，中小板指数的周 K 线当中，该股的下跌趋势还是在延续着。虽然说熊市当中次级折返的情况比较常见，但是，股价的下跌幅度比较大的时候，短线反弹的幅度会越来越小。因为，道氏理论所说的中长期的熊市行情中，看涨的投资者会越来越少。追涨造成的股价反弹的空间也会越来越小。真正见底之前，股价的波动幅度会更小。这样，提前反弹至 0.5 的时候，之后的次级折返

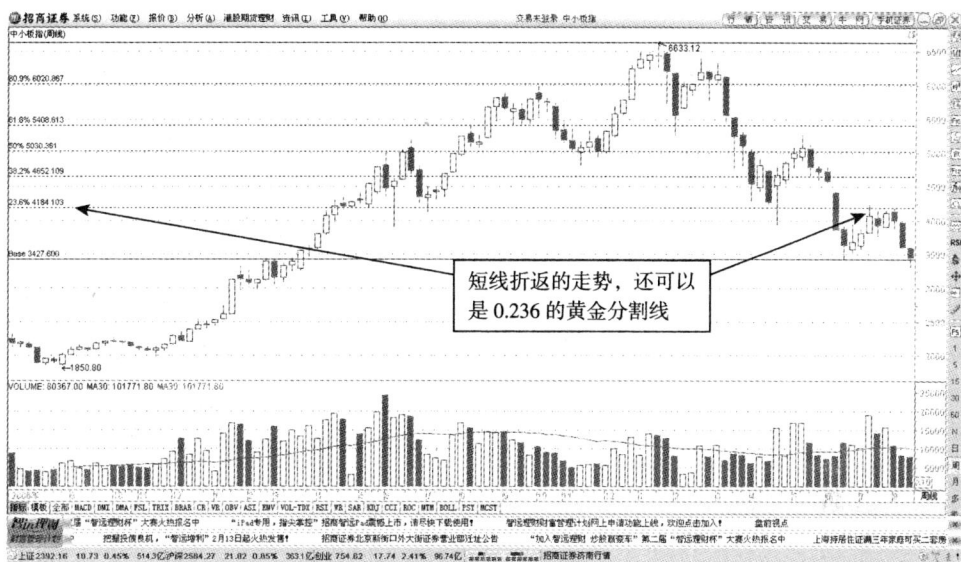

图 5-7　中小板指数的周 K 线——熊市中 0.236 的黄金分割

的幅度会不断地减小。图中中小板指数再次下跌之后，反弹的高度只达到了 0.236 的幅度。判断反弹高度的时候，没有一定之规，股价却能够在相应的黄金分割点发生转变。一旦出现这样的信号，投资者就可以开始短线减仓了。

小提示

　　从黄金分割的角度来讲，下跌当中的股价次级折返的情况其实可以是预期判断出来的。并且，通常真正见顶回落的指数，短线反弹的幅度是不会超过跌幅的一半的。也就是说，从指数真正见顶的点位算起，到股价短线见底的时候，反弹的幅度可以达到 0.5 的位置，却不会达到更高的位置。如果指数可以达到更高的位置的话，就称不上是次级折返的走势了。判断指数折返的高度，投资者也可以在 0.236 的位置上等待股价的短线折返高度。深度回落之后，指数反弹的高度会明显地降低。0.236 的高度已经算是比较高的程度了。

三、个股的黄金分割折返

　　指数能够在黄金分割位置上出现次级折返的走势，个股的走势总是与指数有一定的相关性。相关性高的个股，当然也能够与指数出现同样的次级折返的情况了。并且，判断相应的反转信号出现的位置，也可以在黄金分割的点位上。更准确地说，个股的走势可以跟指数的走势相关性很高，并且与指数在同样的位置出现次级折返的情况。当然，股价也可以与指数走势相似，且在涨跌幅度上呈现出一定比例。如果真是这样的话，个股在道氏理论的牛市或者是熊市的行情中，同样会出现相似的次级折返的情况。把握好大趋势的情况下，使用黄金分割点来判断次级折返的点位，就能够抓住熊市中的减仓机会或者是牛市中的加仓时机了。

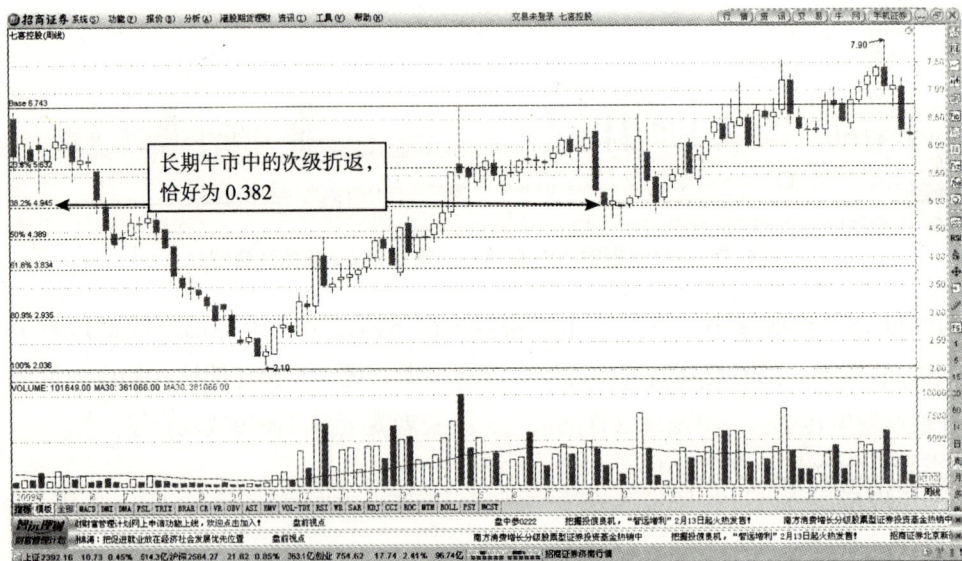

图 5-8　七喜控股周 K 线——0.382 的回调位

如图 5-8 所示，七喜控股的周 K 线当中，该股反转下跌的次级折返走势在牛市行情持续九个月之后出现了。次级折返的情况总归不会成为影响股价长期牛市行情的因素。因此，从黄金分割的方法来判断折返的情况，股价恰好在图中标注的 0.382 的位置上开始止跌回升了。勾画出黄金分割线的时候，投资者可以从股价长期回升趋势的高位开始，一直延伸到股价前期底部价位。黄金分割线的位置恰好为 0.382，正说明次级折返的幅度并不是很高。判断理想的抄底机会，这个位置还是不错的。

如图 5-9 所示，七喜控股的周 K 线当中，该股的反转信号正是图中所示的两阳线夹一根阴线的走势。自从该股周 K 线中的见底信号出现后，股价开始顺利走出了次级折返的调整走势，延续了前期的牛市行情。选择恰当的抄底机会的时

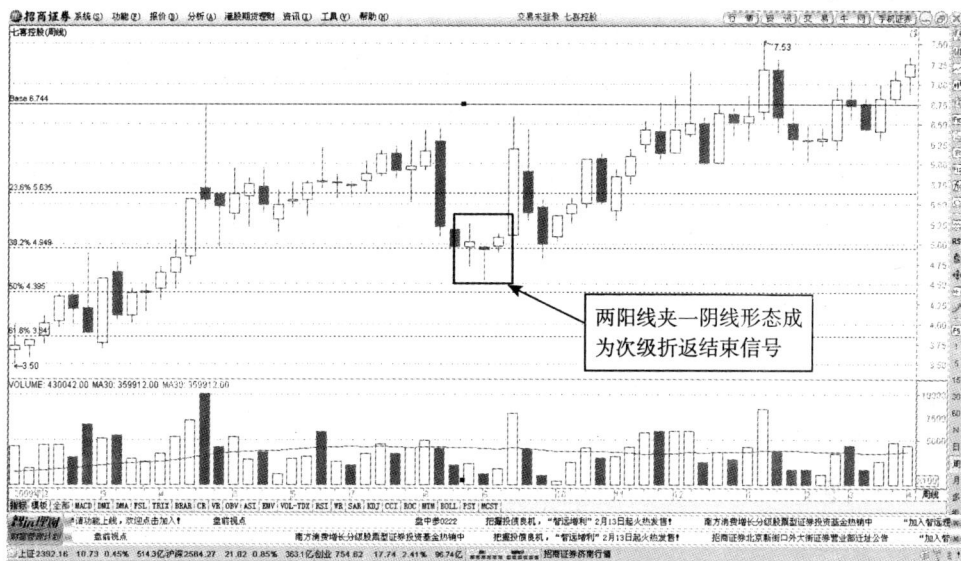

图 5-9 七喜控股——两阳线夹一阴线的看涨信号

候，如果周 K 线当中的见底信号不够清晰的话，投资者可以在股价的日 K 线当中选择恰当的抄底机会。日 K 线当中的见底信号可以提前出现，而股价在周 K 线的见底信号却可以迟钝一些。这样一来，投资者选择抄底的机会就比较容易了。

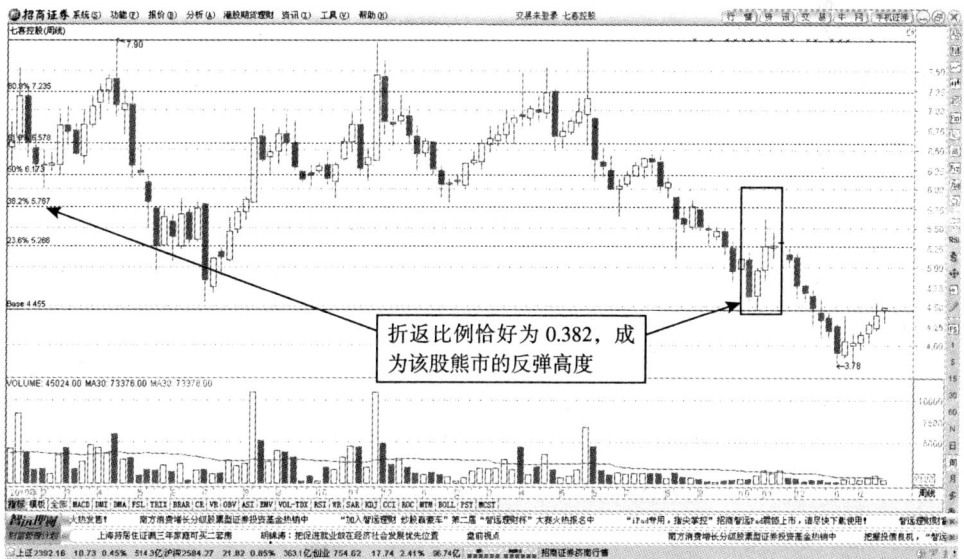

图 5-10 七喜控股——熊市中的 0.382 回调

如图 5-10 所示，七喜控股在见顶回落之后，长期回落的牛市当中的次级折返的情况，股价反弹的高度同样可以是 0.382 的幅度。只不过相对于牛市当中的次级折返的情况而言，熊市中的次级折返走势的股价是上涨的。并且，股价上涨的最高幅度可以在下跌空间的 0.382 处。

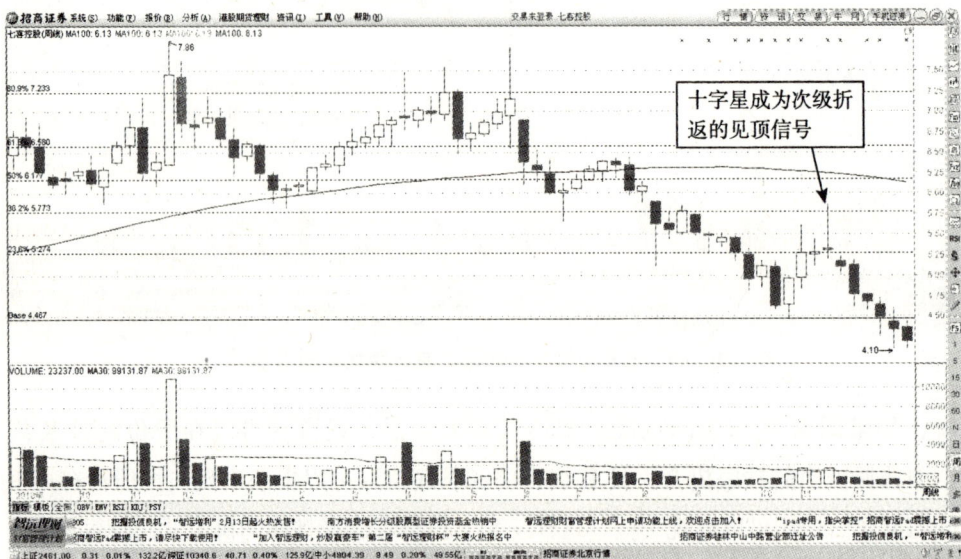

图 5-11　七喜控股——十字星见顶信号

如图 5-11 所示，七喜控股的反弹走势出现在 0.382 处，十字星的见顶信号就是短线明显的见顶信号。同样地，既然判断出该股已经出现了十字星的见顶信号，并且是在黄金分割线的位置出现的，那么短线在股价反弹至 0.382 处开始减仓就显得比较现实了。能够第一时间预期到反弹高度并且做好减仓准备的投资者，才能够尽可能多地在获利的情况下达到减仓的目标。

小提示

使用黄金分割理论来判断股价的次级折返位置的时候，首先要准确判断股价的运行趋势。股价运行主要趋势无非是中长期的牛市行情和熊市行情，次级折返的走势就出现在这些主要趋势出现的过程中。因为关系到判断次级折返的方向问题，投资者首先断定股价运行的大趋势其实是第一要务。只有主要的运行趋势确定了，黄金分割线才能够找准起点和终点，并且准确预测股价将要停止调整的点位。总的来说，判断好指数或者个股运行的大趋势，从股价运行的终点向起点引黄金分割线，就可以轻松预测股价将会结束次级折返的点位了。

第三节　非常重要的 0.618 回调

0.618 的黄金分割点位，其实是非常重要的分割点。尤其是指数运行的中长期的走势中，大涨或者大跌的情况过后，都会向反方向运行，寻找新的反转点。在中长期的行情不变的情况下，指数反方向运行的幅度在多数情况下不会超越 0.618。或者可以这么说，0.618 的黄金分割点是指数长期牛市或者熊市行情结束后必然要经历的调整点。特别是趋势比较大的情况下，指数回调至 0.618 是必然的。

0.618 的黄金分割点之所以能够成为指数经常回调的位置，是因为该分割点已经超越了 0.5 的范围，在将要把前期的涨跌空间吞没一半的时候，多空双方的争夺进入白热化。指数很容易在超越 0.5 而达到 0.618 的黄金分割位的时候出现反转的走势。总之，0.618 的黄金分割点位是实战当中经久不衰的重要分割点。重视这一分割点的投资者能够提前预期股价重要的反转价位，精准地把握股价加减仓的时机，从而更好地获得投资机会。

一、上证指数在牛市中的 0.618 折返概率

上证指数在牛市当中出现折返走势，其实是多头获利回吐造成的调整走势。从历史上来看，上证指数持续长时间大涨后，经历折返走势的概率还是比较大的。用黄金分割 0.618 的分割点来判断折返的点位是比较重要的方法。从牛市当中指数累计上涨的高度来判断 0.618 的黄金分割点位，投资者能比较轻松地抓住买点。既然黄金分割的 0.618 是难以逾越的，并且即便指数可以超越这个黄金分割点，短线出现较大反弹的概率还是很高的。

如图 5-12 所示，上证指数的周 K 线当中，指数从出现到今天的 20 多年里，持续大涨牛市行情还是很多的。每当牛市行情结束之时，股价都需要一定的调整走势。而牛市结束调整走势，就是前期获利的投资者获利回吐，而多方难以招架

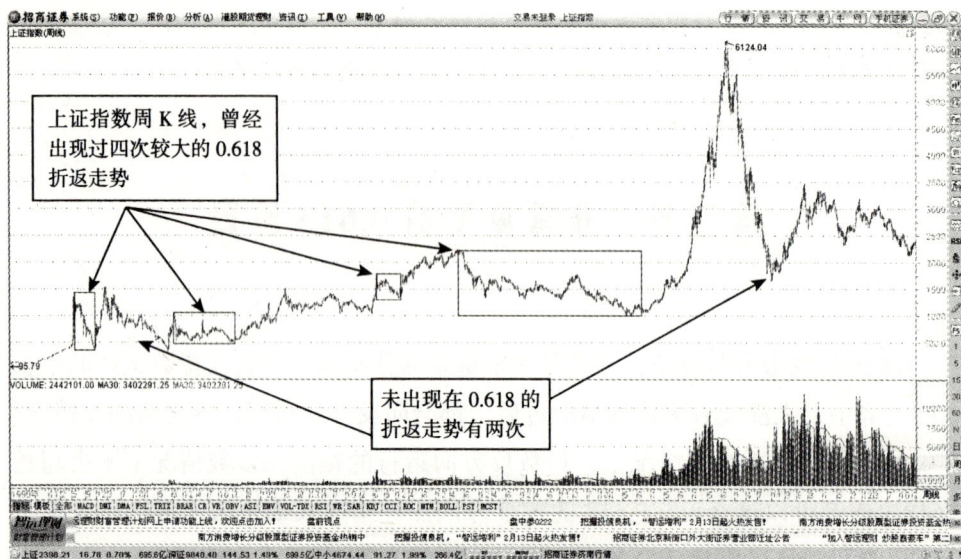

图 5-12　上证指数周 K 线——牛市中 0.618 的次级折返

抛售压力造成的下跌。抛售压力再大，多方总会再次控制股价的走向，因此牛市中的 0.618 的黄金分割点就在这个时候应验。历史经验表明，从上证指数编制完成到运用的 20 年里，不管是长达五年的调整，还是短至数月的下跌，都完美地演绎着 0.618 的黄金分割点。既然指数都已经表现出如此精确的折返比例，那么个股的走势当然也会在很大程度上遵循 0.618 的黄金分割原则了。把握好股价的 0.618 的熊市折返幅度，投资者便可以提前抓住建仓机会，为获得相应的回报做好准备。

　　如果从概率的角度来讲的话，上证指数从 1991 年最初的 95.79 点运行到 2012 年的时候，四次较大的折返走势都是出现在了 0.618 的黄金分割线上。在指数企稳之前勾画出黄金峰线对应的 0.618 位置，将有助于投资者第一时间把握指数的走向。另外，有两次的折返走势并不在 0.618 的黄金分割线上。这说明 0.618 在上证指数的多头市场中成为折返比例的概率高达 67%。可见，使用该黄金分割线作为指数折返后的企稳点位，还是比较理想的做法。个股运行趋势与指数的运行趋势有很大的关联性，同样可以使用这种方法来操作。

　　如图 5-13 所示，上证指数的周 K 线当中，自从该指数成功编制以后，上证指数从底部的起始点位 95.79 点大幅度飙升到了 1429.01 点的顶部，并且出现了见顶回落的走势。指数累计翻了 13.9 倍后，开始大幅度回落调整的走势。其中

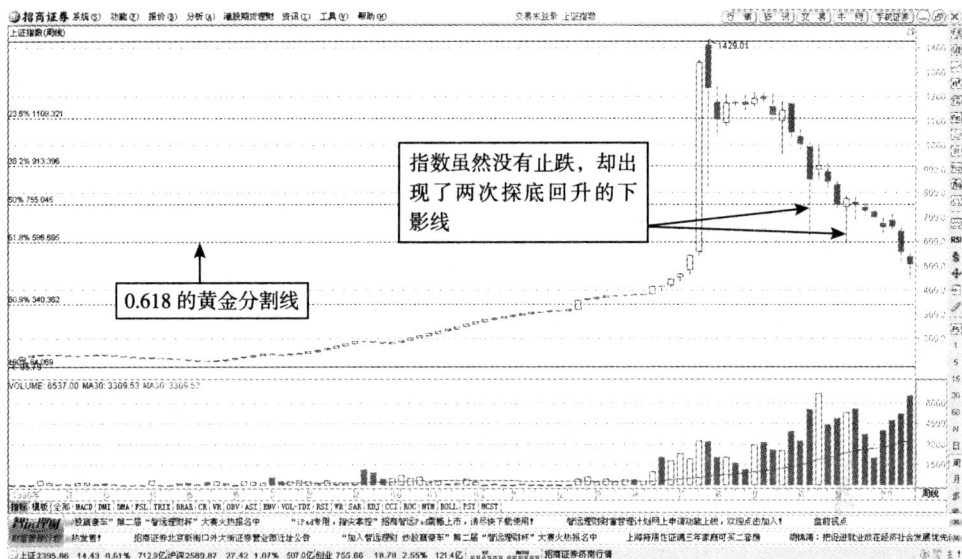

图 5-13　上证指数——1992 年 5~11 月次级折返

黄金分割的 0.618 的分割线是投资者不得不关注的反弹点位。虽然指数并未在图中所示的 0.618 处开始反转，却在周 K 线当中形成了两根下影线非常长的 K 线形态，表明该分割点位的支撑效果还是不错的。从短线来看，抓住该黄金分割的点位，投资者是有理由获得不错的利润的。即便前期还未真正减仓出货的投资者，在指数回落至 0.618 的时候加仓做些短线，然后将筹码全部抛售，不仅能减轻损失，且获得利润的概率都是有的。

如图 5-14 所示，上证指数不仅在 1992 年 5~11 月出现了 0.618 的黄金分割点的反弹情况。就算是在 1994 年 9 月至 1996 年的 1 月，该指数大涨之后的 0.618 的回调走势仍然出现在投资者面前。当时指数从底部大幅度飙升，几乎是多头占据优势的单一拉升走势。指数涨幅过大后，终究出现了回落。图中两个圆弧底形态就是指数回落至 0.618 附近后形成的反转走势。虽然 0.5618 的黄金分割点并未支撑住指数，但是指数跌破 0.618 的黄金分割线后，下跌的空间显然是非常有限的。从建仓的角度考虑，该分割点也是值得投资者一试的。

投资者建仓阶段是不可能精准地判断指数的回落点位的。即便是黄金分割点，指数真正企稳的点位也会有一定的误差。投资者建仓的过程是分步骤进行的。只要指数见底的点位误差不大，投资者分步建仓的成本就还是比较低的，今后获利将不是问题。

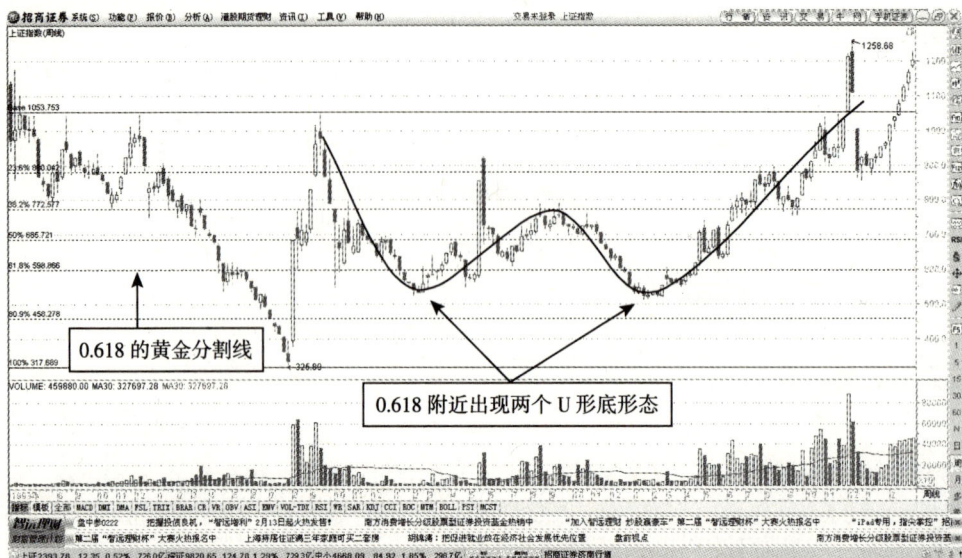

图 5-14 上证指数——1994 年 9 月至 1996 年 1 月次级折返

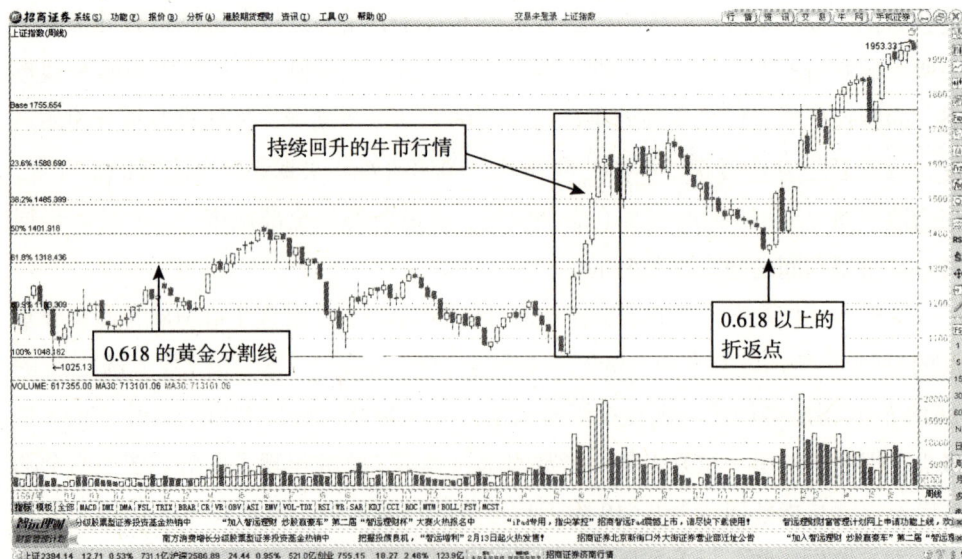

图 5-15 上证指数——1999 年 9~12 月次级折返

如图 5-15 所示，上证指数在 1999 年 9~12 月，该指数暴涨了 7 周之后，出现了见顶回落的折返走势。这一次指数的折返幅度并未真正达到 0.618 的黄金分割点。而是在该黄金分割点之上高一些的地方出现了小阳线企稳的信号，并且开始了反转拉升的走势。

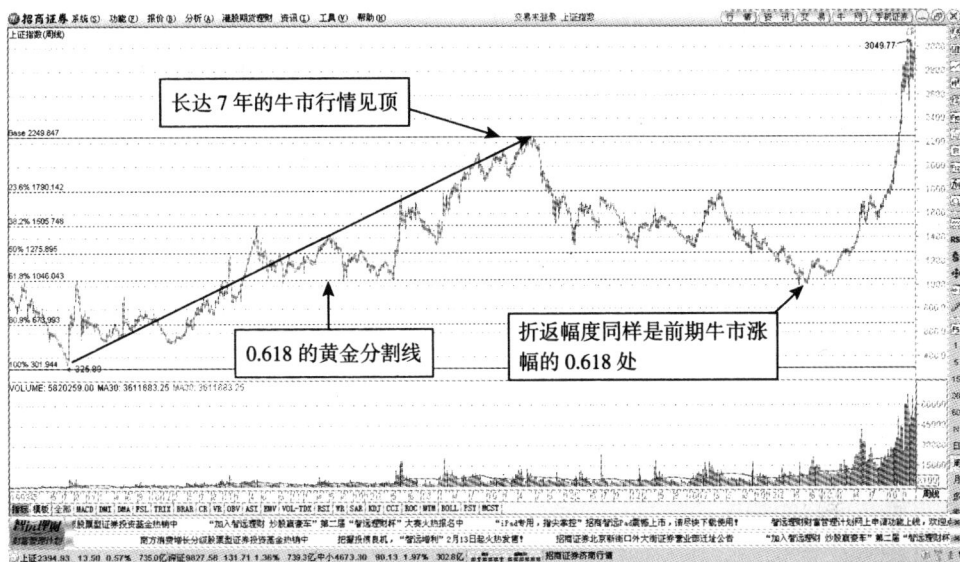

图 5-16 上证指数——1998 年 6 月~2005 年 6 月次级折返

如图 5-16 所示，在上证指数的周 K 线当中，持续时间长达 7 年的牛市行情终于出现了见顶的迹象。完成了长达 7 年的拉升，指数毫无征兆地出现了杀跌行情。谁也没有想到，该指数快速回落后，下跌的幅度达到了黄金分割的 0.618 的地方。深度调整的走势中，指数大幅度下挫至 1000 点的整数点位附近才出现了企稳的走势。从 2200 点的高位深度调整至 1000 点附近的 0.618 的黄金分割点，说明该指数下跌的幅度还是相当大的。如果说短短几个月的调整与黄金分割的 0.618 相似的概率比较大的话，那么指数在长达 7 年的牛市结束后，见顶回调的幅度仍然在 0.618 的黄金分割线，这表明 0.618 的黄金分割线是投资者不可忽视的重要分割线。

如果确认指数已经见顶，并且即将进入到长期的熊市的话，下跌幅度自然可以提前判断出来。0.618 的黄金分割线虽然不是指数跌幅最大的回调点，却是比较可靠的调整点位。

小提示

使用黄金分割的 0.618 来判断指数主要多头行情调整点，从上边例子看出，实战当中是比较可靠的。道氏理论中所说的指数主要多头趋势一旦结束，那么指数调整到何时会结束就是我们非常关心的问题。挑选恰当的反弹机会，投资者可以考虑 0.618 的黄金分割点位。从指数在主要多头市场中的总体涨幅来看，指数最终回落至该涨幅的 0.618 的概率很高。准确判断黄金分割的 0.618 的分割点，投资者获利是必然的。上证指数的主要多头市场结束之后，投资者考虑指数的折返走势一定需要从长计议。没有达到 0.618 的调整幅度，指数恐怕很难调整到位。一旦调整至 0.618 的黄金分割线，多数投资者已经呈现出亏损状态，只有少数的投资者能够赢利。那么指数放量企稳在这个阶段就比较轻松了。

二、上证指数在熊市中的 0.618 折返概率

在主要的多头市场中，指数的 0.618 的折返比例是比较常见的。指数在熊市中跌幅过大的时候同样会出现类似的折返走势。主要的空头市场中，指数折返走势更像是反弹的情况。一旦反弹幅度达到下跌幅度的 0.618，那么指数的折返走势也就结束了。

从概率的角度来看，0.618 的折返幅度并不及主要多头市场的折返幅度。主要空头市场中，指数出现 0.618 的折返幅度的概率可以从图 5-17 中看出来。该指数在熊市中出现了 0.618 的折返幅度有五次之多。但是，在指数长期运行趋势中，又有多达四次没有按照该折返比例运行。为什么进入熊市行情后，指数折返的情况不容易达到下跌幅度的 0.618 呢？熊市当中，指数下跌的走势是可以没有成交量配合的。也就是说，指数可以在无量的情况下完成折返调整的走势。因此，在主要空头市场中，指数反弹的幅度要达到 0.6128 的高位是比较困难的事情。而主要的多头市场当中，指数见顶之后折返至 0.618 的黄金分割线是相对容易的事情。只要投资者不去参与股票买卖，使得空方的力量相对增加，指数自然出现较大的调整了。

图 5-17 所示的指数遵循 0.618 的黄金分割线的调整有五次，不遵循该分割点的调整有四次。使用 0.618 的黄金分割线来判断主要空头市场的折返情况，可以有 56% 的成功率。

如图 5-17 所示，上证指数的运行趋势中，判断该指数周 K 线的折返情况，熊市当中折返比例高达 0.618 的情况已经持续出现了五次。虽然其间也有四次熊市当中的折返没有在 0.618 的地方出现，但是这并不影响投资者提前判断指数反弹的机会。在主要的空头市场里，指数是否反弹或者说指数何时会出现反弹的走势，其实是不确定的。与其说持仓在主要空头市场，等待指数出现反弹的时候减

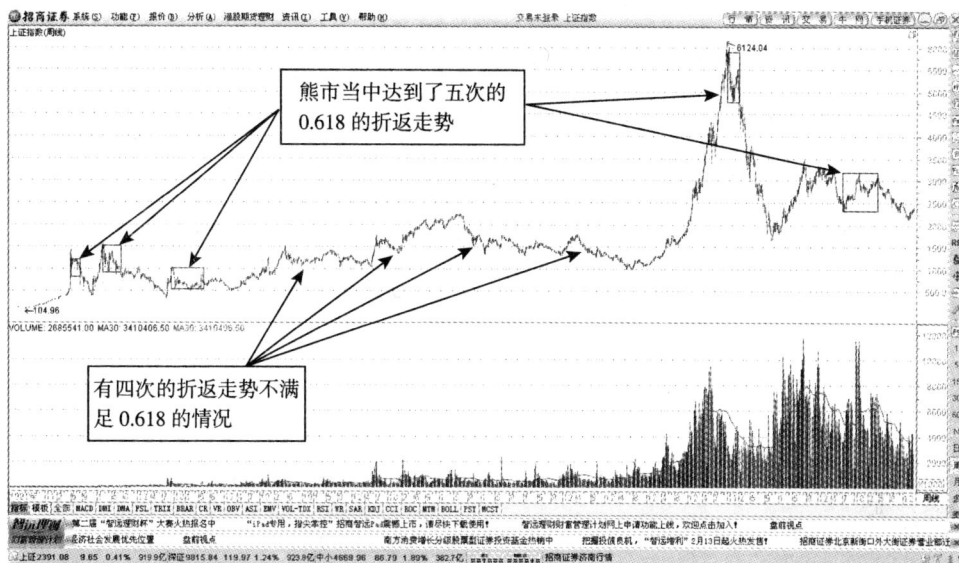

熊市当中达到了五次的0.618的折返走势

有四次的折返走势不满足0.618的情况

图 5-17　上证指数周 K 线——熊市当中的 0.618 次级折返

仓，倒不如提前清仓，避免指数下跌的时候造成损失。

主要的多头市场当中尽可能地持股等待顶部出现，会获得更丰厚的利润。而主要的空头市场中持股，必然容易遭受投资损失。即使指数在下跌的途中出现了折返的情况，由于下跌趋势已经形成，指数也不可能完成反弹至前期高位的，投资者在这个时候面临损失是必然的。这样看来，主要的空头市场当中，指数的反弹高度虽然不一定能够达到 0.618 的黄金分割线的位置上，却并不影响投资者成功减仓。即便指数没有反弹至黄金分割线的 0.618 处，投资者也可以在之前就开始建仓，避免损失扩大。

如图 5-18 所示，上证指数的周 K 线当中，1992 年 5 月出现的涨幅高达146.16% 的巨大阳线完成之后，出现了非常显著的折返调整的走势。指数进入主要空头市场调整之前，首先是一根大幅度杀跌后回升的阴线。该阴线的实体虽然非常短小，下影线却非常的高。如果从阴线底部开始勾画黄金分割线，那么该阴线的收盘价格恰好就是 0.618 的折返比例。虽然是一根周 K 线中形成的折返走势，却仍旧提供了不错的减仓机会。指数见顶的起始阶段以这根见底回升的阴线作为杀跌的起点，为投资者提供了高位减仓的机会。投资者不一定要在该折返点减仓，但是指数快速见顶没来得及清仓的投资者是可以利用指数形成下影线后反弹至黄金分割线 0.618 的时候清仓的。

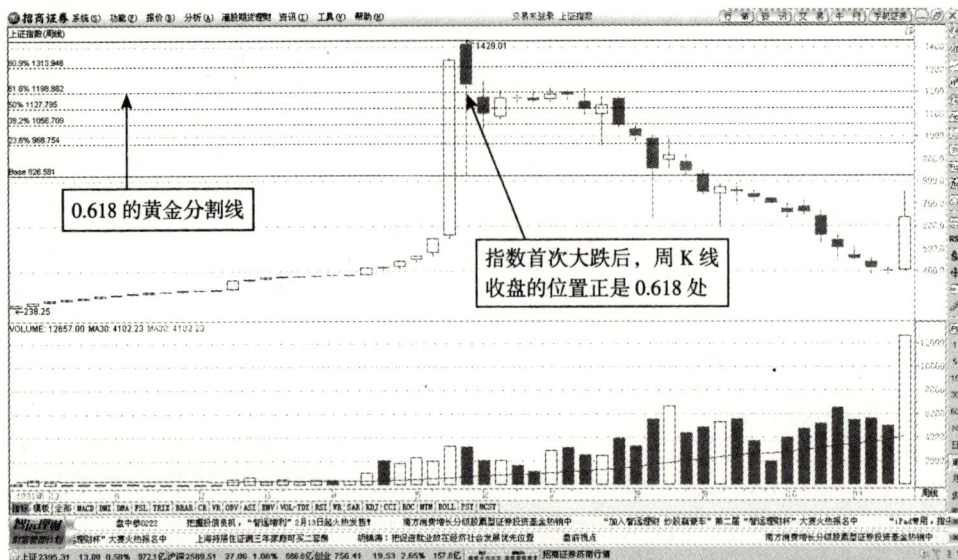

图 5-18　上证指数周 K 线——1992 年 5~7 月次级折

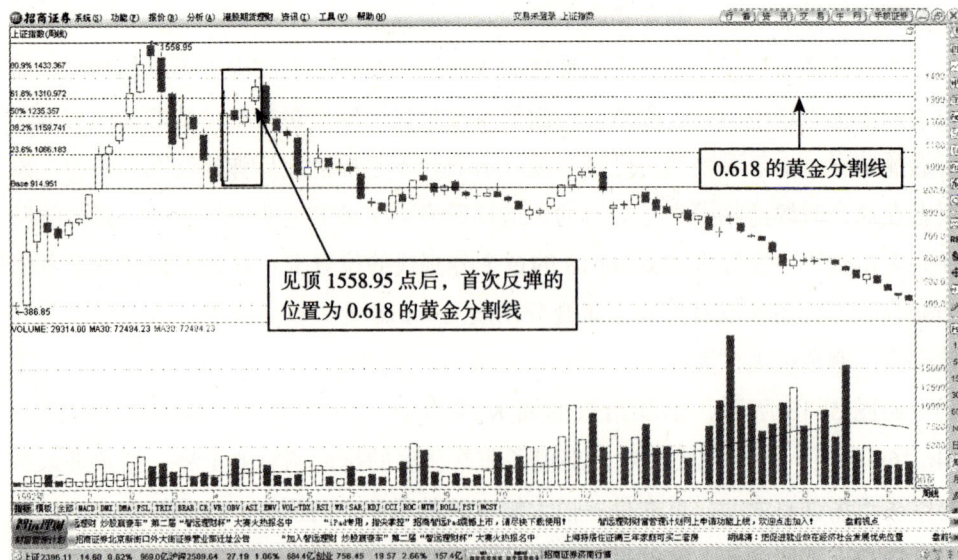

图 5-19　上证指数周 K 线——1993 年 4 月次级折返

　　如图 5-19 所示，上证指数的周 K 线当中，该指数在 1993 年 2 月见顶 1558.95 点的高位后开始走下坡路。首次大幅度回落之后，短线反弹的幅度也到达了 0.618 的黄金分割位。虽然不是精确的 0.618 的位置，但是在此处形成的小阳线已经表明了该分割点的强烈阻力。小阳线见顶后，上证指数大幅度回落形成穿越三根 K 线形态的阴线。从此开始，指数的下跌走势不断地延续了下来。

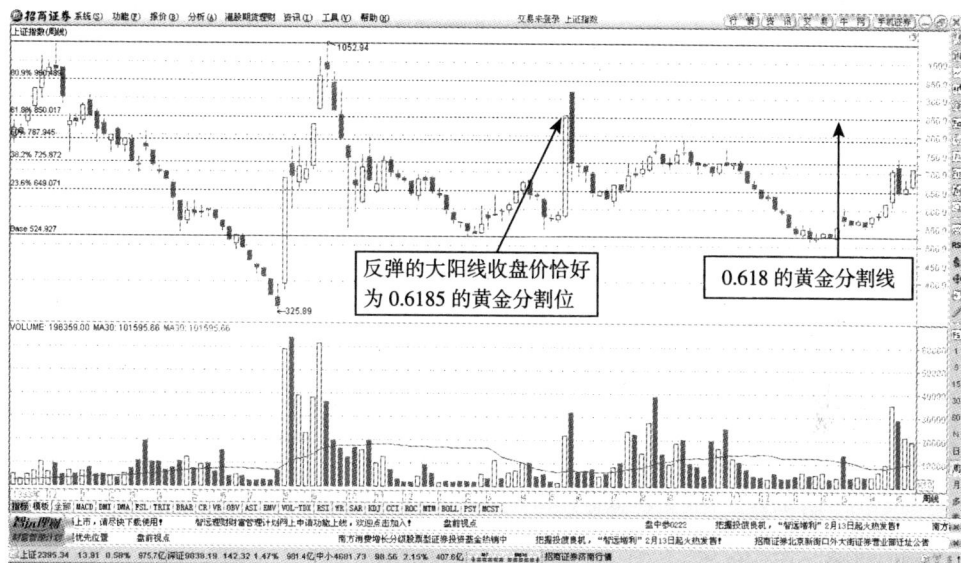

反弹的大阳线收盘价恰好为 0.6185 的黄金分割位

0.618 的黄金分割线

图 5-20　上证指数周 K 线——1995 年 2~5 月次级折返

　　如图 5-20 所示，上证指数在 1994 年的 8~9 月大幅度上涨之后，显然进入到熊市调整阶段。该熊市来势虽然匆匆，但是也出现了很多的折返走势，供投资者减仓避险。图中指数大幅度下挫后企稳的过程中，指数反弹的一根大阳线明显达到了 0.618 的黄金分割线上。这样看来，黄金分割线在这个阶段的运用还是不错的。大阳线收盘价格恰好在 0.618，给那些提前测量出该分割点的投资者提供了获利的真正机会。之后的大阴线冲高回落，一举跌破了该大阳线的收盘价，表明黄金分割线的 0.618 处是非常理想的抄底机会。

　　如图 5-21 所示，上证指数的周 K 线当中，历史上的最高点 6124 点被跌破之后，指数短线回落后即出现了反弹达到 0.618 的折返走势。股票市场当中，很多事情都是会重演的。果不其然，该指数在成功见顶 6124 点后，短线折返的幅度仍然是黄金分割线的 0.618 处。这说明，该分割点对指数企稳的影响是非常大的。没有谁能够忽视 0.618 的压制效果。指数频繁在该分割点上二次回落，就已经验证了该分割点的强大作用。

　　如图 5-22 所示，指数的折返走势中，穿头破脚的见顶信号出现在了 0.618 的位置上。指数震荡下跌的主要空头市场在图中穿头破脚形态得到了进一步的

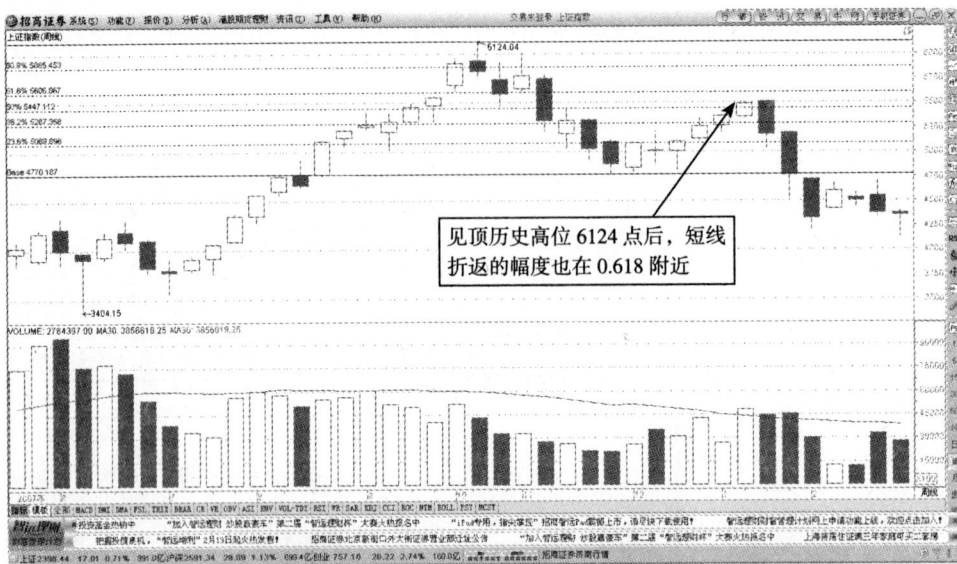

见顶历史高位 6124 点后，短线折返的幅度也在 0.618 附近

图 5-21　上证指数周 K 线——2007 年 12 月~2008 年 1 月次级折返

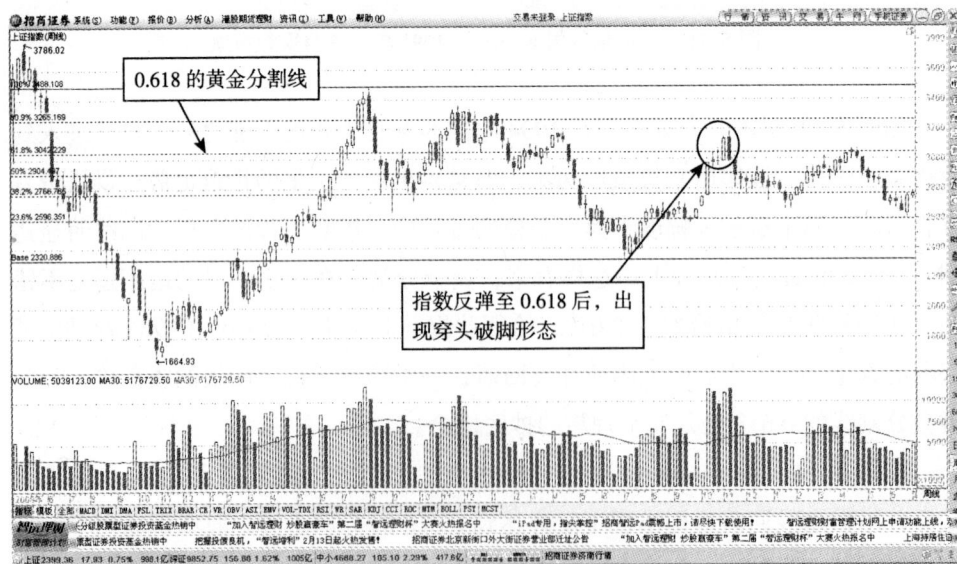

0.618 的黄金分割线

指数反弹至 0.618 后，出现穿头破脚形态

图 5-22　上证指数周 K 线——2010 年 7 月~2011 月次级折返

验证。后市指数不断下挫的过程中，谁能够把握好卖点，谁就能够第一时间完成下跌途中的减仓操作。从指数大幅度反弹的情况看，指数在折返至 0.618 的黄金分割线的时候出现了假突破情况。顶部的假突破或者说是指数过度上涨的情况，并不影响 0.618 的黄金分割线的作用。卖点还是可以把握住的，只要投

资者不去贪婪地持股就可以了。

小提示

在主要的空头市场中判断减仓的机会，投资者可以选择的黄金分割点最好是0.618。很多情况下，0.618 的折返高度是不能够达到的，一旦指数折返到该位置，抛售的压力就会很大。投资者在资金较多的情况下，还是应该在指数反弹至该黄金分割点之前减仓。如果指数在 0.618 遇到的阻力较大，那么下跌的概率也将会很大。提前减仓更容易成功，避免股价快速见顶结束折返走势后失去减仓机会。

0.618 的折返高度虽然在很多时候都能够达到，但是投资者选择的减仓机会通常需要在指数首次反弹的时候考虑该黄金分割的折返高度。因为随着下跌趋势的延续，指数杀跌后反弹的概率越来越小，反弹的高度当然不容易达到 0.618了。进入主要的空头市场后，提前预期指数的 0.618 的黄金分割点，更有利于投资者减少损失。

三、0.618 折返的常见形态

0.618 的黄金分割线的折返位置，投资者是可以发现一些基本的反转形态的。股价的反转走势并不是突然而至的，折返形态在这个时候发挥了很大的作用。0.618 的折返位置本身不是百分之百会出现的，投资者提前发现指数有转向的形态，可以提前进行仓位的调整。这样，将有利于投资者抓住反转信号，第一时间做出反应。折返的常见形态中，有下影线很长的单根 K 线形态、穿头破脚形态和U 形反转形态。这些形态有时候看似简单，却能够成为理想的反转形态，帮助投资者抓住买点。

1. 下影线探底 K 线形态

下影线探底的 K 线形态是投资者经常能够发现的反转意义的形态。尤其在主要趋势中的折返走势中，K 线形态中出现很长的影线是股价短时间内发生反转的重要信号。例如在主要的空头市场当中，指数短线杀跌的幅度比较大的情况下，探底回升的下影线很容易出现在阴线 K 线形态当中。这个时候，也正是投资者减仓的重要机会。下影线的出现，其实是股价出现了折返的走势，若不在第一时间减仓的话，损失很快在主要的空头市场延续的时候扩大化。

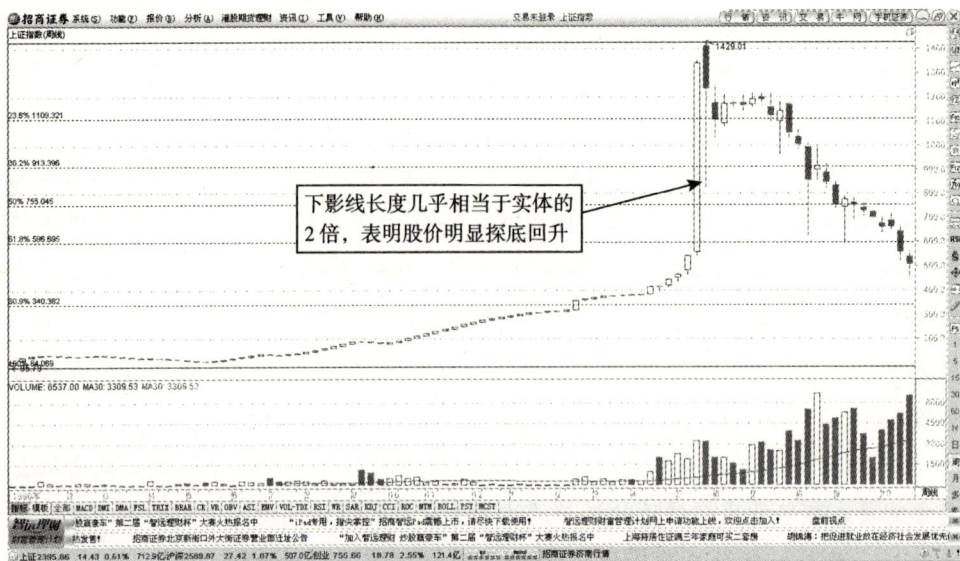

图 5-23　上证指数——熊市中的次级折返形态

　　如图 5-23 所示，上证指数的周 K 线当中，该指数在主要的多头市场成功见顶后，显然已经开始进入到主要的空头市场。但是，起始阶段总是会有多头不断反攻，阻止股价继续大幅度下挫的走势延续下来。也就是这个时候，见底回升的阴线形态出现了。图中周 K 线的下跌阴线，收盘价格虽然跌幅不大，下影线却非常的长。这说明，股价短线深跌并且反弹后，减仓的机会也就是这个时候了。作为 0.618 的黄金分割点，见底回升的带很长下影线的 K 线形态的确是不错的减仓机会。

　　2. U 形底形态

　　作为成功的反转形态，U 形反转形态可以说是比较理想的调仓机会。股价在折返的时候，不一定能够形成 U 形的反转形态。一旦这样的形态确认，趋势将很快得到扭转。股价的折返走势很可能就会在这个时候停止。例如，主要的多头市场进入调整阶段的时候，股价结束调整走势的信号就是 U 形反转形态完成之时。U 形的反转形态能够恰好出现在 0.618 的黄金分割线结束之时，表明股价的折返走势结束了。

　　如图 5-24 所示，上证指数结束下跌的走势的明显信号是图中两次出现的 U 形反转的形态。虽然黄金分割能够提前预测反转点，U 形的反转形态却是投资者不可忽视的反转走势。一旦得到确认，趋势延续下来的可能性很高。后市指数的

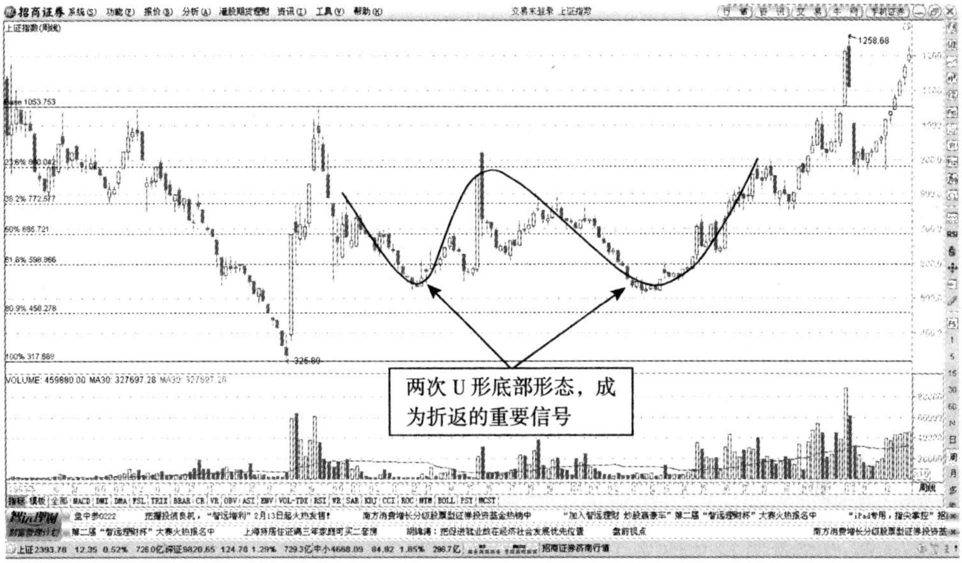

图 5-24　上证指数——牛市中的次级折返形态

回升走势表明两次 U 形的反转形态成为该股最终走强的重要信号。把握好反转形态，抄底并且获得利润将不成问题。

3. 穿头破脚形态

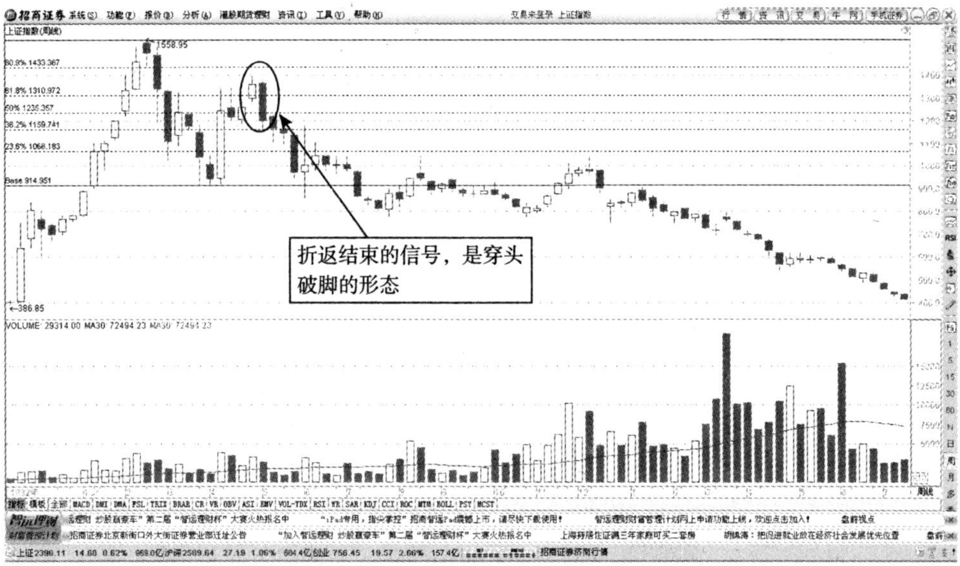

图 5-25　上证指数——熊市中的次级折返形态

如图 5-25 所示，上证指数自从见顶回落后，在短线跌幅过大的情况下出现了折返的走势。主要的空头市场中出现这样的折返走势，是投资者短线减仓的机会。判断折返走势结束的重要信号是图中所示的见顶回落的大阴线与小阳线形成的穿头破脚形态。从指数后期的下跌趋势来看，穿头破脚的 K 线形态已经成为主要空头市场的重要起点。

四、0.618 折返后股价的走向

在黄金分割的 0.618 的折返走势完成后，股价的运行趋势基本上会延续前期的主要空头市场或者是主要的多头市场。不管是主要的空头市场还是主要的多头市场，指数都不可能在短时间内停止主要的运行趋势。量能没有出现明显变化的时候，指数主要的运行趋势更不会轻易地转变。

主要的多头市场结束前，即便短线经历了折返的走势，指数还是会继续大幅度地上涨。而主要的空头市场中，指数同样会在折返走势完成后延续前期的下跌走势。长期运行趋势不会因为折返走势的出现而发生根本的改变。通过成交量和指数运行趋势的关系，投资者就能够发现这一现象。

折返情况可以分为两种：第一种是次级折返走势。次级折返的走势并不会改变股价的运行趋势，却能够达到调整的目标。正如道氏理论中所说的，主要的多头市场或者是主要的空头市场会在发展到一定阶段的时候出现相应的反方向的调整走势，也就是我们所说的次级折返的情况。次级折返的走势中，虽然股价的运行趋势发生了改变，主要的多头或者是空头趋势却不会改变。第二种是主要的多头市场或者是主要的空头市场出现结束信号后，开始真正的反方向的运行趋势。主要的运行趋势之外的反方向的运行趋势就是所谓的折返走势。主要的运行趋势相反的折返走势可以使用黄金分割来判断具体何时会停止这种折返的情况。而成交量在这个时候的作用就是断定指数的折返走势停止的位置。

第四节　0.382 与 0.5 的回调

0.382 与 0.5 的黄金分割的回调位置，其实也是常见的折返幅度。0.382 的黄

金分割位置调整的幅度虽然不是很大，却是短线调整的重要折返位置。而 0.5 的回调位置比较不容易突破，更容易出现在股价调整的阶段。在指数运行的过程中，那些比较小的调整，是可以用 0.382 的分割点判断的。稍微高一点的回调就可以用 0.5 的分割点来判断了。0.382 的回调幅度较小，是出现概率较高的黄金分割位。0.5 的黄金分割位置当然也是很重要的，毕竟指数回调达到了主要趋势的一半，出现调整也是意料当中的事情。

一、0.382 与 0.5 的短线调整

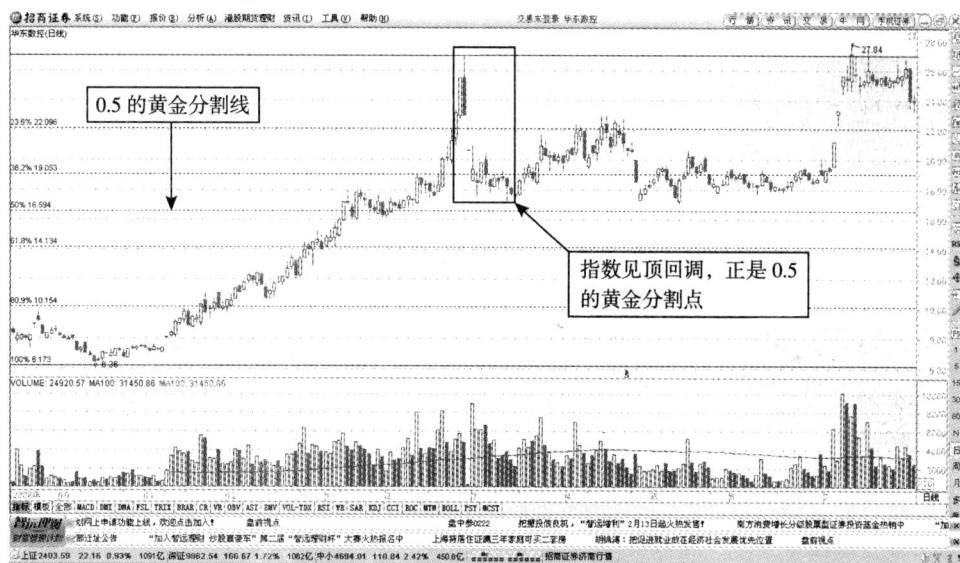

图 5-26　华东数控——短线调整至 0.5

如图 5-26 所示，华东数控的日 K 线当中，该股出现见顶的冲高回落的倒锤子线后，马上出现了一个"一字"跌停板，指数大幅度下挫的走势就此展开，图中指数调整至 0.5 的黄金分割点的时候才出现了企稳的信号。这样看来，投资者选择在 0.5 的黄金分割点上开始短线加仓是比较理想的操作。0.5 的黄金分割点处，股价持续缩量调整了三个月以上，却没有跌破该支撑位。这样，短线加仓的话，不会错过获利的机会了。股价调整至 0.5 的黄金分割点后的三个月过后，股价大幅度冲高了三个涨停板，表明黄金分割点上抄底已经成功获得相应的利润了。

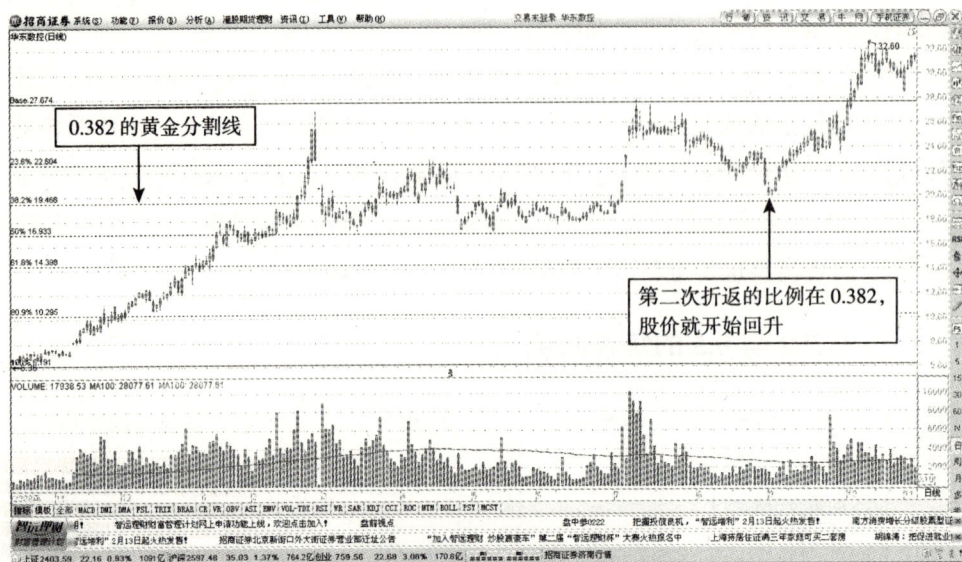

图 5-27 华东数控——短线调整至 0.382

如图 5-27 所示，华东数控的日 K 线当中，前期的 0.5 的黄金分割点的调整刚刚结束，该股冲高回落后的点位恰好又是 0.382 的黄金分割点。0.5 和 0.382 的黄金分割点相继起到了支撑作用，说明投资者这样的判断的确比较好。在相应的黄金分割线上操作股票，便可以获得相应的抄底机会。从股价运行在主要的多头市场来看，股价短线在相同的顶部见顶回落，并且分别受到了 0.5 和 0.382 的黄金分割线的支撑，说明股价虽然未创新高，底部却被不断地抬升，主要的多头市场还是在延续着。

二、0.382 与 0.5 的次级折返走势

黄金分割位的 0.382 和 0.5 的次级折返的情况，出现的概率也是非常大的。主要的多头市场或者空头市场中，趋势较大的情况下，指数次级折返的走势并不会达到 0.618 的黄金分割点上。而如果换成 0.382 的黄金分割点，达到的可能性就比较高了。次级折返的情况是有悖于大趋势的，调整力度突破 0.5 的位置其实是不容易的。0.382 的位置就相对容易得多了。

如图 5-28 所示，创业板指数的日 K 线中，该指数见顶反弹的过程中，首次折返的幅度就达到了 0.5 的黄金分割位置。这样，对于指数见顶期间没有完成出货的投资者来讲，显然是一个减仓持股的绝佳机会。进入主要空头市场的初期阶

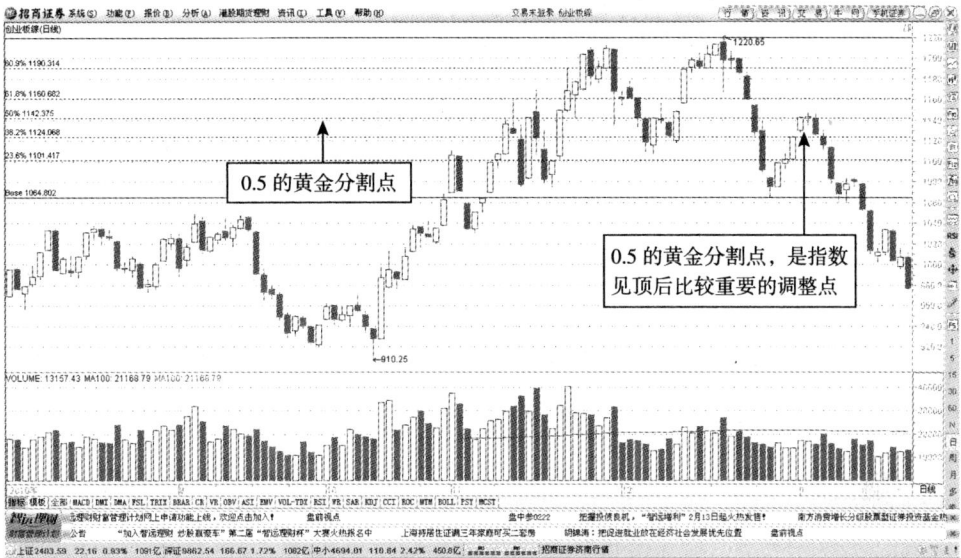

图 5-28　创业板指——0.5 次级折返

段，指数下跌的幅度不会太大。多头在这个时候更容易占据主动，促使股价快速折返。虽然不能够帮助已经亏损的投资者获利，但是减少损失还是比较容易的。该指数初次见顶回落，反弹的幅度能够达到 0.5 显然不易。

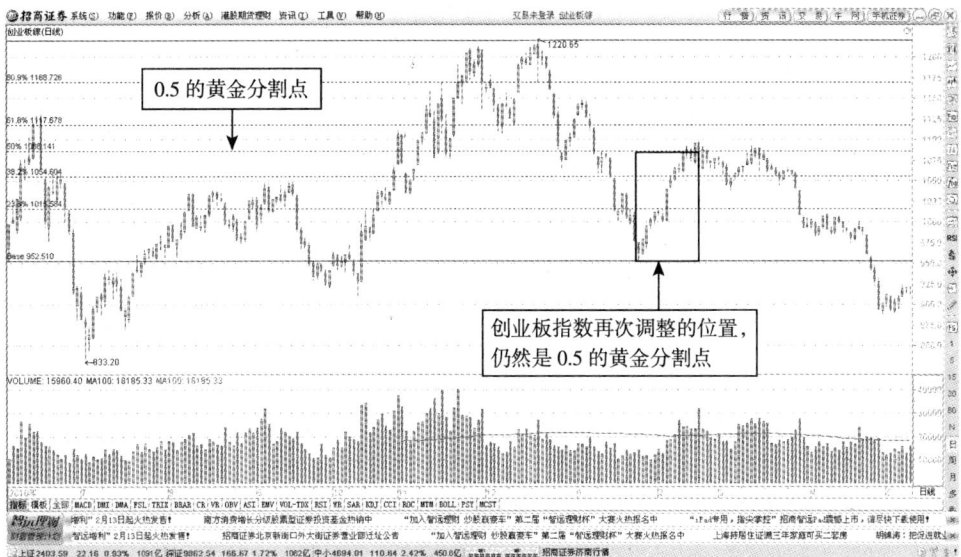

图 5-29　创业板指——0.5 次级折返

如图 5-29 所示，创业板指数的短线反弹情况又一次出现。这次该指数的折返走势也是主要空头市场中不可或缺的短线获利机会。下跌趋势虽然准确无误，但是次级折返的情况却屡次出现，说明多头不断强烈地抵抗指数的下挫。创业板指数第二次次级折返的高度仍然是黄金分割的 0.5，说明多方发动的反攻还是很有力度的。指数反弹高度并未超越下跌幅度的一半，说明主要的空头市场仍然起着决定性作用。把握好指数反弹的机会，短线操作是减少损失增加收益的重要手段。时隔不久出现的两次 0.5 的次级折返走势，说明主要空头市场中减少损失的机会还很多。但是，从指数反弹的高度来看，却是持续下挫的情况。这说明真正懂得保住收益的投资者不会在主要的空头市场里不断持股或者做多。

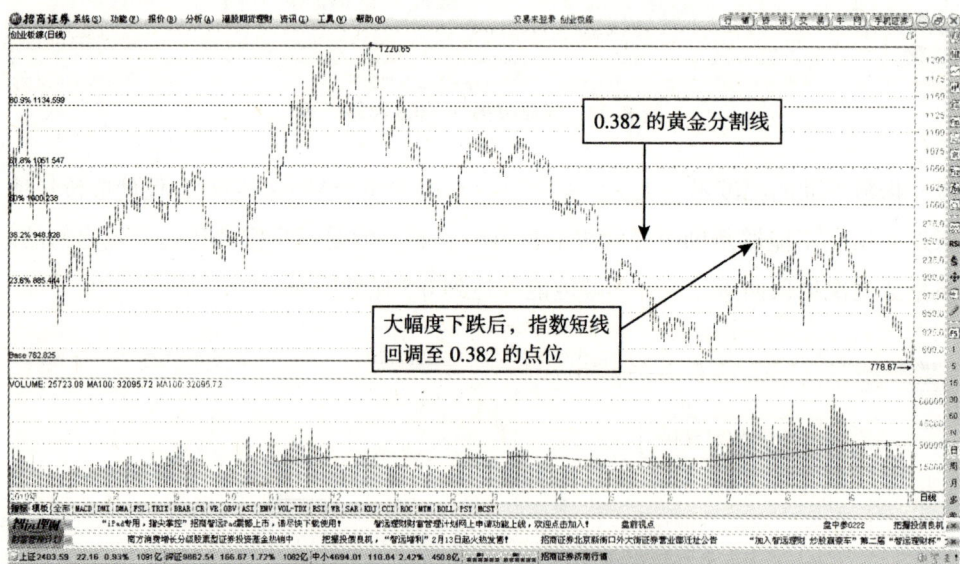

图 5-30　创业板综——0.382 次级折返

如图 5-30 所示，创业板综的日 K 线当中，该指数显然已经处于主要空头市场中了。大幅度杀跌而后反弹的走势不断上演，指数却从未出现真正的反转信号。在这样一个主要的空头市场中，保全利润是重要的，短线反弹的获利机会不容忽视。图中创业板指数大幅度反弹的走势一直延续到黄金分割的 0.382 的位置。这表明，至少从短线来看，投资者有望获得高达 38.2% 的投资回报。如此高额的短线利润，没有哪一个短线投资者愿意错过。

0.382 的黄金分割率中，指数次级折返的幅度虽然不是特别高，但是指数涨幅达到 38.2% 的时候，强势个股的涨幅应该远在这一幅度之上。简单地算一下，2 倍于指数涨幅的情况就是高达 38.2%×2＝76.4% 的利润。操作一般的投资者也能够获利超过 50%。可见，0.382 的黄金分割位的次级折返情况是不容忽视的。

0.382 的黄金分割位置相比前期两次出现的 0.5 的反弹高度，显然要低很多。但是，这并不能够妨碍投资者获得短线利润。指数虽然大幅度下挫，反弹的高度还是值得肯定的。38.2% 的反弹幅度同样是短线获利的机会。

小提示

熊市当中的次级折返情况，与股价下跌的过程有一定关联度。次级折返的节奏与指数下挫的走势同步进行。进入主要空头市场的初期阶段，指数下跌的幅度不大，次级折返的幅度却比较高。这个时候，短线反弹的折返走势更有利于投资者减少损失甚至于扩大短线收益。一旦指数大幅度下挫，主要的空头市场确定无疑的时候，指数次级折返的走势吸引的投资者就越来越少了。也就是这个时候，指数反弹的幅度可能会很小。只能够达到 0.382 甚至 0.263 这样的高度。这个时候，投资者没必要去重仓持股，短线轻仓捞些小利润就可以了。进入明确的主要空头市场后，指数只有见底的可能，反弹的概率会很小。在主要空头市场临近结束的阶段出现的反弹，不能轻易追涨。而可以在短线底部少量建仓，等待主要空头市场结束，迎来新一轮的主要多头市场。

第五节　0.809 的过度回调

指数的回调位置如果能够达到 0.809 的黄金分割点，那回调力度必然是很高的。与其说是回调，倒不如说是主要的多空市场了。因为，相对于主要的多头市场或者空头市场，指数反向调整至 0.809 的黄金分割位，几乎前期指数运行的大部分涨跌空间都已经消失了。

例如，前期如果是主要的多头市场的话，指数上涨幅度达到 100% 的水平的时候，进入调整走势后，指数再反向回调 80.9%，达到黄金分割点 0.809 的位置的话，主要的多头市场的最终涨幅仅为 19.1%。

既然 0.809 的回调位置比较深，主要的多头市场或者空头市场面临这样的调整走势的时候，前期涨跌幅度的影响将是十分巨大的。0.809 的黄金分割点既然是非常难以逾越的回调点，一旦确认指数达到这样的调整幅度，那么到时候进行仓位的调整，获利的可能性将会很高了。

一、牛市过后 0.809 过度回调

牛市行情是主要的多头市场，一旦出现见顶的信号，调整幅度将是不确定的。进入熊市之后，股价基本的趋势是下跌。下跌至何处会停止呢？通常进入调整的指数，下跌空间不会达到前期上涨高度的 0.809。也就是说，0.809 的黄金分割点是非常难以逾越的支撑位。而一旦股价下跌至该黄金分割点，那么反弹就是必然的。0.809 的黄金分割点说明股价下跌的幅度已经非常深了。再次下跌的话，必然会把前期的上涨幅度全部勾销。即便是在前期主要的多头市场启动之前买入股票的投资者，也会在股价跌破 0.809 后继续下跌的情况下遭受损失。

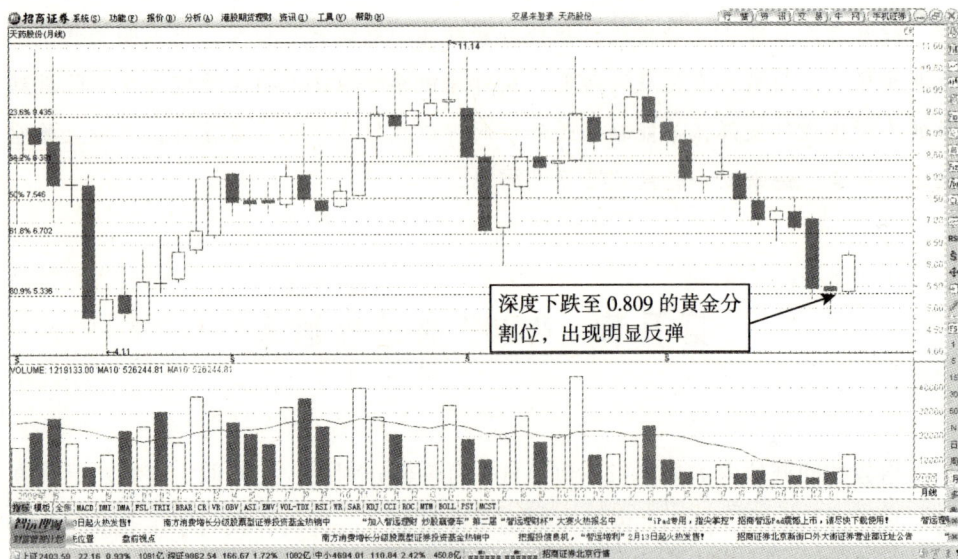

图 5-31　天药股份——0.809 的过度回落调整

如图 5-31 所示，天药股份月 K 线当中，股价成功见顶 11.14 元的高位后不断下跌。股价在高位形成两个完美的双顶形态后，主要的空头市场中下跌了80.9%。这说明，黄金分割线 0.809 所在的价位表现出非常强的支撑效果。股价

在这个价位开始快速反弹，说明该股已经跌无可跌了。作为黄金分割率中折返情况最大的一种，0.809 的黄金分割比例是投资者不得不深度挖掘的抄底机会。既然图中股价已经出现了明确的放量，并且一根见底的小阴线十字星确实收盘在 0.809 附近，表明这个位置的支撑效果相当好。如果从指数运行的长期趋势来看，牛市行情显然是主基调。对于天药股份这样的下跌空间已经高达 80.9% 的熊股，止跌回升并且进入到主要的多头市场，时机显然已经成熟了。调整时机长达 21 个月的情况下，出现反转走势其实也比较正常。

> **小提示**
>
> 如果不是主要的多头市场转变为主要的空头市场，指数大幅度下跌的概率是非常小的。一旦指数出现了黄金分割率 0.809 的下跌空间，那么投资者的损失将会是巨大的。股价在下跌回落至 0.809 之前，次级折返的情况也会不断地出现，但是折返的走势也只能当做短线调仓的机会。主要的空头市场被进一步确认的过程中，没有像样的量能，反弹的情况出现的概率微乎其微。从次级折返的幅度来看，初期下跌的股价，出现次级折返的幅度会比较高。越是到主要空头市场即将见底的时刻，不仅反弹的概率会下降，就算是反弹的幅度也会减小。甚至于，股价次级折返的幅度可以从 0.618 降低至 0.5、0.382 或者 0.236 的水平。

二、熊市过后 0.809 充分反弹

在主要的空头市场当中，从指数触底反转的幅度上来看，最高是可以调整到黄金分割位的 0.809 附近的。并且，随着股价维持反转的趋势，上涨的动力会持续存在。从黄金分割的 0.382 到 0.618 最后到 0.809 的位置，都是可以不断突破的。只是在股价突破的过程中会出现一系列的次级折返情况。但是，在大趋势不变的情况下，即便次级折返的幅度很大，也不会改变这种主要的多头行情。可以说，反转力度较大的股票，到达 0.809 的时候会遇到非常强的阻力。股价在这个位置上如果能够成功突破，超越前期历史高位的可能性就大为增加了。

如图 5-32 所示，闽东电力的月 K 线当中，股价大幅度冲高后，出现了较大的调整情况。而黄金分割的 0.809 的位置就是该黄金分割线理想的次级折返的起点。主要的多头市场不断地延续，调整情况虽然明显，却不能够改变股价运行的大趋势。若不是比较牛的股票，反弹至 0.809 之后，达到前期的历史高位的可能

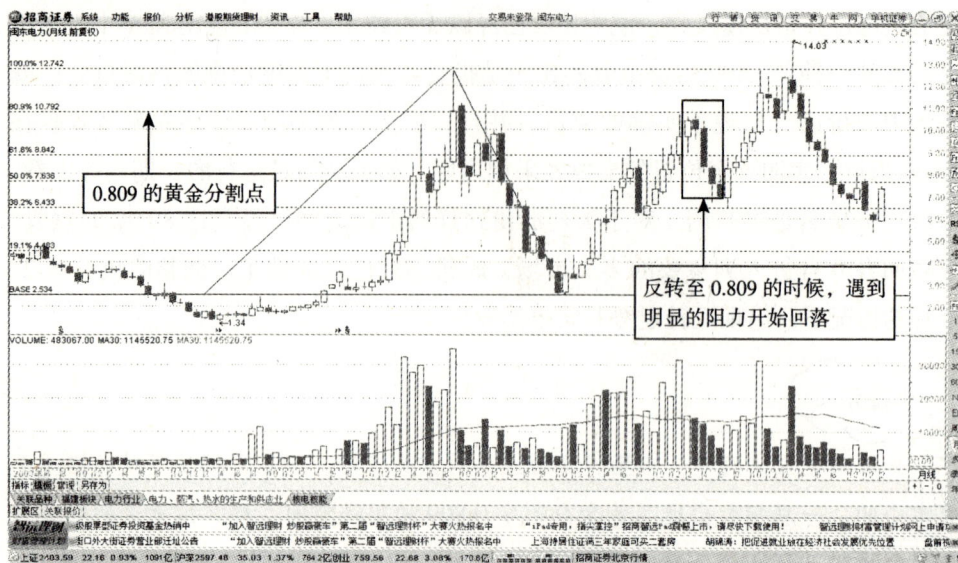

图 5-32　闽东电力月 K 线——反弹至 0.809 附近

性并不很高。一旦 0.809 的次级折返情况结束，股价会再次拉升，超越前期高位将不是问题。

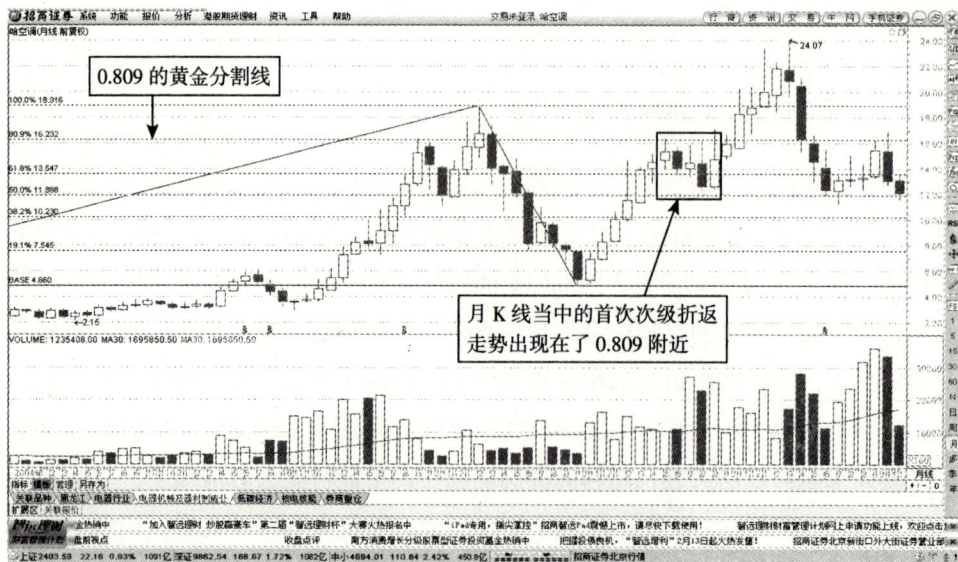

图 5-33　哈空调月 K 线——反弹至 0.809 附近

　　如图 5-33 所示，哈空调的月 K 线当中，在指数不断回升的情况下，首次次级折返的调整情况出现在 0.809 的黄金分割点上。作为主要的多头市场重要的阻力位置，要想顺利突破 0.809 的黄金分割点，不出现调整直接突破该位置的可能性还是非常小的。毕竟对于哈空调这种股票来说，月 K 线中股价持续回升的趋势中，出现在 0.809 附近的次级折返情况还是比较罕见的。既然股价已经明显出现调整，那么投资者短线调整仓位后，等待股价继续放量突破前期历史高位，便可以准确抄底获利。股价唯一一次的折返情况出现在黄金分割的 0.809，说明该位置的走势很强。没人能够忽略这一位置的存在。股价是否能够在变盘之后上涨，将考验 0.809 的压制效果。

小提示

在主要的多头市场中，股价反转上涨的空间是高不见顶的。即便如此，很多的股票大幅度上扬至前期高位的 0.809 附近的时候，都要形成次级折返的情况。调整情况随之出现，表明投资者不得不进行仓位调整。大趋势虽然没有发生根本变化，0.809 附近的压力却大大地制约了股价冲高的走势。牛市不忘调整，使用黄金分割比例提前计算出将要出现的调整，便可以把仓位减少至风险可以承受的范围。即便股价真的出现了回落，损失也不会太大。

三、熊市调整结束后的见底信号

熊市调整结束信号是多种多样的，其中，放量拉升的见底阳线是比较显著的底部信号。如果放量阳线能够与前期阴线完成吞没形态的话，将是今后看涨的重要信号。股价不可能在大幅度下跌后出现见底信号还无动于衷的。把握好股价的底部特征，并且选择机会抄底建仓，自然可以获得相应的回报。

如图 5-34 所示，哈空调的月 K 线当中，下跌趋势明确，该股见底的信号同样比较显著。在量能放大的情况下，见底回升的小阳线吞没了前期阴线实体的大部分，表明多方实力发生了根本变化。空方力量相对下降的这个阶段，股价开始逐步反转，进入到了主要的多头市场。也许日 K 线当中会出现一些看似企稳的见底信号，但这些信号可能是假的。月 K 线当中的企稳信号就不一样了，股价会在这个阶段快速反弹，直至主要的多头行情真正形成为止。

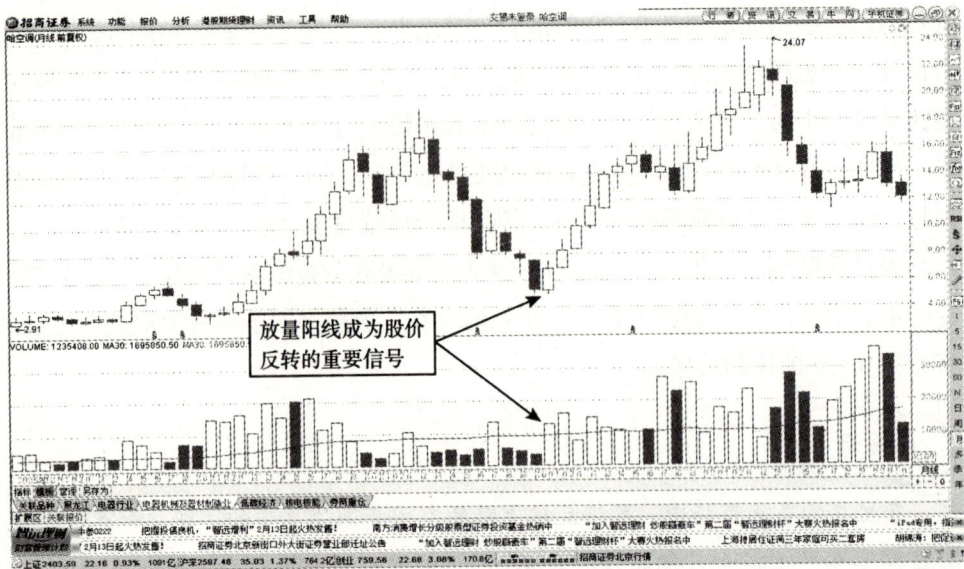

放量阳线成为股价
反转的重要信号

图5-34 哈空调——放量拉升的见底阳线

四、牛市结束后的见顶信号

主要的多头行情结束的信号，必然是股价的大幅度回落。表现在K线当中，大阴线的K线形态是比较常见的反转信号。主要的多头市场中，当然也可以出现大阴线。不过大阴线出现之后，主要的多头市场并不会改变运行趋势。而一旦大阴线出现在股价的顶部，并且有量能明显萎缩的信号出现，后市这种顶部特征进一步验证的时候，表明股价距离见顶真的会不远了。

如图5-35所示，天药股份的周K线的复权线中，股价明显的见顶信号显然是图中出现的缩量大阴线了。在缩量大阴线大幅度下跌之前，该股顶部也曾出现过不少的阴线下跌信号。投资者若能够持续关注该股的走势，发现卖点其实很容易。缩量中形成的大阴线形态并未在之后延续下跌趋势。股价大幅度反弹的过程中，为投资者提供了减仓的机会。

如图5-36所示，如果说缩量中完成的大阴线还不能构成顶部信号，那么股价反弹之后再次出现的冲高回落的倒锤子线再一次印证了该股的顶部特征。后市股价在缩量的状态下不断走弱，表明该股的主要空头市场在不知不觉中完成了。从K线形态来看，要想抓住该股的顶部，大阴线和冲高回落的倒锤子线是投资者不得不深度挖掘的顶部信号。把握好这些顶部特征，今后不管股价缩量中出现什

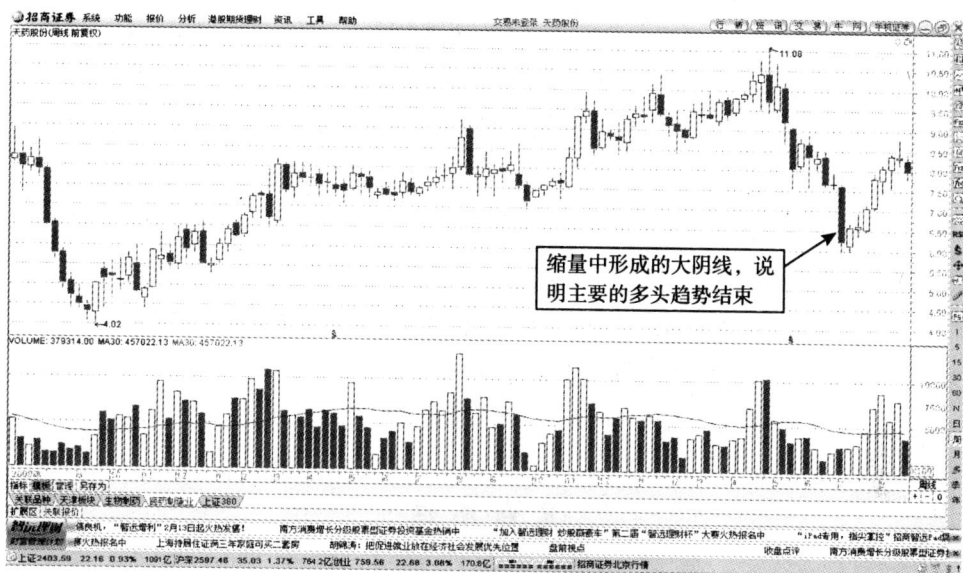

缩量中形成的大阴线，说明主要的多头趋势结束

图 5-35　天药股份——见顶的大阴线

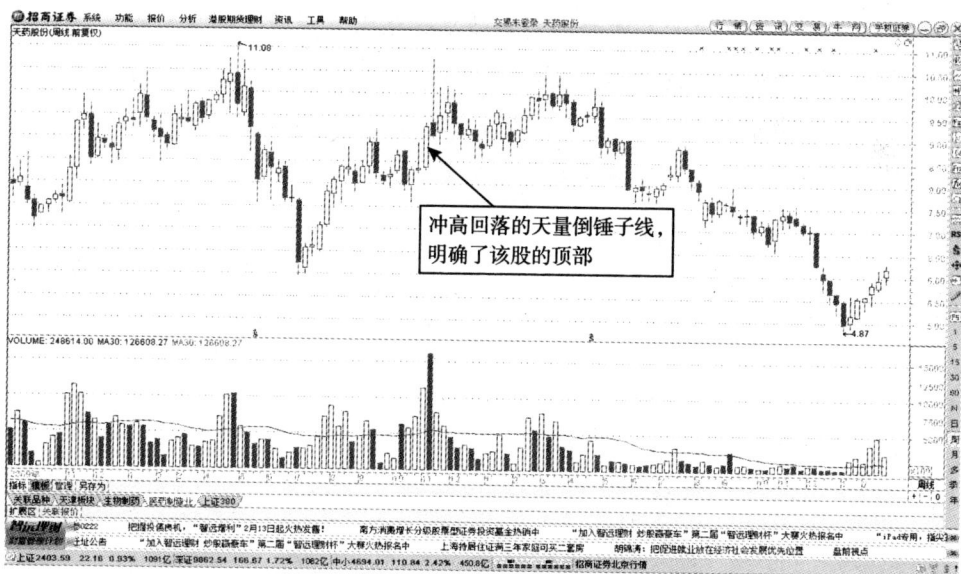

冲高回落的天量倒锤子线，明确了该股的顶部

图 5-36　天药股份——冲高回落的倒锤子线

么形态，投资者都不会被假象迷惑。

小提示

牛市见顶与熊市见底的信号相似，都是股价大幅度波动过程中形成实体较大的 K 线形态后完成了反转信号。这个时候，投资者要想抓住真正的反转信号，不仅需要从量价关系上判断，还需要在更高一些的周期 K 线图中观察股价的走向。比如说，月 K 线当中出现的反转信号，可靠性要比日 K 线甚至于周 K 线高很多。抓住股价真正的反转机会，月 K 线当中股价的变化，投资者不得不去关注。而像指数的运行情况、筹码的变化等，其实也事关个股的走向。

本 章 小 结

判断指数与个股中长期走势的折返情况，还需要投资者相当的感悟能力才行。因为，股价折返的情况不一定出现在每一个黄金分割点上，何时会出现调整，还需要确认的信号出现才行。选择恰当的时机，关系到投资者最终买卖的成功与否。在出现频率比较高的黄金分割位置，持续观察股价的走向以及历史走势，才能够获得相应的买卖机会。

第六章 道氏理论折返走势的百分比线分析

百分比线在划分股价波动范围的时候，运用得也相当广泛。与黄金分割点相似，股价会在重要的百分比线附近出现相应的调整走势。根据这一点，投资者就应该把重点放在百分比线的调整走势中，并且进行相应的短线调仓操作，才能够更好地适应短线股价走势的变化与主要的运行趋势的发展。

本章重点介绍百分比线当中的筷子线的作用、百分比线与黄金分割线之间的关系以及百分比线与波浪理论中股价波动的关系。并且从实战的角度帮助投资者理解百分比线在主要多头行情以及空头行情中的运行方法、获利途径。

第一节　百分比线概述

一、百分比线的概述

百分比率的原理用在百分比线上，能够使股价的涨跌过程清晰地体现出来。百分比线可以将前期重要高点和低点的涨幅用 1/8、2/8、1/3、3/8、4/8、5/8、2/3、6/8、7/8、8/8 的比率生成百分比线。在各比率中，4/8（也就是 50%线）最为重要。1/3、3/8、5/8、2/3 四条百分比线相隔较近，能够提供不错的支撑和压力作用效果，投资者应该给予关注。在黄金分割线当中，0.236、0.382、0.5、0.618、0.809 其实对应着百分比线当中的 0.2、0.333、0.5、0.667、0.75，两种数字其实是很接近的。判断支撑与压力效果的时候，两者可以结合使用。

在百分比线当中，33.3%与 66.7%的分割点是比较重要的位置，相似的百分比线还有对应的 37.5% 和 62.5%。33.3% 和 37.5% 与 66.7% 和 62.5% 这两对百分比线被称为"筷子"。也就是说，股价如果运行到筷子线附近的时候，在下有支撑上有压力的情况下，股价会在两个百分比线之间频繁地波动。波动的过程中，正是投资者做短线操作或者是调仓的重要机会。今后成功获利，在筷子线附近就是比较理想的买卖点。

百分比线在运用的过程中，还可以与波浪理论相结合来判断买卖机会。股价处于主要的运行趋势当中的时候，价格波动的过程其实就是八浪循环的过程。判断八浪循环的转折点有助于投资者抓住买卖机会，获得相应的投资回报。而百分比线的分割点对股价的转折点的判断是非常有帮助的。买卖时机的选择，其实就可以预先勾画出百分比线对应的相应价位，这样有助于投资者判断加仓机会。

二、百分比线的重要画法

从百分比线的画法上看，投资者在不同的情况下找准起始点是最重要的。判断主要多头行情结束后的支撑位置，可以从前期股价的最高位向价格最低点引百分比线，便可得到相应的百分比线。百分比线较多所在位置的价格，就是多头趋势结束后价格回落中的支撑位。判断空头趋势结束、多头趋势出现以后的价格反弹压力位，可以从股价的低点向价格高位画百分比线，对应的百分比位便是重要

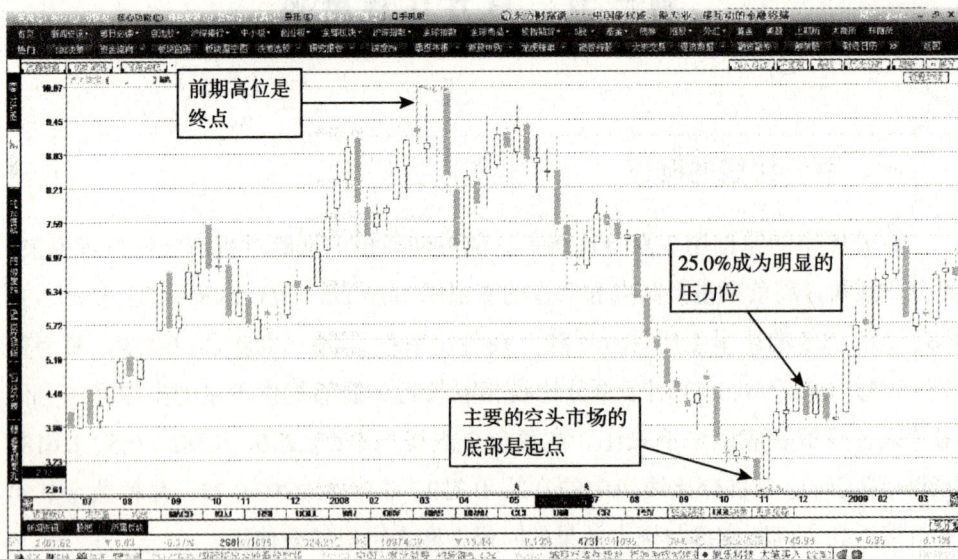

图6-1　方大炭素——主要多头趋势反弹高度

的压力位。

　　如图 6-1 所示，方大炭素的周 K 线当中，判断该股见底回升后的主要多头市场的反弹高度，投资者可以从图中的百分比线来判断。从百分比线的画法上来看，可以从前期主要空头市场的底部作为起点向前期历史高位画百分比线。图中出现的百分比线的 25.0% 处，对该股的上攻产生了较大压制作用。判断股价预期会出现的回落点，可以从百分比线的各个百分位判断。

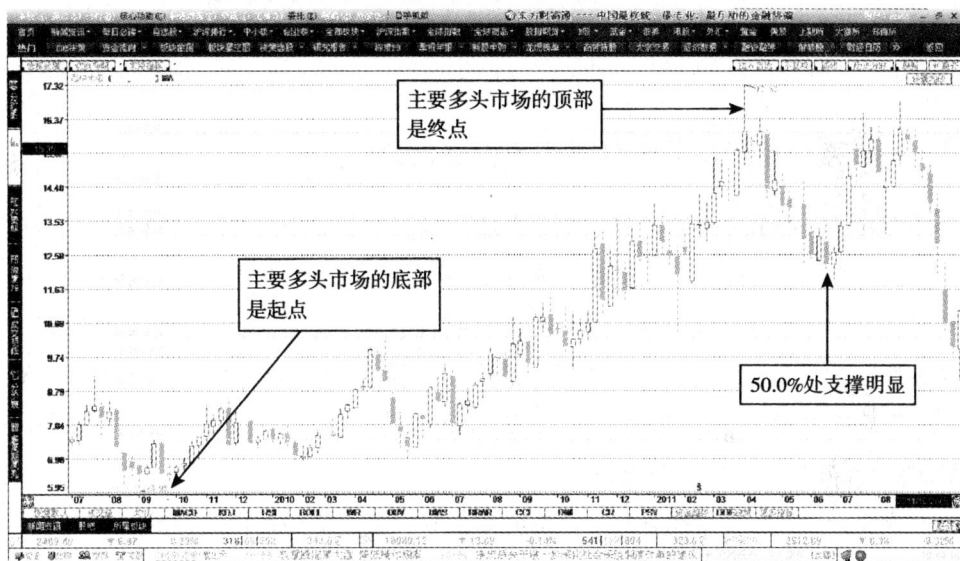

图 6-2　国中水务——主要空头市场的下跌幅度

　　如图 6-2 所示，国中水务的周 K 线当中，该股主要的多头市场见顶结束后，股价大幅度下挫的情况出现。没有来得及减仓的投资者，在图中百分比线的 50.0% 处提供的强大支撑就是投资者短线调仓的机会。主要的多头市场（牛市行情）结束的时候，从多头市场的顶部向前期历史性底部画百分比线，就能够得出相应百分比分割线。相应的股价受到百分比线支撑走高的信号，就出现在不同的百分比线处。

　　小提示

　　用百分比线判断股价运行趋势的时候，从画法上来看，应该顺着股价将要运行的趋势来画。如果投资者判断股价从主要的空头市场进入到主要的多头市场的话，就可以从前期主要空头市场的底部向高位画百分比线。而如果股价出现了明显的顶部特征，即将从主要的多头市场转化为主要的空头市场的话，投资者就可以从多头市场的顶部向底部画百分比线。两种画法中，百分比线都是顺着股价运行趋势来的，都能够提供股价预期会出现的折返点位。

第二节　百分比线与黄金分割线

一、百分比线与黄金分割线的相似之处

百分比线和黄金分割线都是用不同的分割点，对股价将会遇到的阻力或者支撑提前判断。其不同之处，就是黄金分割率对股价划分的分割点是有一定规律的1、1、2、3、5、8一系列数值形成的黄金分割点。这些黄金分割点中，比较重要的是 0.382、0.5 和 0.618。而百分比线中的分割点是用 1/8、2/8、3/8、4/8、5/8、6/8、7/8 来判断不同的折返点。不过，比较常用的百分比分割点有 25.0%、33.3%、50.0%、66.7%等分割位。

黄金分割点与百分比分割点，两种分割股价的方法很相似，都是顺着股价运行趋势的方向选择高位和低点，画出百分比线或者是黄金分割线。两种画法中，不同的分割点对股价的作用效果是不一样的。比较重要的分割点总能够对股价的运行趋势起到相应的支撑或者压制作用。判断方向如果正确，并且方法得当，在股价转向之前操作股票是不成问题的。当然，想要准确判断买卖机会，光会画分割点是不行的，对股价运行节奏的准确把握与丰富的经验，都是投资者成功运用百分比线和黄金分割点的重要保证。

二、重要分割点的频繁波动

比较重要的百分比线中，股价波动的频率是非常高的。在投资者心里，重要的百分比线通常被认为是比较容易选择的操作点。买卖股票的操作容易在那些被认可的百分比线上出现。投资者在获利到一定程度或者亏损到一定阶段的那一刻，使用百分比来衡量盈亏程度是非常正常的事情。例如，在主要的多头市场当

中，投资者如果恰好抄底在股价底部的话，一旦获利达到50%程度，恐怕很多的投资者都会在兑现利润的过程中短线减仓操作的。这样一来，股价在反弹幅度高达50%的情况下出现回落的情况，其实是多数投资者同时看空的结果。不仅是在牛市当中股价反弹幅度高达50%的情况下会出现调整，就算是主要的空头市场中，如果股价大幅度下挫至前期牛市行情的一半的话，那将是减仓的重要机会。

就像预期的那样，股价预期的运行趋势，反转点总是在多数投资者将要采取买卖操作的时候出现。但是，考虑到百分比线划分点还是比较多的，股价在哪一个位置出现反转，还需要看具体情况。从股价运行趋势的角度来看，强势运行的股价总会在比较典型的百分比分割位置上出现调整。而如果股价运行趋势并不明显，那么百分比分割点的每一个位置都是会出现调整走势的。

对于那些趋势不明朗的个股来讲，投资者参与的力度不应该过大。股价运行趋势不好，上涨到每一个百分比分割点都要出现调整，时间一长股价的上涨幅度受到很大影响。倒是那些主要多头市场中运行的强势股，在百分比线的调整次数是要相对少得多。并且，随着股价上涨节奏的加快，同样的时间里强势牛股的获利程度是比较高的。

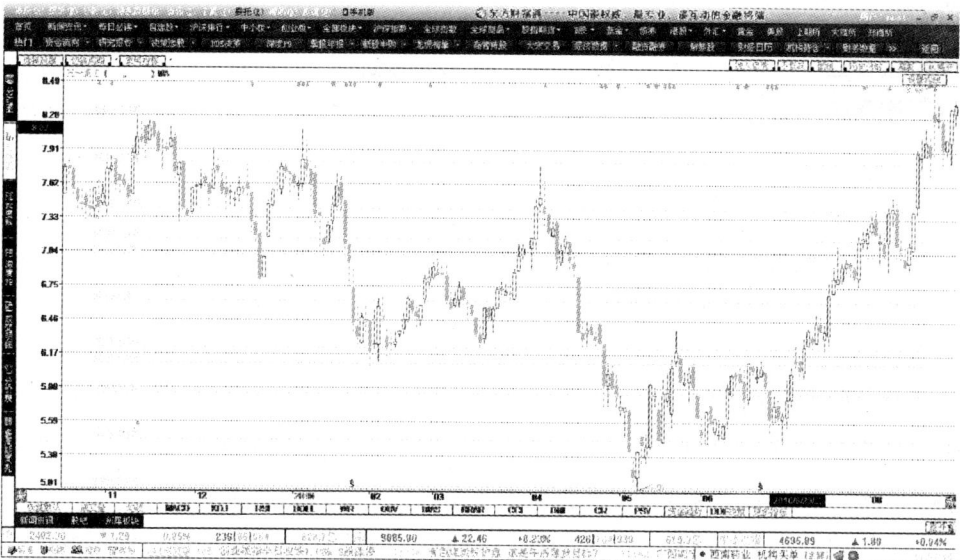

图6-3　三一重工

如图6-3所示，三一重工的日K线当中，股价触底反弹后，在拉升至图中所示的位置时，调整明显地出现了。从前期主要的空头市场的底部向高位画百分比线才知道，调整价位附近正是 62.5% 和 66.7% 的百分比分割点。两条百分比线密集分布的股价附近，上涨的阻力显然要大得多了。持续半个月的调整，其实是在消耗这个地方的抛售压力。空头抛售完毕后，股价自然企稳在百分比线之上。

从百分比线的重要程度看，33.3%、50.0% 与 66.6% 的百分比分割位都是不可轻易忽视的分割点。股价在运行到这些分割点的时候，要么放量一举突破，要么就是持续很长时间的调整走势。

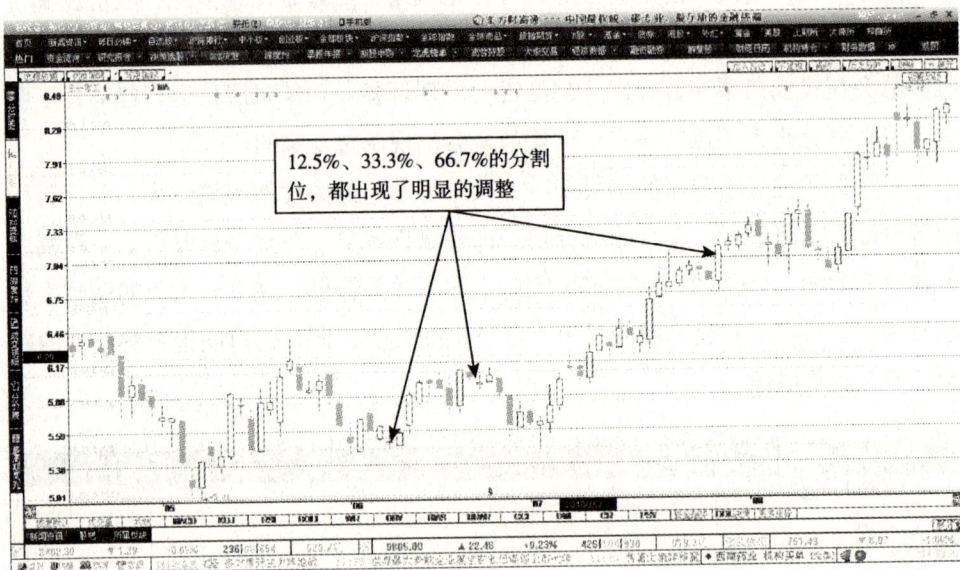

图 6-4　三一重工

如图 6-4 所示图中所示的 12.5 的位置上出现了明显的调整。12.5% 是百分比线的第一条，被突破的可能性较大。图中股价见底回升后首次站稳的分割线就是百分比线的 12.5% 的位置。

从 12.5% 到上边 33.3% 的位置上，股价同样出现了比较强的阻力而开始调整。33.3% 到 37.5% 百分比线的地方，称为"筷子线"。该位置对股价的压制作用非常强。因此，图中股价两次冲高到该位置都是出现了下跌回落的走势。

百分比线的 62.5% 和 66.7% 的地方，同样是压力比较大的价位。股价的调整并未停止，在 66.6% 的价位附近，该股两次冲高失败后，短线回调至 62.5% 的分割位寻求支撑。可见，三一重工在两个筷子线附近出现了调整走势其实并不突然。正是该位置的阻力大幅度增加才造成了横向调整走势的出现。操作股票的时候，投资者重视这些潜在的调整位置，才可以轻松躲过调整获得利润。

小提示

既然百分比线对应的价位存在重要的阻力，那么股价频繁波动其实也是正常的走势。调整并不可怕，可怕的是投资者认不清主要趋势是什么。等待股价调整结束后再开始顺势操作股票，有望获得较好的操作机会。百分比线对应的股价运行的阻力并不相同，很多阻力线是可以被突破的，只是股价调整到位需要时间和波动空间。

第三节　神奇的"筷子线"

一、"筷子线"的组成

百分比线当中，两组比较接近的线为 33.3% 和 37.55%、62.5% 和 66.7%。这两组比较接近的百分比线被称为"筷子线"。不管股价的运行趋势是什么，当价格达到筷子线的时候，短时间的调整就会相应地出现。股价在筷子线之间频繁地波动情况是很常见的。这个位置并不容易突破，股价需要相当长的时间来消耗阻力。实战当中，投资者在筷子线附近操作股票的机会还是很多的。价格突破筷子线并不容易，投资者可以尽情地选择恰当的操作机会。

由于筷子线附近的阻力比较大，股价运行中必然要遭受一定的阻力作用。短线的调整势必要在筷子线附近出现。投资者可以尽享调整到来的调仓机会。主要的多头市场中，筷子线附近的调整走势恰好是提升仓位的好机会。而如果是主要的空头市场，利用股价短线调整的机会减仓操作当然能够减少损失了。从下边的例子当中，投资者就会知道，股价在筷子线附近的频繁波动造成的买卖机会是很多的。

二、牛市中"筷子线"的加仓

牛市当中，股价的运行趋势持续向上，百分比线附近的阻力对股价的中短期走势有一定的影响。横盘调整的情况多出现在筷子线附近，投资者可以利用矩形调整的形态建仓买进股票。一旦股价重新回到主要的牛市行情当中，投资者可以继续获得利润。从指数的角度来看，大幅度杀跌之后，企稳指数的上升趋势是一波三折的。没有量能的持续推进，短线套牢盘的抛售压力足以遏制股价的上升势头。筷子线附近的阻力尤其重要。指数回升至筷子线附近的时候，短线的调整将不可避免地出现。

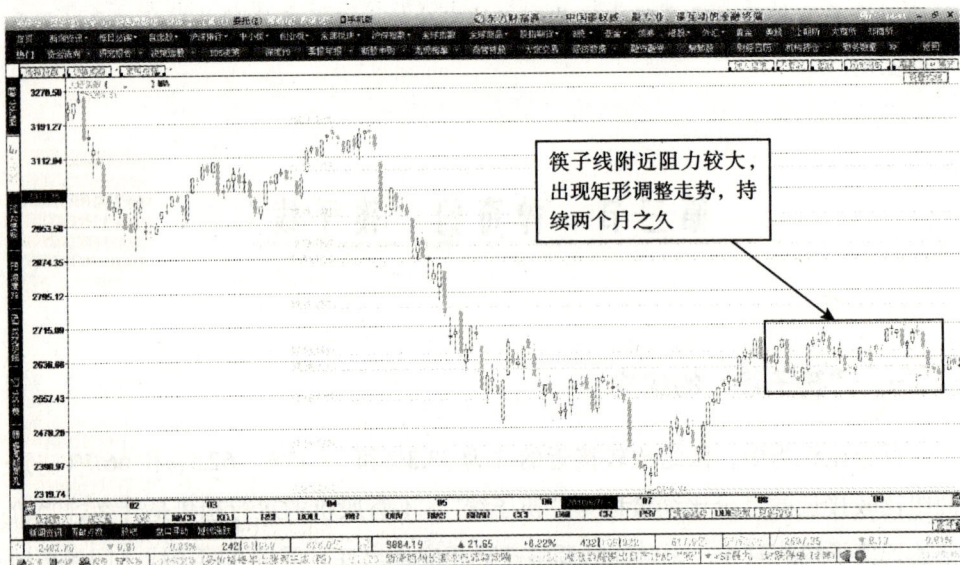

图 6-5　上证指数

如图 6-5 所示，上证指数的日 K 线当中，见底回升的过程显然是一波三折的。该指数从 2009 年的 12 月到 2010 年的 6 月，出现了持续不断的缩量调整。指数从高位的 3361 点大幅度下挫至 2319 点，跌幅高达 31%。相比指数的下跌幅度，个股拦腰折断跌幅的数不胜数。

图中指数见底反弹后，短线遇到的阻力显然是相当高的。百分比线 62.5% 到 66.7% 的范围内，股价出现了矩形的横盘调整走势。刚刚成功反弹上涨的上证指数，拉升时间不超过一个月，调整的时间却足足有一个半月，这说明"筷子线"附近的阻力还是相当强的。

从筷子线附近的上证指数运行情况来看，股价短线波动的空间其实没有大幅度超越该"筷子线"。更多的时间里，指数运行在 62.3% 和 66.7% 的范围内，而没有像样的大涨大跌的走势出现。在波动空间如此小的情况下，投资者要想抄底或

者减仓的话，短线操作的机会很多。看涨后市的投资者可以在这个时候加仓买入
股票。而对指数后市的走向不抱乐观态度的投资者也可以在这个时候减仓持股。

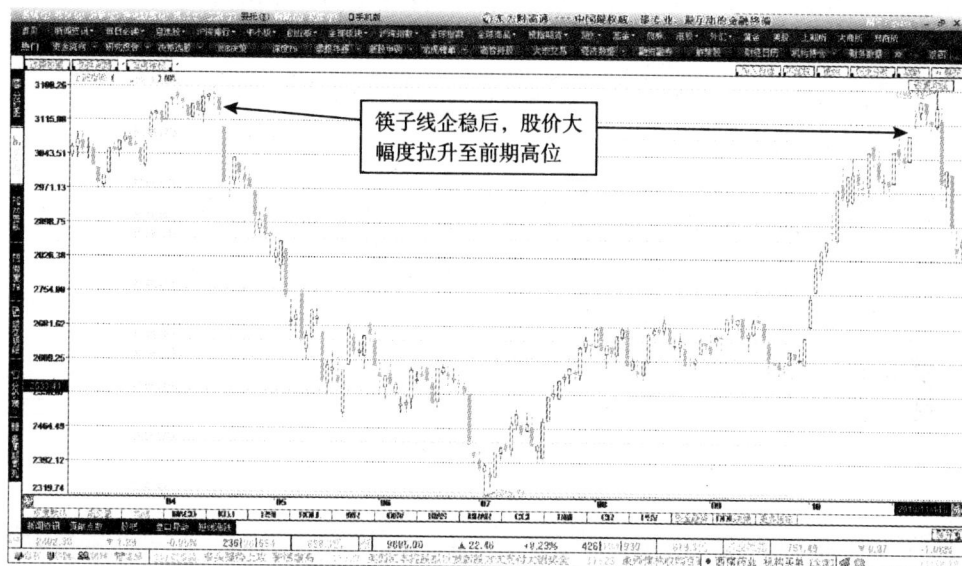

筷子线企稳后，股价大
幅度拉升至前期高位

图 6-6　上证指数

　　如图 6-6 所示，指数在黄金分割的位置上横向运行了长达两个月之后，股价
放量大幅度冲高的情况出现了。努力把握该反转走势的话，投资者成功获得高额
回报的可能性很大。毕竟，该股在完成了矩形底部后，大幅度上扬的势头非常
强。筷子线处的阻力在被突破之前当然高，短线放量拉升至该筷子线之上，指数
惯性上涨的幅度比较高。从 2600 点的调整位置大幅度飙升至 3186 点，上涨了
22.5%。个股当中，煤炭股在这个时候的涨幅是值得称道的。

　　如图 6-7 所示，中国化学的日 K 线当中，股价反弹中的两次阻力来源都在
"筷子线"附近。股价被拉升的过程中，两次回落的位置都是图中 33.3% 附近的
筷子线。当时股价两次见顶于 33.3% 的时候，投资者可以提前预期到这次的调整
走势，并且减仓应对。股价第二次调整的情况出现在了 66.6% 的筷子线附近。

　　两次筷子线附近的调整，投资者可以预期调整必然会出现，并且在股价达到
33.3%、66.7% 之前减少持股数量，这样就不会造成投资损失了。等待股价企稳在
百分比线 33.3% 和 66.7% 之上快速加仓，再次获得股价飙升中的利润。

　　如图 6-8 所示，中国化学的收盘线当中，股价见底反弹的走势还是比较明确

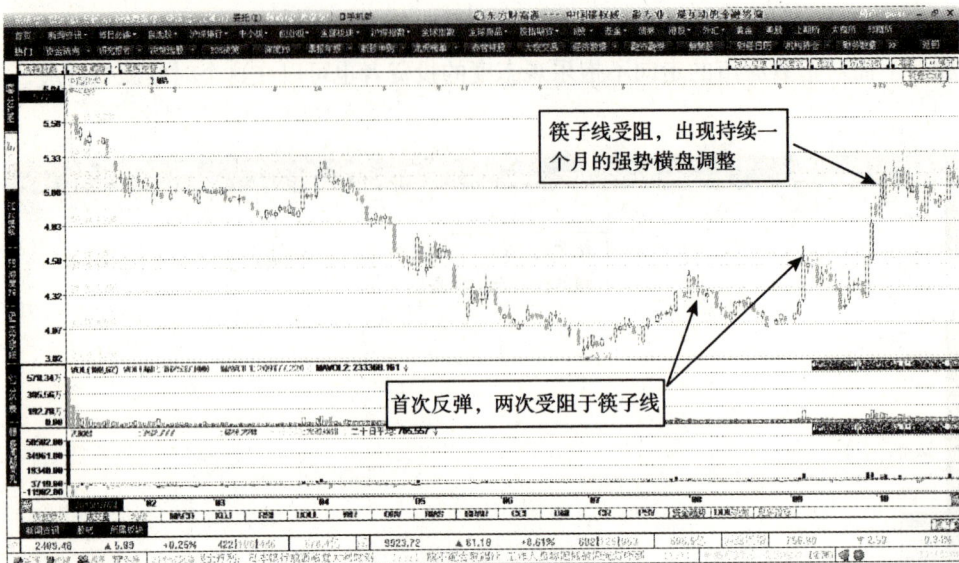

图6-7 中国化学

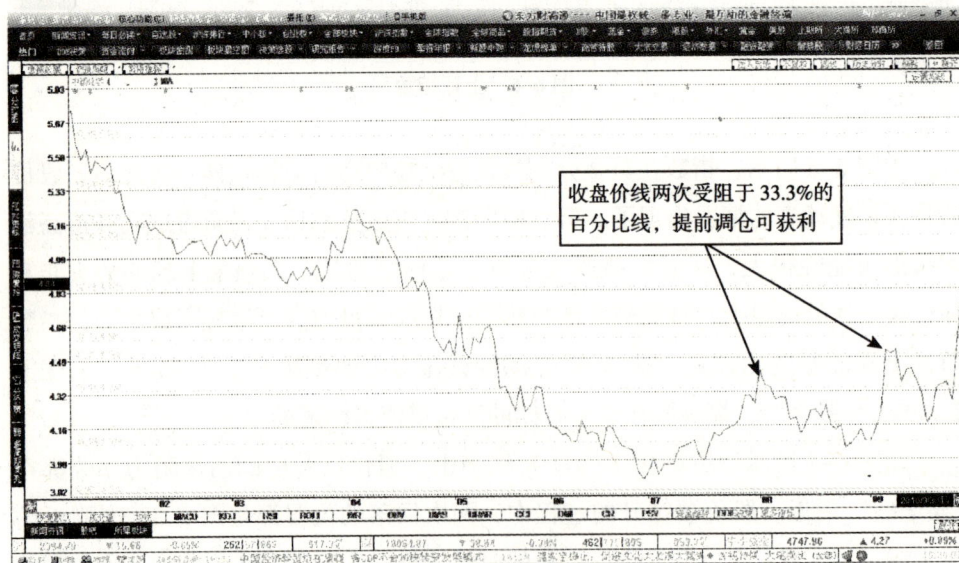

图6-8 中国化学

的。而股价反弹至筷子线的33.3%附近的时候，受到了非常显著的压力。股价短线冲高回落的走势提示我们，在股价反弹至压力线之前，投资者一定要减仓。在股价回升至筷子线之前减仓，不仅能减少短线损失的可能性，还可以调仓至更低的价位建仓，增加今后获利的廉价筹码。总体看来，在阻力面前，笔者很倾向于投资者短线减仓后等待短线底部出现再补仓追涨。这样的话，资金在股价运行的过程中进行动态的调整便可以无形中增加收益了。

图6-9　中国化学

如图6-9所示，中国化学的日K线当中，该股从底部突破了筷子线，大幅度上涨至第二段的筷子线附近。股价运行过程中，62.5%到66.6%的短线调整很快出现了。阻力是明显存在的，股价的回落也是必然的。把握该股短线回调的机会加仓，后市获利将不是问题。筷子线附近，股价波动的高位成为减仓的机会。而短线大幅度回落的股价正是继续看涨的投资者理想的建仓机会。筷子线附近就像股价上涨的梯子，未被突破之前需要放量拉升，突破之后股价上涨的幅度将会大大增加。

小提示

主要的多头趋势中，股价上涨的动力在短期内不会因为百分比线的压力而消失。调整是存在的，不过股价运行的中长期走势是比较好的。投资者在操作上应该把握股价上涨的大趋势，才能够轻松获利。在"筷子线"的阻力面前，减仓持股是第一位的。短线调整虽然不可避免，投资者减少损失却是可以做到的。在股价调整结束之前，仓位上跟随股价的运行趋势。调整之时减仓，企稳之后逐步加仓，增加收益就比较容易。在股价调整阶段逆势操作，遭受损失的可能性是很大的。

三、熊市中"筷子线"的减仓

在股价进入主要的空头市场后，下跌趋势不会因为百分比线当中的筷子线的存在而停止，但是短线反弹的可能性还是很高的。从操作上看，熊市当中应该不断减持，没能够在股价顶部减仓的投资者还是可以等待股价即将在筷子线出现的反弹走势中减仓的。虽然会遭受损失，但确是不错的减仓机会。

如果指数下跌的趋势不是很大，并且在筷子线附近出现明显的企稳迹象，那么投资者可以在股价调整的时候抄底。筷子线处的支撑效果比较强，把握好支撑点，获得短线股价折返过程中的利润还是比较轻松的。

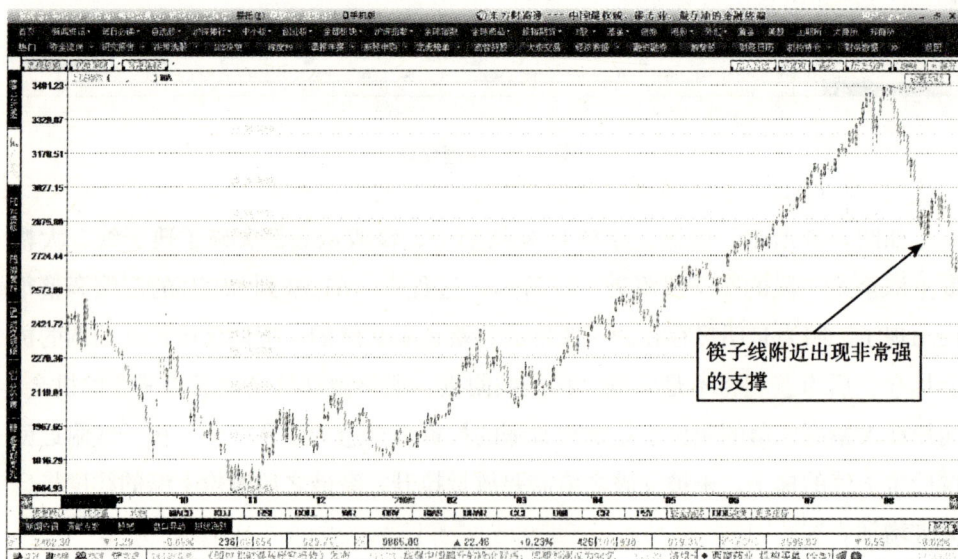

图6-10　上证指数

如图6-10所示，上证指数的日K线当中，该指数成功见顶了最高点3478点后，双顶成为指数的顶部。下跌的过程中，百分比的分割点中的筷子线成为指数下跌途中的重要支撑点。图中指数短暂反弹的走势，说明该位置的支撑依旧存在。套牢的投资者可以在这个短暂调整的机会短线减仓。当然，资金量较大的投资者可以在筷子线调整的阶段加仓买入股票。这样，就可以用短线股价反弹的机会，探底持仓成本，降低投资损失了。

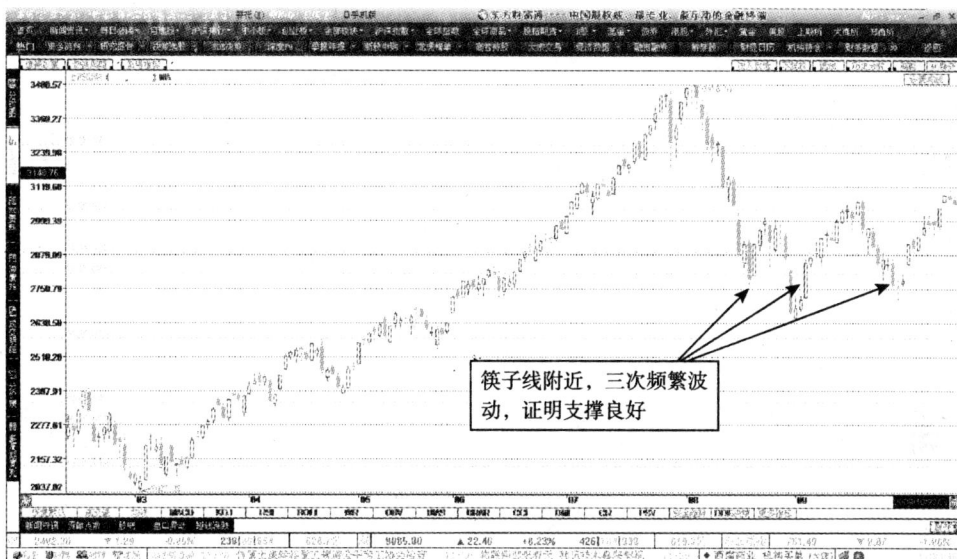

图6-11 上证指数

如图6-11所示，上证指数的日K线当中，在筷子线处的反弹持续出现了三次。这样看来，筷子线处的支撑效果还是不错的。股价在筷子线处的持续调整走势为投资者短线高位减仓提供了依据。并且，短线筷子线底部少量买入股票的话，还有获得短线收益的机会。当然，股价毕竟已经脱离前期的主要多头行情进入到了熊市当中，长期来看，投资者还是应该持续减仓持股的，不然的话，必将遭受损失了。

如图6-12所示，上证指数的日K线当中，指数短线反弹幅度高达20%，但是指数却未达到前期高位。这表明，筷子线处的支撑效果虽然非常强，却不能够改变股价的主要运行趋势。主要的空头市场成为指数运行的大趋势，投资者短线即便是看涨，也不应该忽视指数正处于主要的空头市场当中，下跌调整是大势所趋，短线指数折返幅度再大，却不能够成为长期的走势。因此，在筷子线处调整的过程中，股价上下波动的时刻既是短线操作的机会，同时也是长期投资者减仓的时机。

如图6-13所示，双钱股份的周K线当中，股价成功见顶后，中线调整的情况就已经出现了。既然股价主要的多头行情已经结束了，那么股价的调整不可能

图6-12 上证指数

33.3%到37.5%的黄金分割位，成为熊市中减仓的机会

图6-13 双钱股份

没有。图中股价大幅度下跌至筷子线附近，显然是得到了非常强的支撑作用。在之后长达8个月的时间里，股价都未曾跌破该支撑线。投资者想要获利的话，可以在33.3%到37.5%的范围内做短线操作。股价跌破了前期主要的多头趋势后，持续下跌的走势显然会延续下来。事实上，股价不断震荡走弱的过程中，短线可

以调仓甚至做多，而对于中长线减仓持有股票是必然的选择。

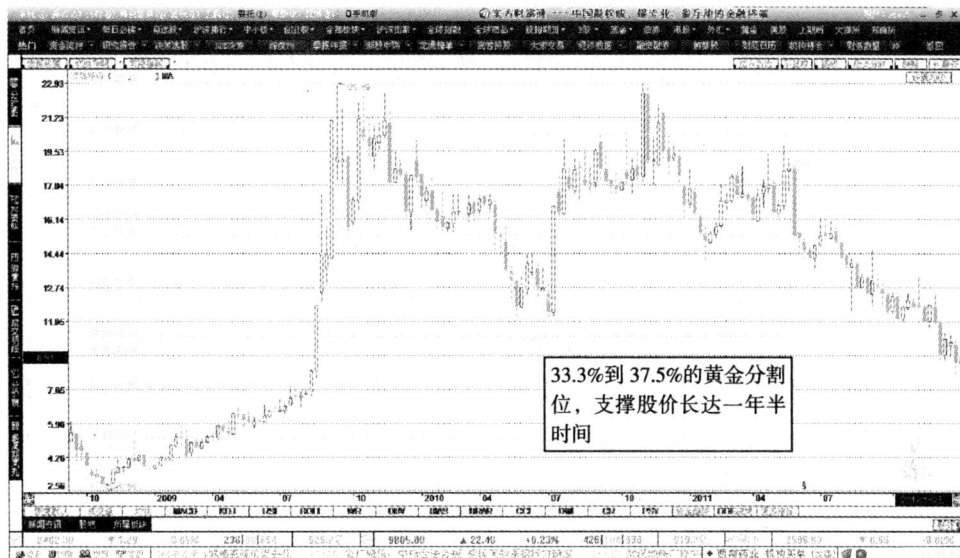

图 6-14　双钱股份

如图 6-14 所示，双钱股份前期持续调整的走势维持在筷子线处长达 8 个月之久，后期股价短线跌破该支撑点后，再次维持在筷子线之上。差不多一年半的时间里，股价都维持在筷子线以上。这表明，脱离了主要的多头市场后，股价下跌的情况不断地持续着。维持在筷子线之上的时间虽然比较长，股价却最终大幅度下挫结束。可见，筷子线处的支撑效果只能够维持股价短线调整，却不能够改变股价长期主要空头市场的延续。

小提示

主要的空头市场当中，筷子线充其量可以充当股价折返走势的支撑线。一般情况下，重要的筷子线以下都是投资者短线加仓的机会。调整走势会持续出现，把握好短线操作的机会不仅不会在熊市当中遭受损失，还可以利用筷子线附近的调整机会成功获利。当然，技术分析水平高的投资者，可以短线与股价的中长期的下跌行情联系起来看。短线调仓获利的过程中把握中长期的牛市利润，自然不会有损失出现。

第四节 百分比线、波浪形态的对应关系

百分比线对股价的调整走势的作用是非常强的，短线的涨跌过程在很多时候都与百分比线有关联。除了股价的调整走势，波浪理论中反映的股价每一阶段的拉升都能够反映这样的情况。在主要的多头市场或者主要的空头市场当中，用波浪理论判断股价的运行情况还必须抓住每一个阶段股价的起涨点和起跌点。这样的话，才可以准确地把握住股价波浪的形态。而百分比线在划分股价每一个阶段的价位的时候，就为投资者提供了股价预期会发生转变的价位。把握好这些价格反转点，投资者显然能够把握股价主要运行趋势的每一个阶段的情况，获利当然不是难事了。

道氏理论中已经将趋势划分成主要的多头市场和主要的空头市场。这两种市场具体的变化是符合波浪理论中八个浪的走势的。而百分比线结合波浪理论来判断相应的转折点的话，投资者就能够在股指的主要运行趋势当中把握好股价波动的每一个阶段，从而为中长期持股以及短线调仓提供很好的帮助。

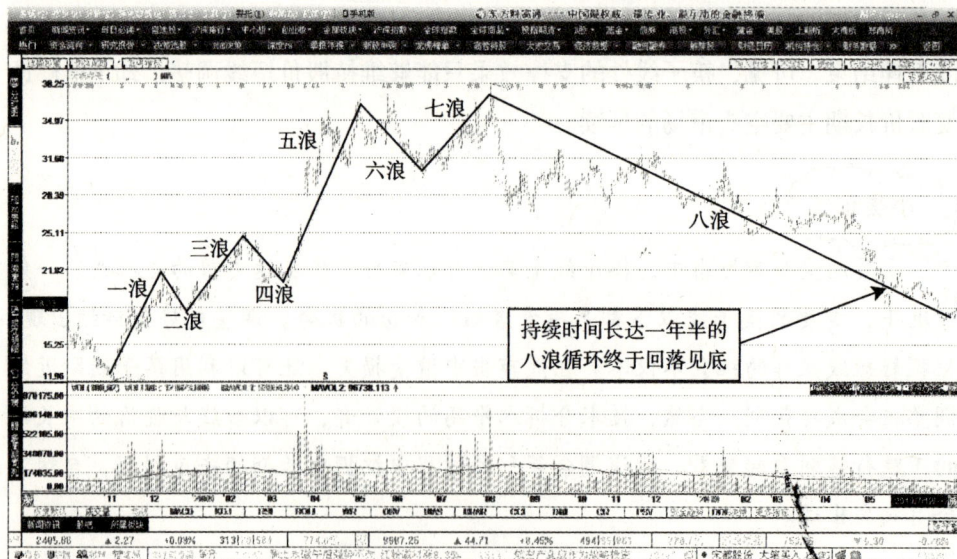

图 6-15 天威保变

如图 6-15 所示，天威保变的日 K 线当中，该股从 2008 年 11 月至 2010 年 7月的长期牛市行情中，股价显然出现了冲高回落的主要多头市场与主要空头市场结合的走势。如果运用波浪理论来判断该股的波动趋势的话，图中股价这两种主要的趋势都符合波浪理论的运行规律。把握好股价的这种走向的话，获得利润是比较容易的。既然股价的主要多头趋势与主要空头趋势已经呈现出了波浪形态，运用百分比线判断主要多头市场中的价格调整与拉升的节奏，短线结合长线操作股票，就可以完全获利。

图 6-16　天威保变

如图 6-16 所示，天威保变的日 K 线中，从股价的起始拉升点开始看起，图中股价呈现出波浪形态的四个转折点都出现在百分比线附近。第一个转折点出现在了百分比线的 33.3% 附近。股价在 37.5% 处（也就是筷子线附近）出现了明显的回落，显然这个位置的压力还是不小的。股价短线见顶回落以后，完成了一浪的冲高行情，开始了股价反转以来首次出现的二浪调整走势。

百分比线的筷子线附近不仅成为股价二浪调整的起点，也成为五浪拉升的起点。二浪调整完毕后刚好落在了筷子线附近，股价顺势企稳，在短线拉升的过程中出现了第五浪。

图中显示，第二浪的调整结束点是筷子线的 25.0% 的价位。股价在这个价格开始反转回升，进入到波浪行情中的第三浪飙升阶段。投资者可以提前判断出反转可能出现在百分比线，短线加仓必然能够成功获利。

三浪飙升的过程中，股价见顶于百分比线的50%处，这样三浪的拉升阶段和四浪的见顶阶段就形成了反转的走势。50%的分割点是百分比线中非常重要的点位。投资者都有在股价涨到50%的时候获利回吐的想法，股价在飙升至50%的时候出现回调，其实是再正常不过的事情了。既然股价在50%附近的调整本身就存在，那么短线获利至50%的时候减仓持股显然是比较明智的做法。

四浪是调整浪在50%的百分比线成功见顶后，短线回落的企稳的位置可以首先看到筷子线附近。因为不管是从百分比线的重要性来看，还是从百分比线的距离来讲，筷子线都可以说是四浪调整浪的重要支撑位置。在四浪的筷子线附近抄底买入股票的做法，是获得五浪利润的大好机会。从后市四浪顺利企稳在五浪的走势可以看出，趋势向我们预期的方向发展。

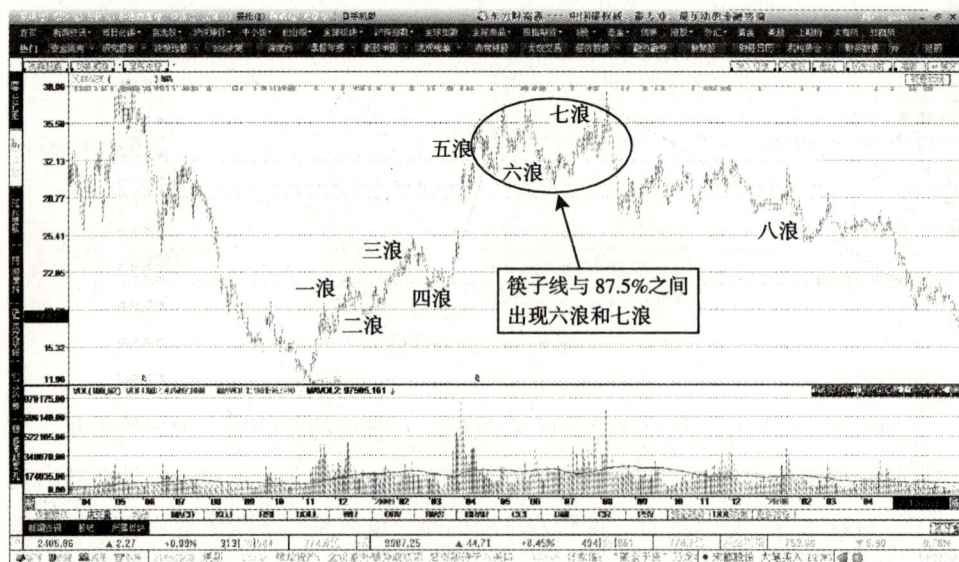

图 6-17　天威保变

如图 6-17 所示，天威保变的波浪走势中，股价的重要的反转浪中，五浪、六浪、七浪和八浪的起始点都在百分比线的87.5%附近。从股价主要多头行情的上涨幅度来看，股价达到前期历史性高位之前，从百分比线来看是有一个87.5%的压力线的。要想顺利突破该压力线的束缚，达到前期历史性高位，没有成交量的持续放大几乎是不可能的事情。并且，股价实际上已经在达到百分比线的87.%之前出现了显著的调整。既然股价已经开始了回调的走势，那么减仓其实已经势在必行了。首次从87.5%的黄金分割点下挫的时候，从波浪形态上来看仅仅是第六浪。该浪作为主要的多头行情见顶的明显信号，可以首次提供给投资者减仓的信号。而股价在百分比线的66.6%附近的筷子线开始反弹的情况，就是在形成最后一个飙升的浪——七浪。完成七浪以后，股价轻松回落进入了漫长而又具破坏性的第八浪。把握好百分比线的87.5%附近的减仓机会，是投资者成功获利的根本。

小提示

从以上的例子可以看出，百分比线在股价的波浪运行趋势当中的作用还是非常大的。股价既然会出现波浪运行的趋势，那么阻力线与压力线从百分比线当中寻找，显然是非常有效果的。股价的走势虽然不会严格地遵循百分比线提供的压力与支撑点，大的方向上却是这样的运行趋势。从操作上来看，把握股价在百分比线的每一个阶段的走势，获得利润是很容易的事情。主要的多头行情向上的过程中，投资者短线减仓与中长线持股的操作都离不开百分比线，同样离不开波浪理论。百分比线为波浪理论的每一个阶段的走势提供反转信号。而波浪理论帮助投资者在道氏理论的重要趋势中操作股票，从而取得中长期获利的机会。

第五节 百分比线的实战运用

百分比线的实战运用与黄金分割线的用法有很多相似之处。首先，投资者应该判断股价的主要运行趋势是否已经开始了。如果断定前期的主要趋势已经发生根本性转变，那么投资者可以用百分比线提前勾勒出相应的压力位或者支撑位。当股价运行到百分比线所在的价位的时候，投资者应该根据实际情况来调整仓位，判断股价的短线买卖机会，从而为主要的运行趋势中获利做好准备。

百分比线提供的价位，其实就是对应的股价运行过程中的调整平台。股价不一定要在每一个百分比线上进行调整，中长期的走向却应该在重要的百分比线处进行修正。如果股价的运行趋势是主要的多头趋势，那么在短时间内出现蓄势的调整情况是必然的。主要的空头市场当中，比较重要的百分比线中进行短线的回抽调整，也是比较常见的情况。总之，百分比线提供给投资者的是在道氏理论所说的主要运行趋势中的短线调仓的机会，却不是长线回落的信号。投资者在百分比线附近调仓，并且遵循股价的大趋势，就能够顺势获利了。

图6-18　方兴科技

如图6-18所示，方兴科技的周K线当中，股价见顶回落的信号出现在了大阴线的形态完成之时。大阴线不仅快速跌破了该股的百分比线的66.6%附近的筷子线，还继续下跌至50%附近的价位，表明股价主要的多头行情已经结束，投资者短线调仓的目标应该注重长线减仓操作才行。进入到主要空头行情后，股价预期将会出现的下跌支撑线可以是50%附近，或者是更低的66.6%附近的筷子线。

如图6-19所示，方兴科技的日K线当中，该股的下跌趋势已经非常强了，股价大幅度下挫至66.7%附近的筷子线才出现了企稳的迹象。前期33.3%附近的筷子线以及50.0%的百分比线对股价的支撑效果根本不起作用。如此强劲的回落，将导致众多的投资者没机会完成减仓的操作。但是，在股价跌破33.3%附近的筷子线后，下跌的趋势显然出现了减缓的迹象。图中股价的大阴线下挫后，股价在50.0%的跌幅上出现明显震荡回落的走势。并且，股价最终在跌至66.7%的百分比线处开始反弹。

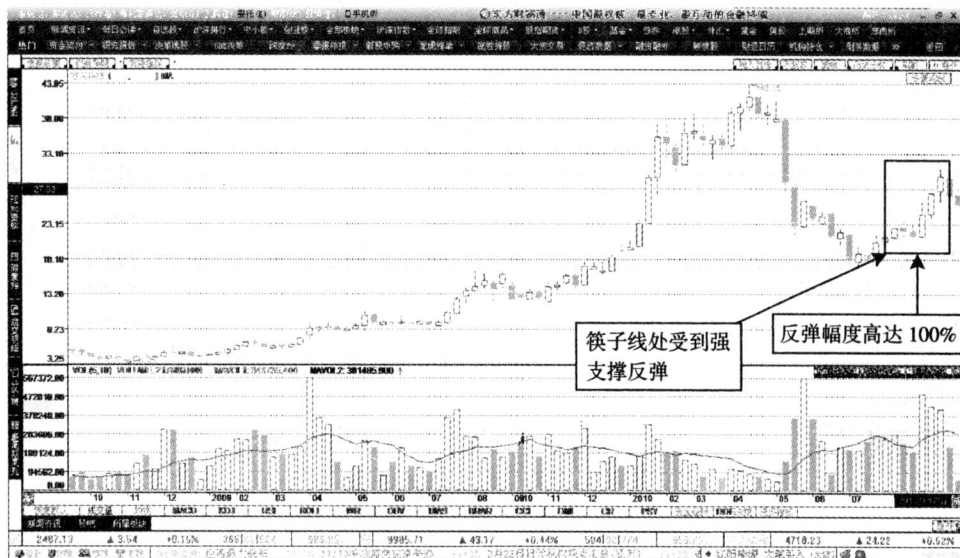

图6-19 方兴科技

百分比线当中,在33.3%附近的筷子线支撑效果并不理想。而股价大幅度下挫至66.7%的时候出现了明显的企稳反弹的走势。短线反弹的过程中,股价大幅度上涨了100%,成为短线十足的牛股。这说明筷子线的支撑效果是不容忽视的,股价从图中66.7%的筷子线处翻倍大涨,成为主要空头市场中难得的一次折返走势。

如图6-20所示,从股价见顶回落进入主要的空头市场来看,折返走势出现在66.7%的筷子线附近,而股价折返后见顶的位置同样是33.3%的筷子线,说明百分比线当中的"两根筷子"的支撑和压制效果相当强。熊市中,投资者趁股价在筷子线之间调整的机会买卖股票,获利的可能性比较强。在筷子线之间调仓,还可以减少前期牛市见顶期间损失的可能性。该股最终延续了下跌的走势,并且长达一年多的时间里都未曾跌破该筷子线上下的压力位置。

如图6-21所示,方兴科技的日K线当中,股价下跌调整的情况时有出现。筷子线33.3%附近虽然股价反弹力度不是很强,却仍然出现了低开的阳线。这表明,杀跌过程中的减仓机会是有的,不过快速减仓必然会造成很大的损失出现。股价震荡调整到底部开始反弹,投资者可以参与该股的短线追涨机会。

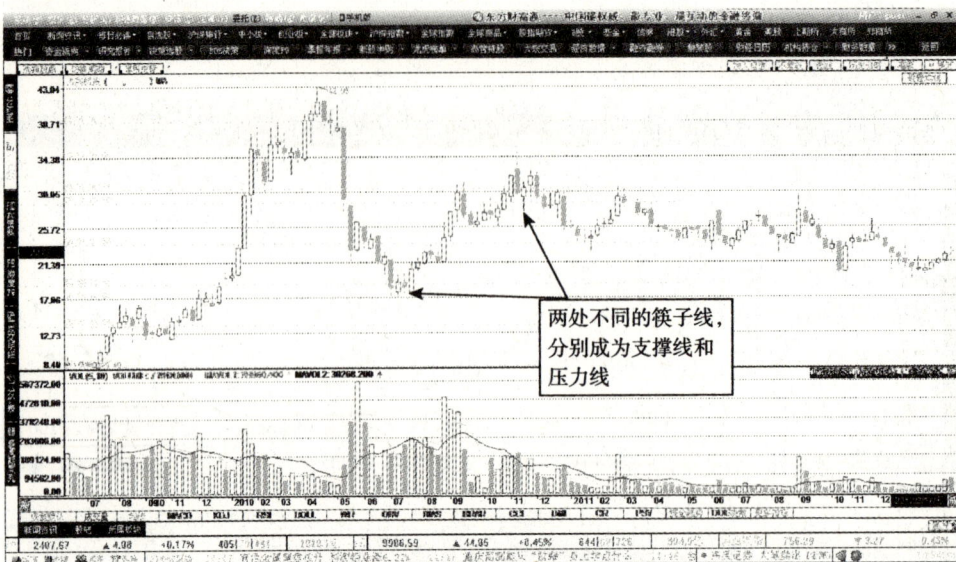

图6-20 方兴科技

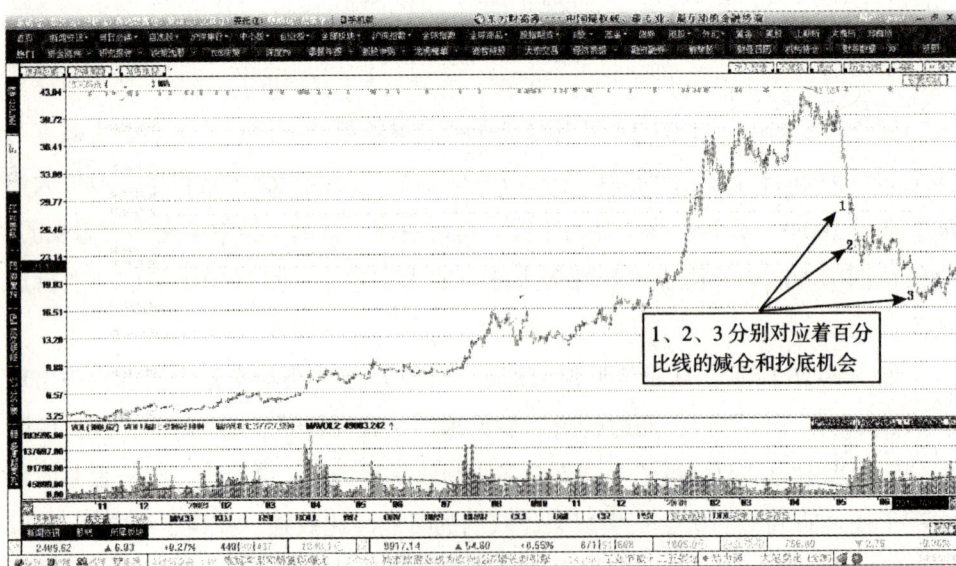

图6-21 方兴科技

如图6-22所示，股价大幅度下跌至50%的百分比线时，持续调整的情况维持了一个月的时间。从调整的形态上来看，基本上是横向运行的情况。股价波动空间很小，操作机会并不多，除非投资者资金量庞大，否则必然面临减仓杀跌的操作。

跌至 0.5 的时候，股
价总会受到强支撑

图 6-22 方兴科技

33.3% 与 37.5% 的百分比线，
总能够提供不错的买卖机会

图 6-23 方兴科技

如图 6-23 所示，再看一下方兴科技前期的拉升趋势。投资者可以明显地看出股价在 33.3% 到 37.5% 的调整轨迹。首次达到该筷子线的时候，股价上方出现了明显的阻力；而短线突破该筷子线所在的价位后，这个价位附近成为股价上涨的重要支撑来源。综合考虑一下，在 33.3% 到 37.5% 的筷子线附近在突破前后是有短线操作的机会的。在突破之前可以减仓，回落至短线企稳后可加仓，最终自然能够获得波动中的利润。

图中文字标注：12.5%首次见顶十字星，减仓信号

图 6-24　方兴科技

如图 6-24 所示，方兴科技这只股票首次反弹回落的点位正是 12.5% 的百分比线附近。图中 12.5% 百分比线附近出现的见顶回落意义的十字星就是显著的顶部信号。之后该股短暂调整的情况出现了，投资者操作上可以在十字星出现之时减仓持股，这样就能够避免损失扩大。

如图 6-25 所示，调整之后 12.5% 的百分比线被轻松突破，之后股价短线见顶回落，在 12.5% 的百分比线之上寻求新的支撑。图中股价强势调整的过程，就是投资者买入股票的绝佳机会。在调整走势延续的过程中，股价再次发力上攻的可能性还是比较高的。

如图 6-26 所示，真正的调整出现在筷子线 33.3% 到 37.5% 的范围内。股价首次突破 33.3% 的百分比线后，马上出现见顶回落的走势。图中显示，股价连续三次冲高突破筷子线的上限 37.5% 都是无果而终。但是，最终出现的放量涨停板一举突破了 33.3% 的阻力位，并且收盘在距离 37.5% 的百分比线不远的地方，说明股价走强的可能性已经大大提高。把握好该股的强势运行过程，获得利润将不是什么难事。筷子线处的阻力虽然比较大，但是突破之后的支撑力度也会很强，

图 6-25　方兴科技

图 6-26　方兴科技

寻求突破后获得更多的利润是投资者在这个时候的重要选择。

　　如图 6-27 所示，方兴科技在筷子线之上又出现了调整。前期的调整显然是微不足道的，要想真正摆脱 33.3%附近的筷子线的束缚，若没有筹码的大量转移，股价上涨过程中的阻力还是比较大的。而图中显示多达五根连续出现的阳线

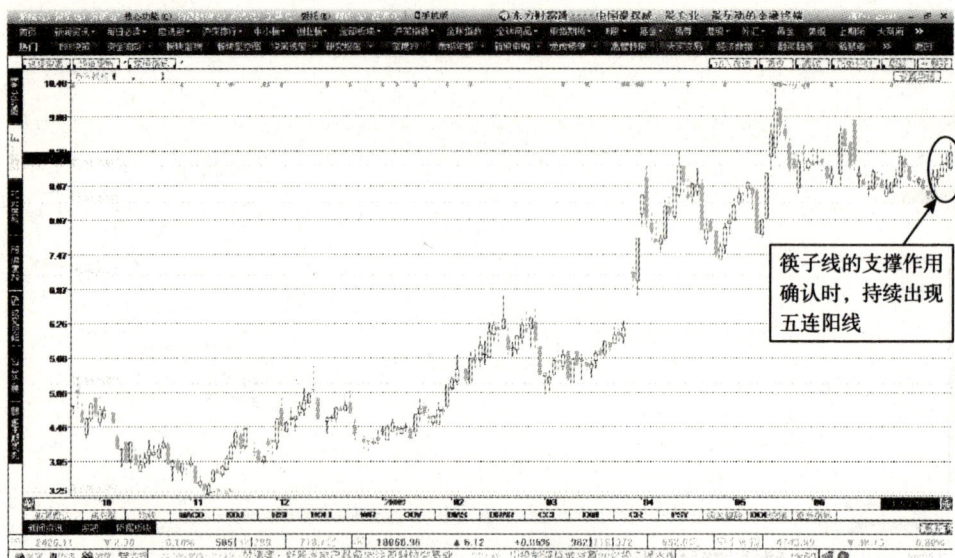

图 6-27　方兴科技

显然是股价企稳的重要信号。既然股价已经持续拉升了起来，继续在这个位置加仓买入股票，还能够在主要的多头市场中继续获利。

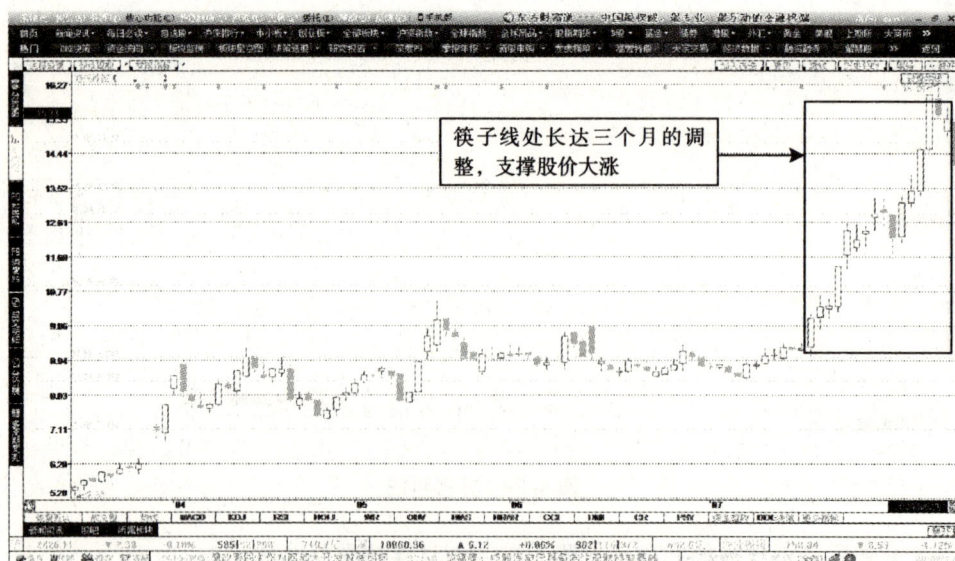

图 6-28　方兴科技

　　如图 6-28 所示，方兴科技轻松突破了 33.3% 附近的筷子线造成的压力后，股价大幅度持续攀升到了 87.5% 的高位百分比线以上。这说明，投资者能够获得的利润还远远没有封顶。前期筷子线附近的调整，只是为股价的继续大幅度上扬提供了动力，真正开始飙升的走势则在企稳之后展开了。

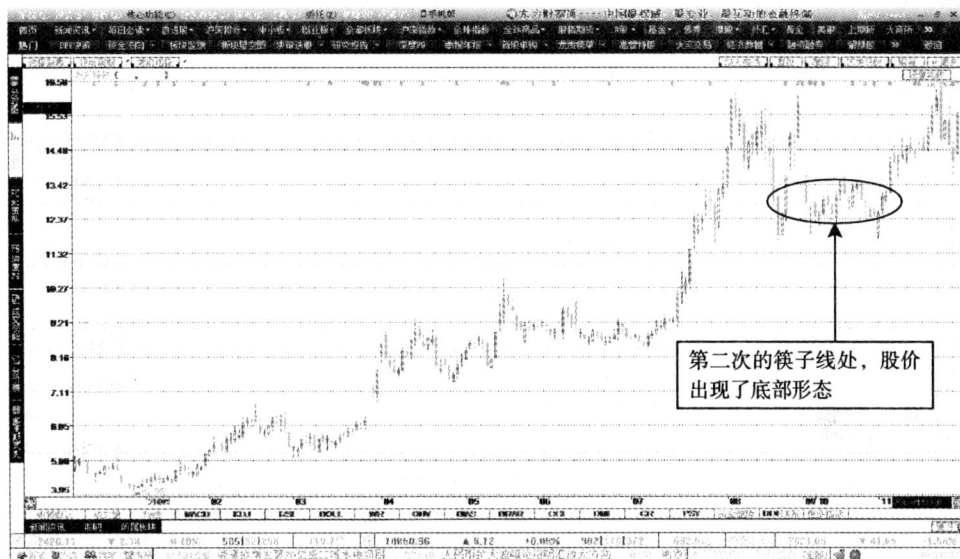

第二次的筷子线处，股价出现了底部形态

图 6-29　方兴科技

如图 6-29 所示，方兴科技的快速飙升达到前期历史性高位的时刻，股价再次回调至 62.5% 到 66.7% 之间的筷子线附近。这样看来，调整并未改变股价的长期牛市行情。后续的大涨还未真正出现，只有调整到一定程度，股价才可以顺利大幅度上扬。这一阶段正是突破历史性高位前的获利散户减仓而主力短线调仓再次拉升股价的最佳机会。图中筷子线附近的底部形态是抄底的重要时机。

如图 6-30 所示，自从股价稳定在 62.5% 到 66.7% 之间的筷子线后，一个跳空上涨的十字星形态顺利突破了前期历史性的高位，突破之时留下的跳空缺口，成为股价飙升的重要支撑位置。虽然盘中股价还是回补了这个缺口，却不能改变该股的强势飙升走势。在这个阶段，仍然有望在今后获得超额回报。

如图 6-31 所示，方兴科技的日 K 线中，该股的飙升迅速展开。自从突破前期历史性高位后，股价从 20 元附近大幅度上扬到了 42 元，成为难得的翻倍牛股。既然已经发现了该股的强势特征，没有投资者能够忽视这种牛股的运行趋势。能够突破历史性高位的方兴科技，可以说是主要多头市场中的牛股。

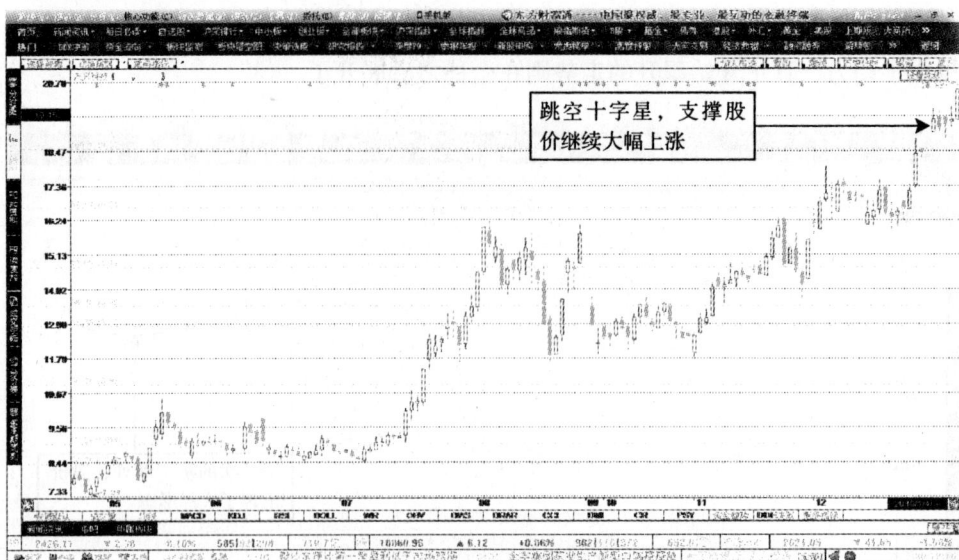

跳空十字星，支撑股价继续大幅上涨

图6-30　方兴科技

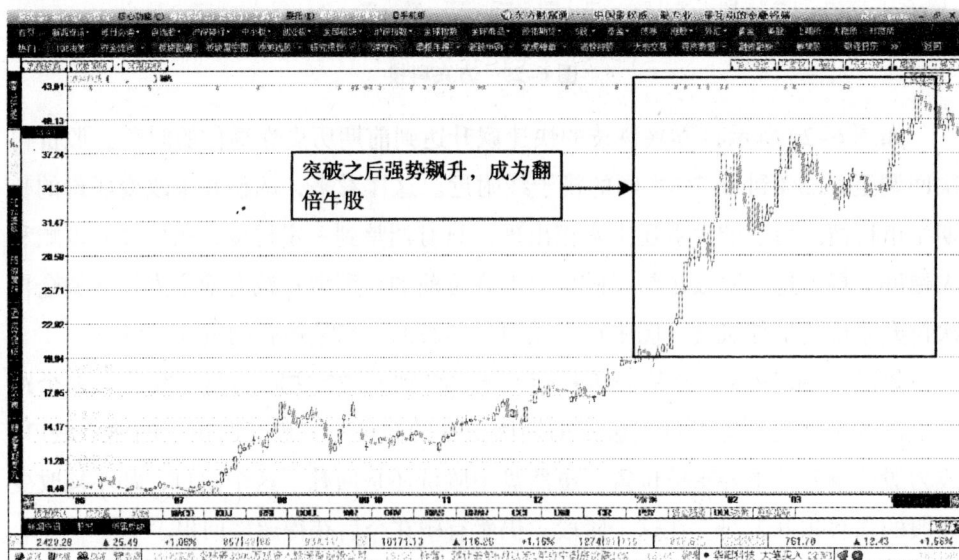

突破之后强势飙升，成为翻倍牛股

图6-31　方兴科技

小提示

在主要的多头市场，百分比线起到的作用通常都是短期的。长期来看，百分比线附近调整的情况都可以说是好的追涨机会。股价震荡上行几乎是所有个股的共有趋势。把握好买点，就不会错过牛市当中的利润。

本章小结

百分比线对股价的涨跌作用其实是在无形当中体现出来的。就像黄金分割线，没有谁知道股价为何在黄金分割线附近出现调整。百分比线提供的买卖机会是投资者预期买卖机会出现的同步反应。像33.3%、50.0%之类的调整点，投资者没必要考虑股价为何会出现这种调整，只要相应的买卖信号出现在这些位置了，投资者就可以进行相应的操作。

第七章　道氏理论的波浪图分析

第一节　波浪理论概述

波浪理论（Wave Principle）的创始人是美国的拉尔夫·纳尔逊·艾略特（R. N. Elliott）。他认为人类行为在某种意义上是可认知的形态，并且利用当时的道琼斯工业指数作为研究对象，发现了股价的变化形态具有某种和谐之美。艾略特结合道氏理论提出了一套股市分析理论，总结出股价呈现出波浪变化的趋势，这个趋势不仅是一种价格的运动趋势，更是一种大众心理变化的趋势。本章将从波浪理论的角度来重点分析股价在主要趋势中的走向，帮助投资者获得相应的投资机会。

一、波浪理论的渊源——道氏理论

波浪理论究竟是一种什么样的理论呢？从本质上说，它是一种价格不断变化的理论，说明某只股票的价格变化将按照一定规律的波浪形式和周期性的涨跌来循环运动，也就是说股价的运行过程包含了四段拉升上涨和四段回调下跌的走势。

而事实上艾略特波浪理论不仅是股票价格运动的再现，而且是投资者的投资心态及其买卖行为的一种综合反映。而这恰好与名声大噪的道氏理论不谋而合。可以说这两个理论都说明了投资者的总体买卖行为，是指导投资者获得投资收益的不可多得的理论。

道氏理论之所以能够盛行于股市而经久不衰，就是因为其描述的股价变化的规律反映了众多投资者追求投资收益的本质。股票价格在投资者追求利润的过程中上涨，并且在投资者将利润套现的时候开始下跌。股价周而复始的循环往复运动，形成了股票市场运行的大小周期。

道氏理论里说的股票运行的三大主要趋势包括主要趋势、中期趋势和短期趋势。

主要趋势持续的时间最长，一般会在一年及以上的时间里形成。在这个阶段当中，个股在走势上基本上是随着市场的变化而变化，涨幅也会大大地超过 20% 的水平。而中期趋势在与股价的运行趋势相反的方向上运行，持续时间通常会超过一个月，波动的幅度应该在股票基本运行趋势的 1/3 或者是 2/3 水平上。短期趋势的持续时间更短，一般在一周左右，并且其运行的趋势有较大的不确定性。

在道氏理论所说的三大趋势中穿插了基本趋势中的三个股票运行阶段。这三个运行阶段分别是主要的牛市行情阶段、主要的熊市行情阶段和其中穿插进行的次级折返阶段。主要的牛市行情持续的时间是比较长的，一般都在一年以上。而主要的熊市行情与主要的牛市行情相似，只是方向发生了改变。投资者若想要获得不错的收益，准确判断行情趋势无疑是非常必要的。而次级折返趋势持续的时间要短得多，性质上来说只是对股票的主要牛市行情以及主要熊市行情的一种修正罢了，不会对趋势造成根本的影响。

总之，投资者可以在本质上将道氏理论看做一种波浪理论，该理论说明在市场的变动过程中，股价的波动趋势会像波浪一样不断地延续着涨跌的过程。道氏理论是波浪理论得以成形的基础，两者都说明了股票市场波浪形运行的特点。投资者在学习波浪理论前对道氏理论有一定的认识，是非常必要的。

二、八浪循环

1. 八浪组合

波浪理论作为描述股票市场运行趋势的一个重要技术分析理论，其描述的股票运行趋势贯穿于任何一个市场的任何股票中。不仅指数符合这一运行趋势，个股的运行趋势同样受到相应的影响。波浪理论认为世界是有序的、人类的投资活动（或者说是投机活动）也是有序进行的。这种有序进行的投资活动不仅表现在股票市场，更广泛地适用于期货、债券、外汇等市场当中。有序地波动着的股票价格就像潮涨潮落一样，一浪接着一浪地延续下来。投资者可以根据股票周期性波动变化的特征，选择恰当的时机进出股票，并且获得投资收益。

　　构成波浪理论循环波动的波浪，从形态上看是典型的八浪特征。八个股价波动的波浪形态，基本上已经包含了从股价波动的熊市行情到牛市行情的多数阶段。其中，前五个浪组成了股价最初上涨的牛市行情，而后三个浪组成了股价下跌的熊市行情，两者结合就构成了股价波动的完整波浪理论形态。

　　在波浪理论的前五个浪当中，第一个浪是一个"推动浪"，而第二个浪是对第一个推动浪的调整，是一个"调整浪"。第三个浪、第五个浪又是一个"推动浪"，而对应的第四个浪是一个"调整浪"。对应的第六个浪、第七个浪、第八个浪是熊市当中的三浪，也可以叫做 a、b、c 三浪。这样五浪上升和三浪下跌就构成了完整的波浪理论。

　　2. 各浪特征

　　一浪：作为牛市行情中的首浪，第一浪的出现并未完全改变市场上投资者的看空态度。因此，从股价的走势上来看，第一浪多数会在涨幅过大之后重新下跌回落，并且成为一个蓄势待涨的恢复人气类型的浪。虽然第一浪过后牛市行情不会轻易地开始，但是熊市行情却因此而结束了，牛市行情即将在酝酿当中到来。投资者这个时候可以准备投入操作，等待市场真正好转后开始大量地建仓。

　　二浪：第一浪只是牛市行情的开端而已，空头不会就此罢休，一浪过后的第二浪调整的幅度也不可避免地会很大。但是，显然投资者不必过分地看空后市了，等待二浪调整到位之后，牛市必然到来。在第二浪的调整过程中，成交量随着股价的下跌而出现不断萎缩的过程，会相应地出现很多的诸如双底、三重底、V 形反转之类的见底回升信号，此时投资者就可以买入股票了。

　　三浪：作为牛市行情当中的一个大浪，第三浪具有极强的爆发性，即使出现跳空缺口上涨的趋势也不足为奇。而该浪的上涨过程也会是不断创出新高的很多小浪组成的连续上涨的大浪。量能随着股价的上涨而不断地膨胀是这个时候非常重要的特征，体现了多头不断看涨的良好前景。在股价运行的三浪阶段，持股的投资者可以看得长远一点，市场的强势特征在这一阶段会尽情地发挥，只要股价的上涨趋势还没有出现显著的变化，持股待涨就是个不错的机会。

　　四浪：第四浪是对股价短期暴涨的调整，期间调整的幅度很大，并且投资者很难提前预计股价的调整幅度，但调整的最低价位应该不低于前期第一浪的高位，这样才可以保证股价处于上升趋势当中。

　　五浪：作为继第一浪、第三浪之后的推动浪，第五浪是股价创新高的动力来源。人气的空前高涨并没有反映在股价大涨上。具有一定的上涨空间后，股价通常会在一片向好的氛围中见顶回落。而个股在飙涨的过程中涨跌幅度也是有很大的差距的。

a浪：多数投资者还沉浸在五浪拉升的行情当中时，股价已经发生了逆转，出现了紧随五浪而来的a浪。因此，在a浪出现的时候，多数投资者并未意识到行情的大逆转，股价调整的幅度不会过大，但是一定会将股价的上涨趋势破坏掉。

b浪：b浪只是对股价见顶回落的a浪的一个小反弹行情。鉴于多方继续看涨的信心已经受到了重大的打击，即使出现了b浪的回调行情，股价的上升空间也是非常有限的。而微不足道的缩量反弹行情却会吸引一些跟风盘继续买入股票，以至于反弹成了众多投资者再次套牢的陷阱。

c浪：b浪之后出现的c浪是对熊市行情再一次的确认，股价疯狂的下跌过程还将持续进行下去。这个时候，市场中看多的投资者已经寥寥无几了，c浪持续的过程就是股价重新见底回落的过程。

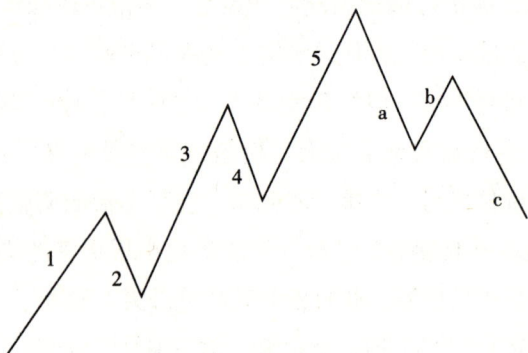

图7-1　艾略特八浪循环

三、基本规则

1. 理论含义

股价的走势之所以会成为艾略特波浪的特征，就是因为其具有一些非常显著的特征，只要投资者牢牢地把握住这些特征，就可以轻易地识别出股价的波浪走势。总体上来讲，艾略特波浪理论包含三个方面的含义：

第一，波浪形态。波浪形态是波浪理论成立的基础，没有股价运行的八浪形态，就不能说股价是按照波浪形态发展的。投资者在运用波浪理论来研判股价运行趋势的时候，首先要看的就是股价的波浪形态是否已经具备了，之后再观察其他方面的问题。

第二，各浪之间的比例关系。艾略特波浪理论中的八个浪之间的比例关系虽然不是确定的，但是却经常符合特别的比例关系。而黄金分割数字及其派生出来的比例关系就是投资者选择股价波动转折点的好机会。

黄金分割的数字是我们所熟知的 1、1、2、3、5、8、13、21……而其对应的换进分割比例有 0.382、0.5、0.618 等。

对于波浪中的推动浪来说，第三浪可以当做第一浪的延伸，两个浪在运行时间、上涨的幅度上都非常相似。或者说第三浪很可能是第一浪的 1.618 倍数。而第五浪作为第一、第二浪的延伸，其上涨幅度也会是后两者之和的 1.618 倍。当然，事实上其比例关系可能有一定的差别，并不限于 0.618 的关系，也有可能是 0.382 或者 0.5 等数量关系。

对于 a、b、c 三段调整浪来说，c 浪的最终下跌幅度可以根据 a 浪的下跌空间来判断，其通常是前者的 1.618 倍。b 段的调整幅度可以用 0.5 的黄金分割比例来判断，通常 b 段的下跌空间为 a 段下跌幅度的 0.5 倍。

从第二浪的调整幅度来看，其回调的幅度通常与 0.618 相关联。第四浪的回调幅度也可以使用 0.382 这个比例作为对应的参考价位。

第三，波浪之间的时间间隔。波浪理论的每一波浪的开始都有一个相反的浪伴随产生，依照主要的趋势运动的浪就是推动浪，与之相反的是调整浪。在主升段中，推动浪就是第一、第三、第五浪，对应的调整浪就是第二、第四浪。而在主跌段中，推动浪就是 a、c 浪，b 浪就成了调整浪。当八个浪完成了一个主升段和主跌段之后，股票的一个完整八浪循环就宣告完成了。这个完成的八浪循环并不是孤立存在的，它会构成下一个更大的八浪循环的一浪（推动浪）和二浪（调整浪），这样股价的大八浪循环就宣告完成了。

如图 7-2 所示，图中显示的从 1）浪到 5）浪的五个推动浪和 a)、b)、c) 三个调整浪构成了一个完整的艾略特八浪循环。而这只是一个小的开端而已，之后这 1）浪到 5）浪的推动浪又变成了此后的 1 浪，而 a)、b)、c) 三个调整浪又成为此后的 2 浪，这样八浪循环的过程得到了不断的延续。由 1 浪到 5 浪和图中的 a、b、c 三个调整浪将构成更大的八浪循环的一部分，也是有可能的。

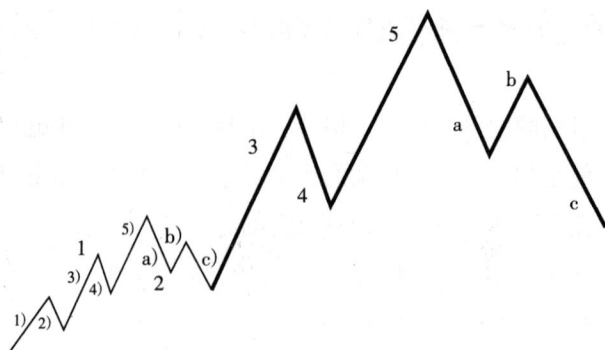

图 7-2　八浪循环的再循环

2. 四条规则

波浪理论的基本规则有四条：

规则一：波浪理论中的三个推动浪（第一浪、第二浪、第三浪）中，第三浪是股价牛途开始后一个真正的推动浪，上涨幅度也是最值得期待的。投资者真正获得投资收益的阶段也会出现在第三浪中，可以说把握住第三浪的股价涨幅，八浪循环的利润就基本上被锁定了一半以上。

规则二：波浪理论中的第四浪的底部绝不可以低于第一浪的顶部。原因很简单，既然波浪理论中的强五浪出现在牛市行情当中，并且第三浪这个推动浪过后，股价即使出现了第四浪的调整，也不应该破坏牛市行情的大趋势。而四浪调整的低点价位当然也不能低于第一浪的最高价位，只有这样才能使股价维持在牛途之中。

规则三：第二浪和第四浪属于调整浪，既然股价在做不断的调整，那么其运行趋势就有很大的不确定性。投资者在判断当时股价的运行状况的时候，也应该更加注重股价的波动形态上，而不必过分强调其调整的过程。只有这样，投资者才能够准确地把握住股价运行的趋势，而不是在一些细节上浪费时间。

规则四：调增浪的下跌幅度是不可预测的，第二浪的下跌幅度可能会小一些，而第四浪的调整空间往往是比较大的。经过第三浪的疯狂拉升之后，股价经常会以几乎不受约束的形式见顶回落。投资者在由空头市场向多头市场转换的过程中，要做好在更低的价格开始建仓的打算，这样才能抓住更大的获利空间。

以上所说的四条规则中，前两条是最基本的规则，投资者应该牢记于心。只有股价的运行趋势符合了这两条规则，后市真正的波浪形的走势才是可期待的。

后两个规则如果也能够被投资者理解，并且正确地加以运用的话，则就可获得不错的收益。

第二节　牛市行情的八浪循环走势

一、上证指数牛市当中的八浪循环

指数在牛市当中的运行趋势其实也是八浪循环的情况。从道氏理论来看，股价从前期的主要空头市场中脱离后不断地放量拉升至高位，在这个阶段，股价的放量上涨构成了八浪循环当中的主要飙升趋势。从股价上涨的每个阶段来划分的话，八浪循环的走势很容易被勾勒出来。在主要的多头市场（也就是牛市行情）当中，股价运行过程中会出现主要拉升趋势和次级折返走势。拉升的时候构成了八浪循环的主升浪，而指数下跌时候的次级折返走势，就是八浪循环当中的调整浪。投资者若能够准确判断指数运行的主要多头行情中的八浪循环情况，那么对于个股的操作一定会得心应手的。个股的走向与指数的涨跌趋势息息相关，没有指数的上涨，个股很难说会大幅度上攻。一旦指数企稳回升，并进一步脱离短线次级折返走势的中短线趋势，那么个股再次放量拉升的概率将是很高的。

如图 7-3 所示，上证指数在 2008 年的熊市当中成功见底最低点位 1664.93点后，开始放量进入主要的多头市场。指数运行趋势虽然一波三折，却持续放量飙升，最终达到了反转的最高点位 3478.01 点，累计上涨幅度高达 108%，成功翻了一倍。

指数运行的过程中，在脱离主要的空头市场底部的反弹阶段，一浪到四浪的争夺是非常激烈的。在短短的五个月当中，股价就完成了四个波浪形态。这表明趋势的反转是需要时间来调整的，并且随着指数在五个月的时间里完成了调整，指数成功进入到了五浪这个难得的主升浪。前期四浪当中获利不多的投资者，可以利用指数持续飙升的五浪趋势获得更为丰厚的利润。

从八浪循环对应的道氏理论的不同趋势来看，主要的多头行情是由一浪到五浪构成的，指数在这五个浪当中的累积涨幅是最高的。而前五浪当中，也有中短

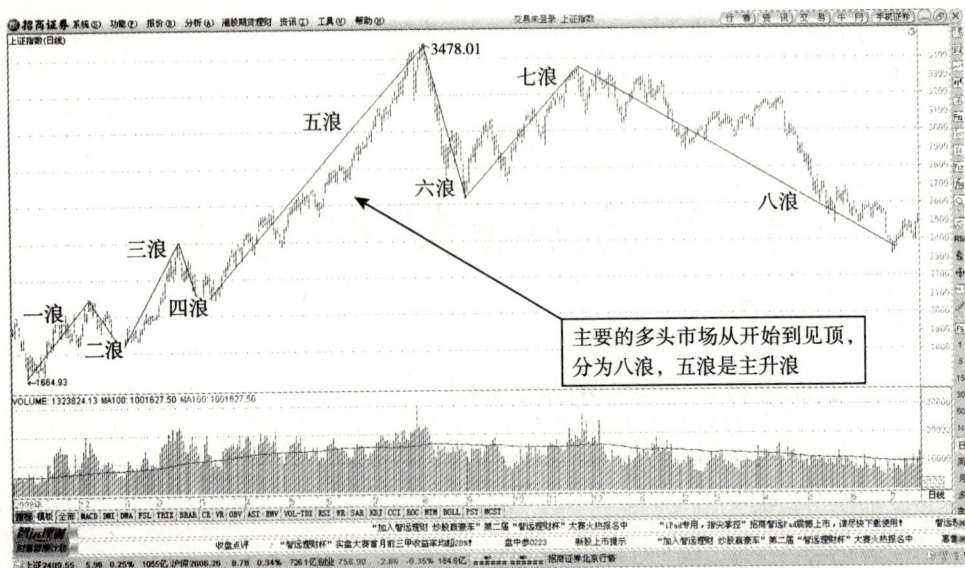

图7-3 上证指数——牛市当中的八浪

线的牛市行情和次级折返走势。总体来讲，投资者可以在很长的一段时间内在一个很高的水平控制仓位。中短期来看，可以在股价出现次级折返走势的时候进行减仓的操作，这样既能够长线获得主要多头市场的利润，又能够规避次级折返走势中的风险，利润和风险两个方面都能够照顾到。

牛市当中的八浪循环，虽然说已经包括了指数下跌的八浪，但是第七浪之前都可以认为是主要的多头市场。总体来看，在指数进入到第八浪之前，还是可以持股的，这样有助于投资者获得相应的回报。

如图7-4所示，上证指数的日K线当中，前期主要的多头市场可以划分为明显的八浪循环走势。而第一浪又能够重新划分成更小的八浪循环。这样，在股价短期波动的八浪循环当中，投资者可以在更小的八浪循环范围内操作股票，这有助于把握好的买卖机会，获得相应的回报。

主要的多头趋势被划分成八浪，其实也是为了投资者能够成功获得交易机会，把握股价的运行趋势。主要的多头市场中，波浪理论划分出来的价格波动范围持续时间长并且不容易被投资者把握住。将主要趋势中的波浪形态划分成更小的趋势，则有助于投资者理解股价的波动过程，获得利润也相对较容易。

图中一浪和二浪同时被划分成八个非常小的浪，构成了股价冲高回落的走势。在八浪循环的时候，投资者可以在一浪到五浪当中尽可能地持股获利，而在

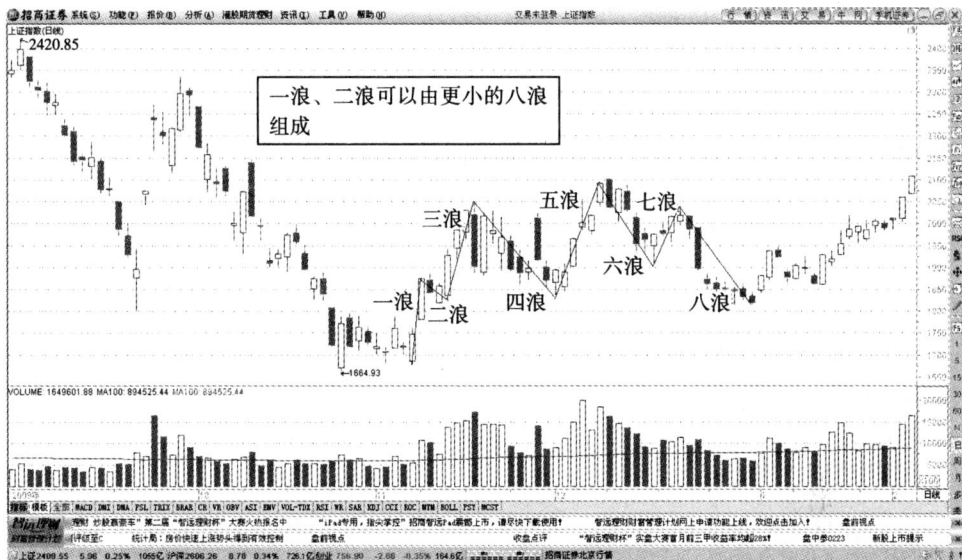

图7-4　上证指数——更小的八浪组成一浪

七浪和八浪当中空仓。这样指数拉升的阶段获利将会更高，一旦指数进入调整，投资者还可以减仓避险。

小提示

对于指数运行过程中的八浪循环，要判断其真正的起始与终点是不容易的。但是，投资者如果能够在八浪循环的主升阶段与指数主要多头市场重合的区域持股的话，成功获利将不是问题。在八浪循环的主升阶段，股价的上升态势比较清晰。而如果八浪的主升阶段恰好又处于主要多头市场当中，那么投资者获得高额回报的概率就大大地增加了。主要的多头市场中，股价即便在短时间内出现了调整，也可以认为是次级折返的情况。中短线调整不会改变指数的主要多头趋势，持股获利的概率仍非常大。

二、个股的八浪循环

既然指数能够出现八浪循环的波动情况，那么个股的八浪循环走势也就成为再正常不过的事情了。延续指数运行趋势，个股出现八浪循环走势是投资者调仓获利的机会。尤其是在指数进入到主要的空头市场的时候，股价的长期大幅度回落是大势所趋。此时短线利用股价次级折返的机会减仓显然是减少损失增加收益的保证。主要的空头市场中，投资者可以把短线的高抛低吸与中长期的减仓结合起来操作，这样更容易成功获利。

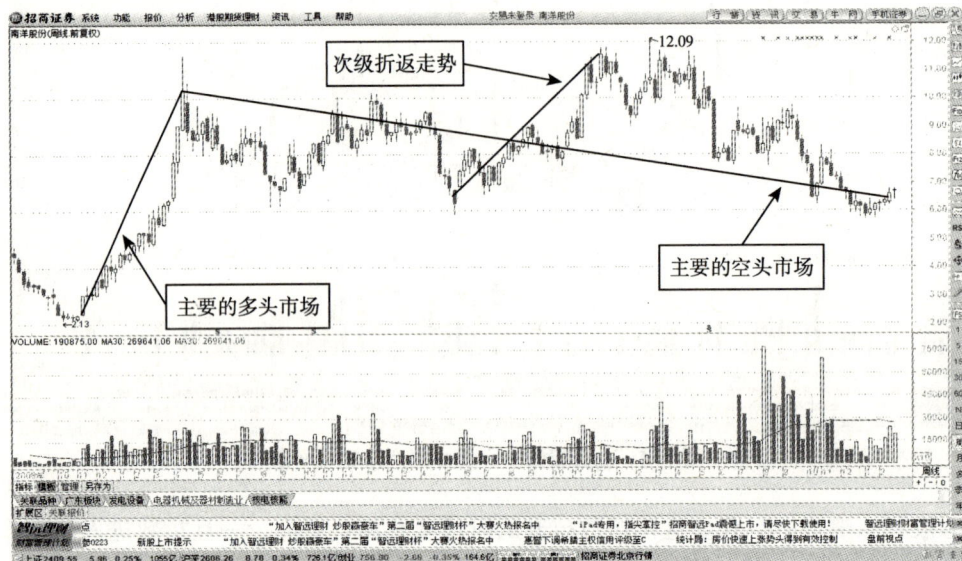

图7-5　南洋股份——主要趋势与次级折返趋势

如图 7-5 所示，从南洋股份的日 K 线中可以看出，股价在长达三年的时间里经历了从主要的多头市场向主要的空头市场的转变。而在主要的空头市场当中，次级折返的情况虽然也经常出现，却并未改变股价的下跌趋势。

遵循道氏理论中所说的主要的多头市场与主要的空头市场的运行规律，在波浪理论的主升浪中持股获利是比较容易的。股价涨跌虽然变化无常，趋势却有一定的延续性。而采用波浪理论的八浪循环来划分股价不同趋势的股价走向，便可以把股价运行趋势从大到小一一呈现在投资者面前。用于划分股价的八浪循环的波浪理论其实已经包含了两种趋势：多头趋势和空头趋势。因此，投资者在操作股票的时候，也应该注意控制风险。

如图 7-6 所示，在南洋股份的日 K 线当中，该股主要多头趋势结束之时股价出现了非常明显的回调。在股价下跌的过程中，寻找短线股价折返点是投资者必然需要做的事情。而如果运用黄金分割线来划分股价的前期涨幅，就可以得出预期将会出现的折返价格了。

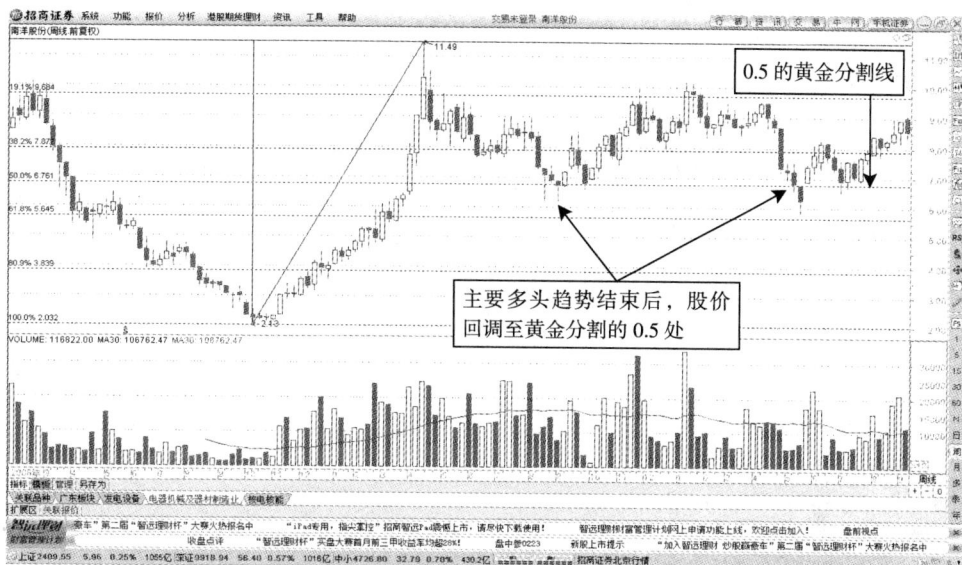

图 7-6 南洋股份——0.5 的黄金分割点

图中显示，股价见顶回落之后，就在黄金分割的 0.5 处出现了反弹的走势。并且，股价两次的折返都出现在了 0.5 的黄金分割位置，表明股价的加仓机会已经出现。

既然股价在 0.5 的黄金分割点出现了短线见底信号，并且还开始放量反弹。那么，投资者可以在这个主要空头市场中利用次级折返的机会做多该股，获得短线收益或者是减少前期未能清仓造成的损失。

为何在这个阶段要使用黄金分割来判断股价预期的折返点呢？因为只有投资者提前判断出股价即将出现的折返价格，才能够在相应的价位做好买卖准备。一旦股价短线的见底信号出现，投资者就可以马上做短线了。在主要的空头市场，判断出股价折返的底部，就可以用波浪理论来划分股价的八浪循环走势。

如图 7-7 所示，南洋股份的日 K 线当中，该股的次级折返走势显然就是八浪循环的情况。从股价的见底反弹到该股成功见顶回落的整个过程中，如果八浪循环划分得正确的话，那么投资者短线获利将不成问题。八浪当中，上升浪与调整浪交替出现，股价最终在主升浪第五浪出现了顶部，并且开始逐步回落。操作上，投资者应该把该股的次级折返走势作为中线操盘的依据。因为不管八浪循环怎样发展，均不会改变股价的这种下跌趋势。最终的八浪总会成为主要的趋势，投资者要尽可能在八浪来临之前获得更多的利润，这才是追涨次级折返股价的根本目标。

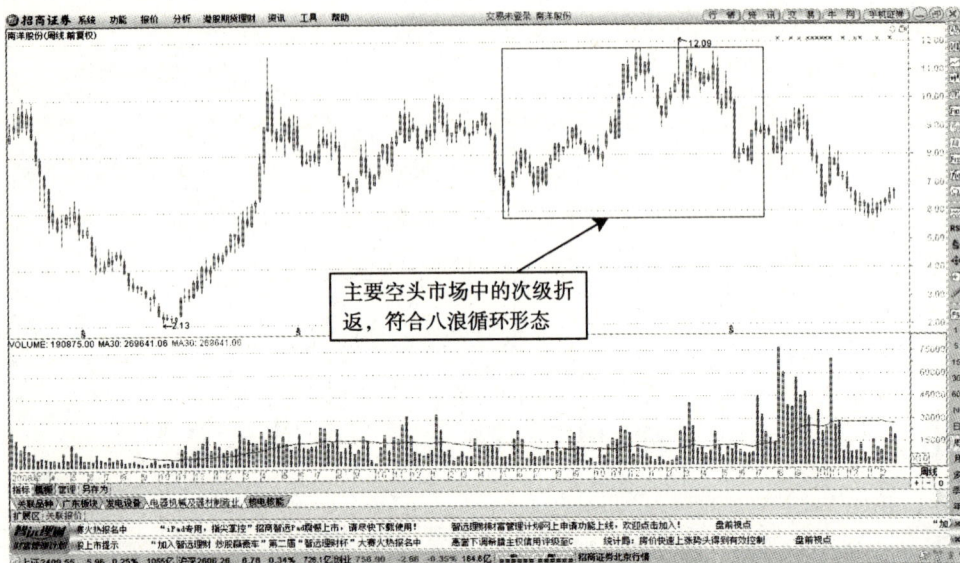

图 7-7 南洋股份——八浪循环的次级折返

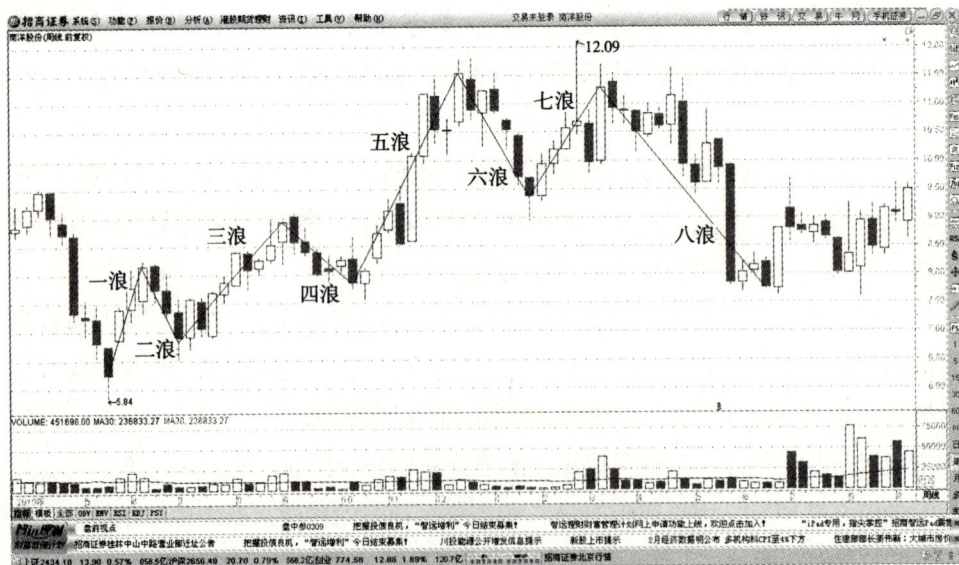

图 7-8 南洋股份——八浪循环解析

　　如图 7-8 所示，南洋股份的日 K 线当中，该股次级折返走势中的八浪循环形态已经清楚地标注出来。从该股的八浪循环来看，前五浪的次级折返主升走势显然是不错的获利机会。虽然该股最终出现了见顶回落的迹象，投资者却仍然能够获得利润。在该股的主要空头市场当中，主升段的飙升幅度是惊人的。而如果从该股的次级折返的中短线走势来看，被分为波浪走势的一浪到五浪的拉升阶段都是投资者成功获利的机会。

从八浪循环的情况来看，投资者能够建仓的机会可以出现在图中的二浪底部和四浪底部，而持仓获利的主要阶段是三浪和五浪的股价反弹阶段。如果前五浪当中投资者都未能获得相应的回报，那么等待股价出现六浪的调整浪的时候，就应该在股价反弹的过程中快速减仓了。不然的话，随着股价的持续下挫，投资者必然面临着大损失。

小提示

个股的八浪循环走势在指数的八浪循环范围内波动。也就是说，指数的八浪循环走势中，个股会跟随指数出现相应的八浪循环；不同之处在于，个股的涨跌幅度可能要远远大于指数的变化幅度。但是，从股价运行的主要趋势以及中短线走势来看，在遵循大势的前提下，成功获得利润的可能性是非常高的。

成功运用波浪理论的八浪循环来获利，重要的是把握股价运行的节奏。不管股价运行趋势的大小如何，总要遵循八浪循环的规则。在八浪循环的过程中，一方面投资者应该抓紧大趋势不放，另一方面还要兼顾中小趋势。在不同趋势的八浪循环互相转换的过程中参与个股的买卖活动，才可以顺利获得相应的回报。趋势的延续是必然的，但是股价的涨跌方向却不固定。结合道氏理论中所说的股价运行主要趋势，运用八浪循环的分割法来获得主升段的利润就比较容易了。

第三节　熊市行情的八浪循环走势

在熊市行情当中，股价运行趋势虽然是主要的空头市场，也同样能够划分成八浪循环的情况来分析。熊市行情也就是主要的空头市场，股价运行的基本趋势一定是向下的。但是，再大的空头市场，股价也会有短线折返的情况出现。可以说，空头市场中的次级折返走势与主要的下跌趋势共同组成了股价的主要空头市场当中的八浪循环走势。

在熊市当中的八浪循环的情况中，投资者可以调动的操盘机会其实并不多。

并且，在空头市场中的次级折返的情况下，股价反弹的高度也是非常有限的。能否在有限度的涨幅上获得尽可能多的收益，是摆在投资者面前的重要课题。

一、上证指数熊市中的八浪循环

作为国内的主板市场，上证指数如果同样遵循八浪循环的情况的话，那么其无疑更具代表性。特别是在熊市当中，下跌成为股价常态，中短线出现的次级折返走势如果符合八浪循环形态的话，则更具备相应的买入机会。投资者在操作股票的过程中应该准确地把握股价的这种走势，以获得相应的回报。

1. 上证指数的八浪循环分析

上证指数的八浪循环走势中，投资者可以选择在股价主要的回升阶段加仓，用加仓的资金获利摊平前期造成的损失。指数既然在前期已经进入到了主要的空头市场，那么中短期的次级折返走势可以成为投资者短线加仓获利的最好机会。用八浪循环的走势划分上证指数的次级折返走势，买卖机会自然出现在投资者面前。

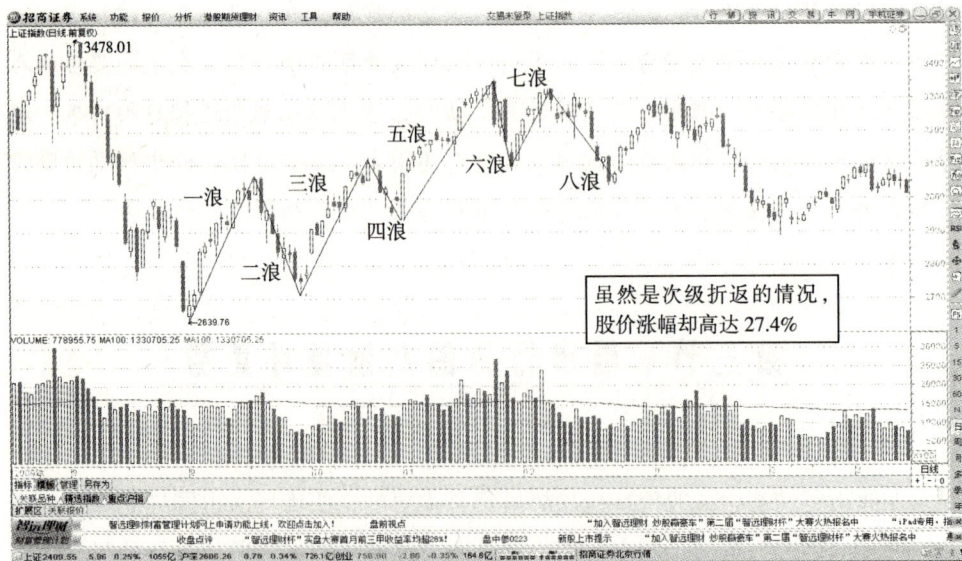

图7-9　上证指数——次级折返的八浪循环分析

如图7-9所示，上证指数的日K线当中，自从前期双顶见顶3478.01的最高点后，指数不断震荡下跌。虽然图中止跌于中短线底部2639.76点，短线次级折返的幅度还是非常高的。从八浪循环的角度来分析该次级折返走势，可以发现把握好该股的操作机会并不是难事。

从图中可以看出，上证指数八浪循环的情况虽然复杂多变，却能够呈现出比较清晰的八浪结构。作为上证指数的次级折返走势，在中短线加仓是可以获得不错的利润的。至少在指数的次级折返结束之前，投资者可以在尽可能的高仓位持股获利。一旦指数进入到五浪的飙升阶段，投资者就要小心了。作为主要的空头市场中的次级折返的情况，指数是不可能超越前期的高位的，个股的走势同样如此。一旦指数在五浪当中出现见顶信号的话，持续减仓将成为明智之举。

2. 八浪循环对应的道氏理论不同趋势

道氏理论的短期趋势：一浪到七浪中，各浪都是短期趋势。作为次级折返情况，八浪循环中的每一个浪都是折返过程中的短期趋势。此时，投资者如果操作股票的话，也应该当做短线来操作。次级折返的过程中，投资者会获得很多短线高抛低吸的机会，把握住次级折返的主升段行情，自然可以获得利润。八浪循环的过程中，短线的第二浪和第四浪的调整可以轻微减仓，而在更多的时间里持股，等待五浪结束时再清仓操作。

道氏理论的中期走势：一浪到五浪的走势。从一浪到五浪的走势，可以认为是中期行情。因此，指数毕竟在这个时候已经处于主要的空头市场，次级折返的全部涨幅几乎都在一浪到五浪中实现。既然如此，一浪到五浪的走势显然就是股价的中期行情了。把握好这个阶段的股价较大幅度的上攻行情，则获利是必然的。

道氏理论的长期走势：八浪的持续回落走势。指数自从成功跌破主要的多头趋势后，次级折返的情况只是长期空头趋势的中短线的调整而已。面对这样的调整，投资者在操作上应该谨慎面对才行。把握好主要的空头趋势，中短线调仓获利才是理想的做法。长期来看，股价下跌的大趋势绝不会因为中短线的次级折返走势而很快进入尾声。从持股的仓位上来看，应该尽量空仓面对股价的下跌趋势，这样才可以做到减少风险。

小提示

上证指数进入主要的空头市场后，使用波浪理论来分析期间的次级折返走势是非常成功的一种获利手段。期间的买卖机会，能够清晰地表现在八浪循环走势当中。从前期的多头趋势转变为主要的空头趋势之后，要想很好地减仓的话，必然需要在次级折返的走势中获得相应的回报，从而减少低价清仓带来的损失。

上证指数进入到主要的空头市场后，减仓甚至于快速清仓是必然的选择。指数的次级折返走势其实也是个股次级折返走势的真实反映，只不过指数的运行趋势是全部股票共同走势的变化趋势。这样，投资者就能够在个股次级折返的调整仓位为获利做好准备。

二、个股的八浪循环

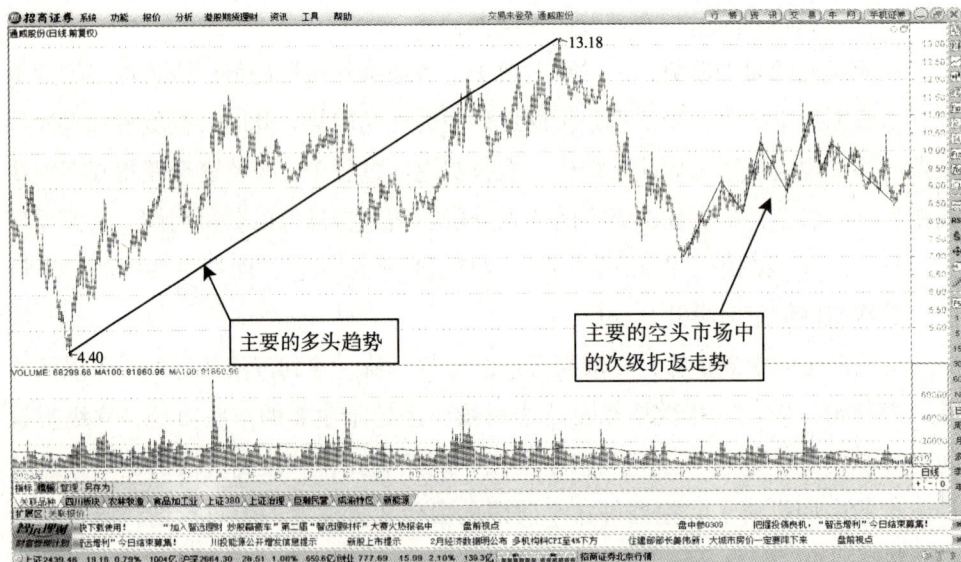

图7-10 通威股份——主要空头趋势中的次级折返

如图7-10所示，通威股份的主要多头趋势与主要的空头趋势已经非常明确了。图中股价在成功见顶最高点13.18元后明显地出现了较大的下跌，股价的持续空头市场从这个时候开始了。股价持续下挫的走势成为今后的主要特点。并且，图中股价次级折返的情况，其实就是投资者短线获利增加收益，并借此来减仓的重要机会。

在大的方向上把握股价的走向，比短线看着股价波动要好得多。股价中短线的走势，一定应该符合长线趋势。图中股价出现在主要的空头市场中的次级折返的情况，其实就是投资者操作的机会。用波浪理论来分析该股的八浪循环构成的次级折返走势是获利的关键。

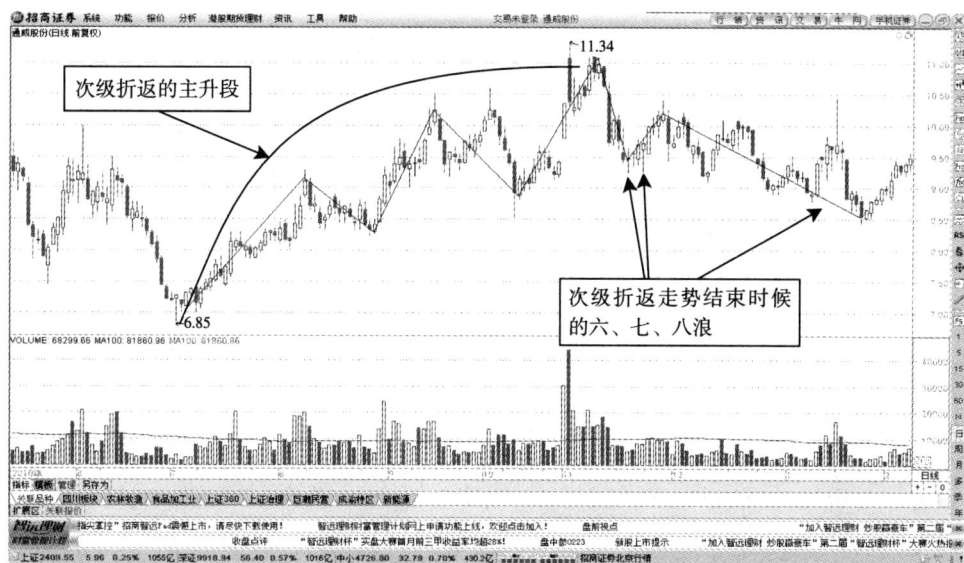

图7-11 通威股份——八浪中的主升段和调整段

如图7-11所示，图中是通威股份的日K线当中的八浪循环的情况。虽然是主要的空头市场中的次级折返的情况，却可以划分为明确的八浪循环形态。从股价八浪循环的变化趋势来看，投资者是很容易获得相应的回报的。从该一浪到五浪的走势中，都是次级折返的这样趋势，而次级折返走势结束的时机正是七浪开始的时刻。

从操作上来看，从一浪到五浪结束之前，仓位上可以适当高一些。毕竟次级折返结束还是需要时间的。投资者在这个阶段尽可能多获得一些利润，就可以成功摆脱该股的主要空头市场。

如图7-12所示，通威股份在两个月的时间里完成了次级折返的两个浪。虽然股价短线回调，却不改变中线次级折返的走势。这样一来，短线获利后减仓的手段是必然的做法。股价冲高回落，其实是次级折返中的一个小阶段。后市股价仍然会延续折返走势，持有一定的仓位等待股价继续回升是必然的操作手法。

但是，考虑到股价处于主要的空头市场当中，这个阶段的持仓应该谨慎才行。在股价次级折返的八浪回升态势当中，可以在拉升阶段持仓，而在调整浪出现的时候减仓，并且及时在股价再次拉升的时候再次加仓，并使增加的仓位小于前一个拉升趋势，直到股价见顶五浪顶部的时候完全清仓，就可以在获利的情况下脱离主要空头市场了。

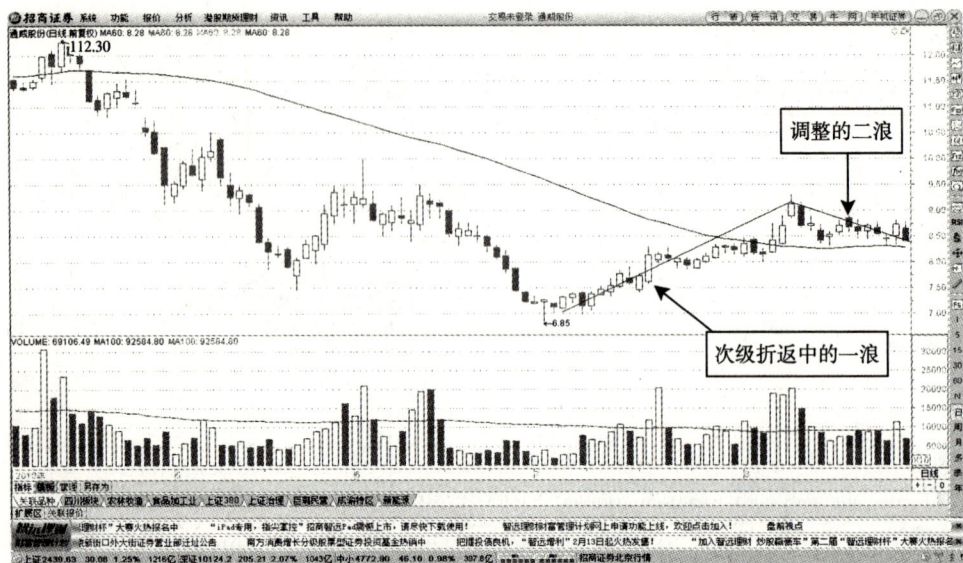

图 7-12 通威股份——一浪和二浪

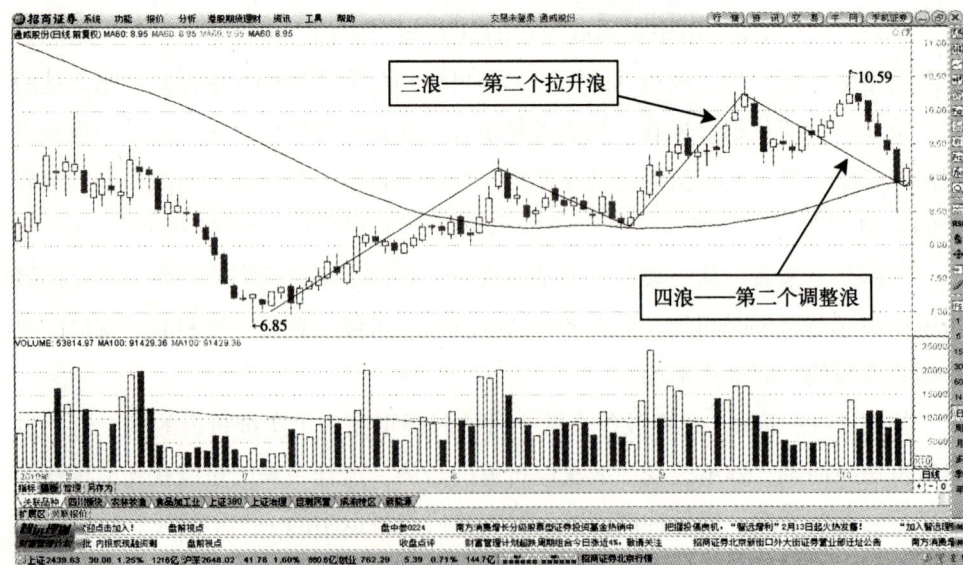

图 7-13 通威股份——三浪和四浪

如图 7-13 所示，通威股份的日 K 线当中，股价在第三浪的拉升浪和第四浪的调整浪中完成了八浪循环中的两个浪。此时，投资者应该已经获得了一定的利润。毕竟股价已经上升了两个阶段，投资者应该总体考虑在获利之后持续减仓。股价的飙升趋势将会继续下来，五浪的主升浪也快要展开了。在获得最后的一个拉升浪，也就是第五浪的利润后，投资者成功减仓的话，就能够脱离主要的空头趋势了。在这个次级折返的八浪循环当中的五浪结束之前，投资者是可以维持一定的仓位的。一旦五浪结束，应该空仓持币观望。

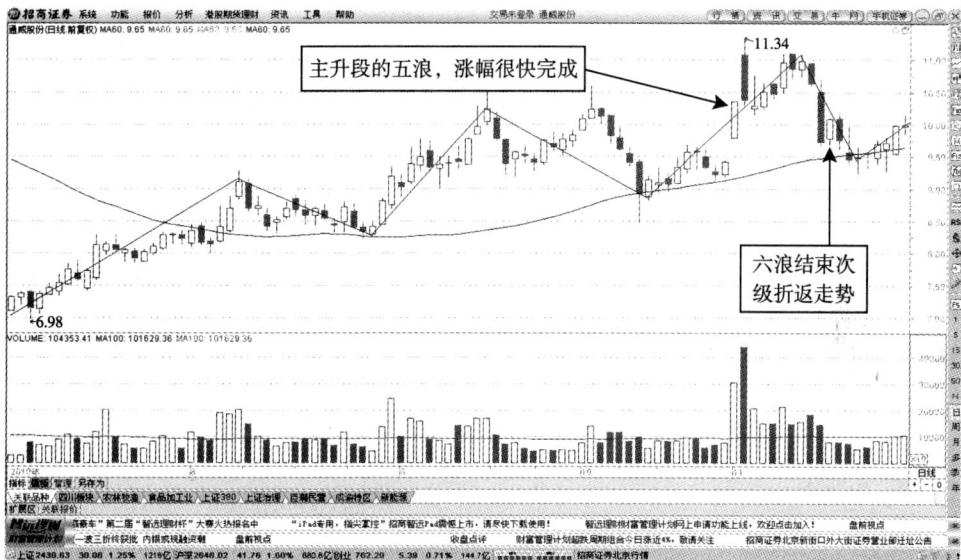

图 7-14　通威股份——五浪成功见顶

　　如图 7-14 所示，八浪当中的五浪持续的时间并不长，股价的涨幅在很短的时间里就结束了。这样，图中六浪的出现已经是该次级折返走势结束的信号了。把握该次级折返的走势，减仓的最佳机会应该就是五浪结束而六浪开始的阶段。前期一浪到五浪回升的趋势中，投资者获得的利润已经比较丰厚了。

　　如图 7-15 所示，通威股份的日 K 线中的八浪循环已经基本上完成。形态上虽然已经结束了，但是八浪的下跌趋势还未真正结束。因为该股正处于主要的空头市场，前期股价出现较大的反弹走势只是次级折返走势中的一部分而已。这样看来，投资者可以在这个阶段空仓。八浪绝不会是图中所示的一点跌幅，后市股价下跌的走势会在长时间、深度范围内出现。由此可见，空仓做法必然是面对主要空头市场的理想方式。把握好卖点，自然可以在今后成功减少损失。

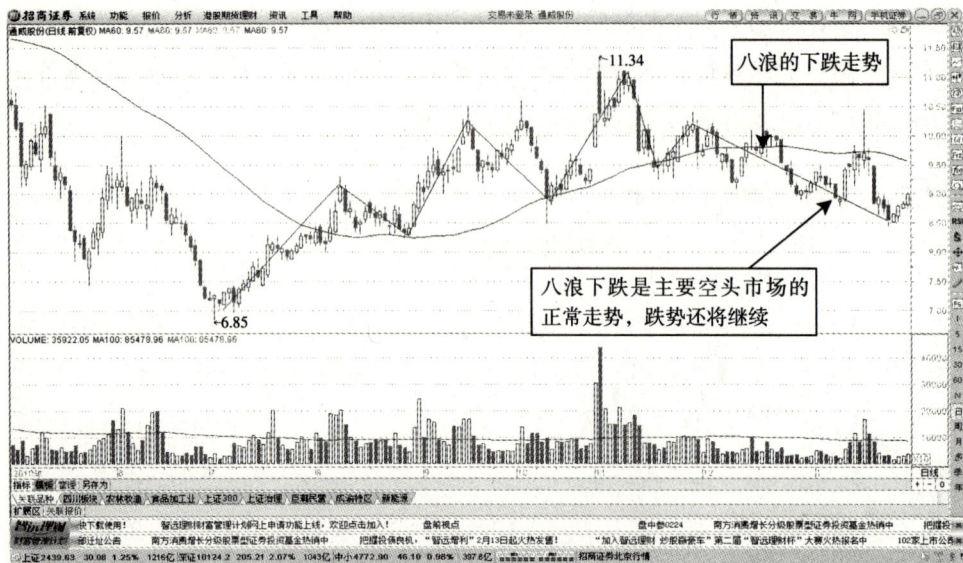

图 7-15 通威股份——五浪成功见顶

小提示

个股在进入主要的空头市场后，在次级折返的情况下，不管怎样操作都不应该忘记股价所处的趋势。短线买卖股票的操作获利的可能性是很大的，股价的次级折返走势却不会长时间不间断地延续下来。投资者在次级折返中的首要任务是减仓，其次才是获得尽可能多的利润。

第四节 不同周期的八浪循环转换

不同周期的八浪循环其实是可以转换的。值得一提的是，指数运行过程中的八浪走势，在很多情况下都会出现。短期的八浪循环走势是最为基本的走势，可以转换为中长期的八浪循环走势。而八浪循环走势一旦出现，在很多时候会出现延伸浪。这也是值得投资者关注的地方。对于基本的八浪循环走势，投资者其实非常容易理解。如果谈起不同八浪循环之间的转换以及波浪的延伸浪，就比较难以理解了。实战当中常见的短期八浪向中长期八浪转换的过程是非常值得投资者关注的。掌握不同八浪之间的转换过程，其间的利润是非常容易获得的。

指数主要的波动趋势中，次级折返的情况也会经常地出现。次级折返的走势也同样由八浪组成。投资者判断买卖机会的时候，同样可以用八浪循环来分析股价的这种波动状态。

一、八浪循环包括牛熊两种市场

可以这么说，股价运行的八浪循环模式是由牛市和熊市两种趋势组成的。从一浪到五浪可以看做是一个完整的牛市行情。而股价一旦进入到六浪，那么熊市就开始了。六、七、八浪可以看做一个完整的熊市。因此，判断不同八浪之间转换的时候，投资者一定要注意其间的涨跌状态。牛熊相互转换的过程中，操作手法是截然相反的。等待八浪完成的时候才考虑减仓，利润可能就已经消失殆尽了。

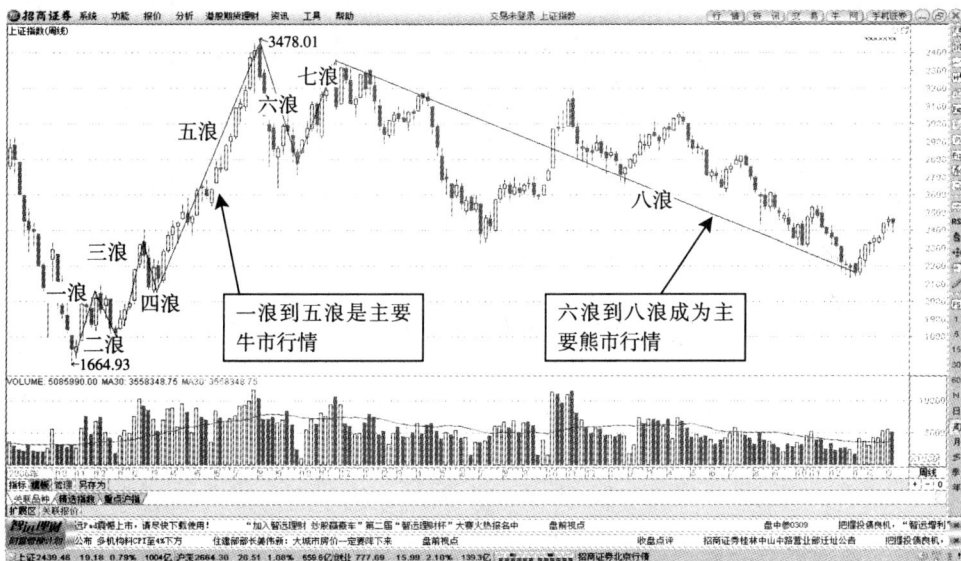

图7-16　上证指数——八浪循环中的牛市与熊市

如图7-16所示，从上证指数的周K线走势当中可以看出该指数明确的八浪循环情况是如何演变的。从指数见底回升的一浪开始，股价开始在震荡与调整中完成前五浪。到第六浪的时候，指数的跌幅过大，基本上是前五浪的结束信号了。而七浪的反弹是非常无力的，并不能够顺利突破前期的高位。这样，八浪的持续下挫走势出现了。

如果从牛熊的角度来分析的话，一浪到五浪基本上是在牛市当中发生的，是牛市中的浪。六浪是八浪开始的起点，也是熊市开始的时机，可以将六浪到八浪的走势划分为熊市当中的浪。

道氏理论主要多头市场与主要空头市场的划分方法中，一浪到五浪可以认为是主要的多头市场；六浪到八浪可以认为是主要的空头市场。二浪、四浪是主要多头市场当中的次级折返走势；七浪是主要的空头市场中的次级折返走势。这样，分析八浪循环中的买卖时机的时候就比较容易了。

二、短期牛市波浪到长期牛市波浪的转换

在波浪运行的过程中，短期的八浪循环会向长期的八浪循环转换。投资者如果在短期的八浪当中操作股票的话，还应该注意到八浪循环完成之后股价运行趋势向长期八浪的转换过程。不同周期的八浪循环转换的时候，获利的机会会增多。

进入主要多头趋势的指数，短线的八浪形态固然是操作个股的机会。但是随着指数运行趋势的演变，长期的八浪循环会代替前期短线的八浪循环走势。短期八浪循环的上涨幅度虽然非常高，却不及长期八浪循环的上涨幅度。将短期的八浪循环放在长期的八浪循环走势中分析，投资者就会得到一个结论，股价的运行趋势其实还只是刚开始而已。相对于指数今后的长期牛市行情，短期出现的八浪循环才是建仓并且获得长期利润的起点。

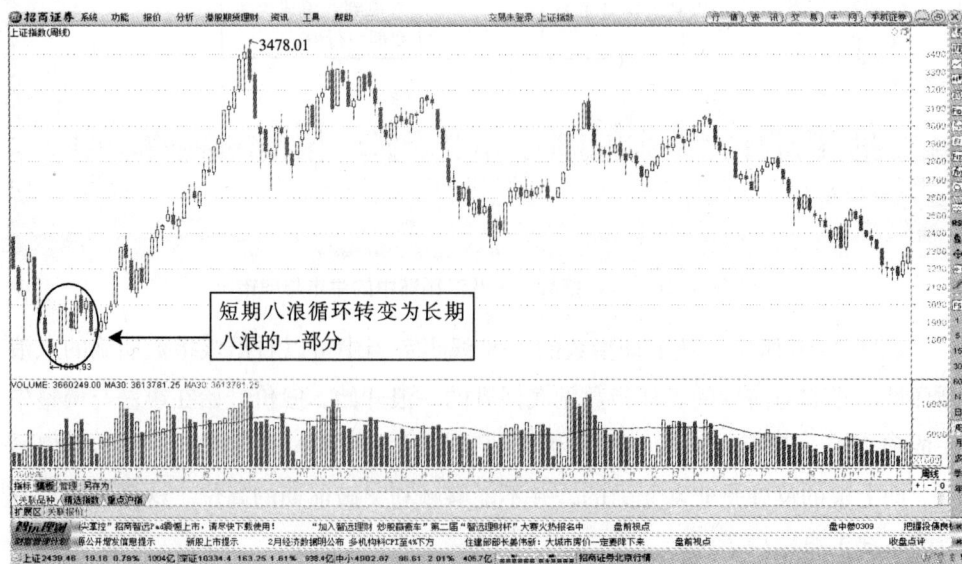

图 7-17　上证指数——周 K 线中的短期八浪

如图 7-17 所示，上证指数周 K 线底部开始企稳的时候出现了明显的两个浪：冲高的一浪和回落的二浪。这是从周 K 线当中看到的，具体到日 K 线当中，股价的走势是什么样的呢？我们可以假设指数的确出现了相似的八浪。日 K 线当中的八浪循环模式构成了周 K 线当中的一浪和二浪。也就是说，日 K 线中短期的八浪构成了周 K 线中长期八浪的一部分。

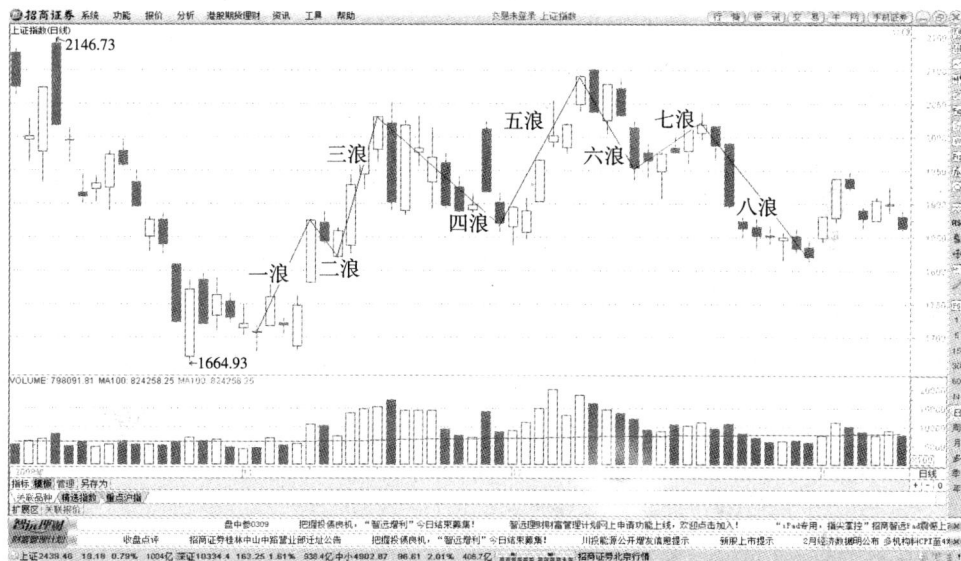

图 7-18　上证指数——日 K 线中的八浪分解

如图 7-18 所示，上证指数在两个月的时间里完成了八浪的形态。八浪构成的基础是一浪到五浪的飙升趋势，还有从六浪到八浪的调整形态。时间虽然非常短暂，股价在两个月的走势中可以有不同的买卖机会。总的来看，回升至五浪顶部之前，都是投资者不错的加仓机会。而六浪的出现，表明股价短线下跌趋势就此开始。两个月的时间里，投资者获利的时机可以是从一浪到五浪的飙升阶段。总体来讲，指数两个月的八浪循环构成了指数周 K 线当中的八浪的一部分。不管怎样，在两个月的八浪循环当中获得利润的机会是有的，毕竟八浪循环是由牛熊两种市场构成的。而将短线的八浪放在长线的八浪当中，从周 K 线当中看股价的这种牛市行情还未真正结束。长期上涨的走势才刚刚开始。图中持续两个月的八浪调整完成后，指数将迎来更高的涨幅。

指数短线八浪到长线八浪的转换当中，投资者能够获利的机会还是非常多的。短线的八浪当中，股价的上涨幅度不一定很大，而长线的八浪走势中，股价的上涨空间一定非常高。从图 7-17 中可以看出，指数从底部的最低点 1664 点开始企稳后，一直飙升到了高位的 3478 点，上涨了 109%。这表明，投资者不仅要获得短线的利润，还应该关注股价长线八浪循环的上涨空间，毕竟八浪循环是由牛市和熊市两种走势构成的。股价在短线八浪中上涨的幅度很小，长线的八浪上涨的空间必然会很高。短线的八浪向长线的八浪转换的过程是比较微妙的。短线的八浪如果调整的幅度不是很大的话，继续延续牛市中八浪的概率是比较高的。

三、主要趋势中的次级折返八浪

指数的主要运行趋势当中，次级折返的八浪走势是比较常见的。主要的趋势虽然还在延续，八浪在次级折返中的作用却不可小觑，特别是在较大的长期趋势当中。这样，投资者在次级折返走势中应尽可能获得比较高的回报才行。主要的空头市场当中，这种次级折返的情况是比较好的短线机会。空头市场虽然总会延续下来，次级折返中获利的机会却不能够忽视。特别是那些在股价进入空头市场的时候已经亏损的投资者，更应该利用次级折返的机会获得尽可能多的回报，以便为减仓做好准备。

如图 7-19 所示，从 1664 点的底部反转上涨的指数经历了牛熊两种市场。而图中股价短期反弹的走势就是在这样的空头市场当中的次级折返的情况。在次级折返的过程中，投资者可以获得短线的利润。长期来看，股价持续回落的过程必然会给投资者造成很大的损失。作为长期下跌趋势中的次级折返的短线回落机会，图中所在的位置是投资者的最佳操作机会。次级折返的减仓机会并不多见，一旦出现了，投资者就应该在这个时候大幅度减仓。因为如果不断地持仓的话，主要的空头市场必然会给投资者带来巨大的损失。

如图 7-20 所示，其上证指数的日 K 线当中看，其次级折返的幅度还是比较高的。图中股价大幅度上扬，完成了持续时间长达五个月的次级折返走势。从操作上来看，投资者可以在五浪见顶之前，或者说是六浪来临前持股，以获得股价飙升过程中的利润。

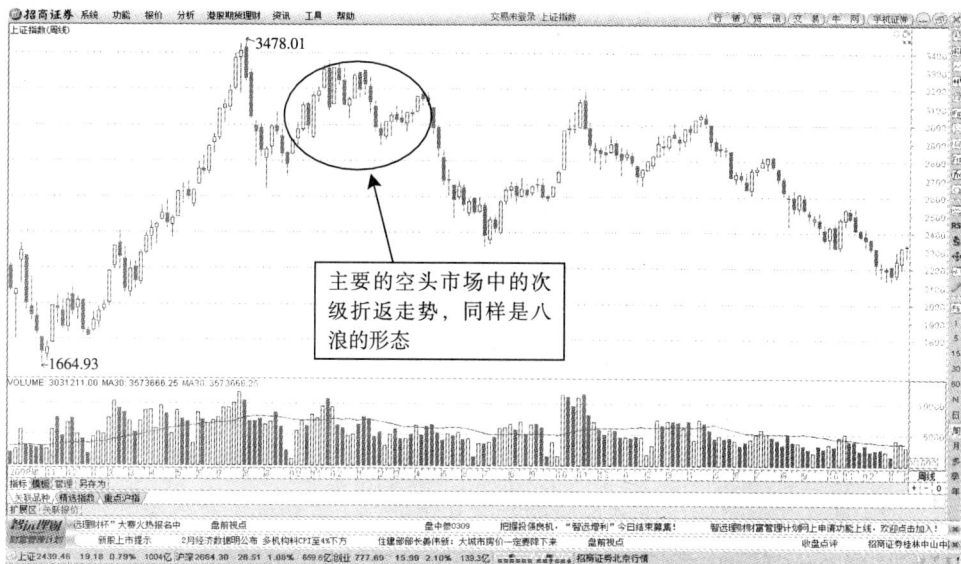

图 7-19 上证指数——周 K 线中的次级折返位置

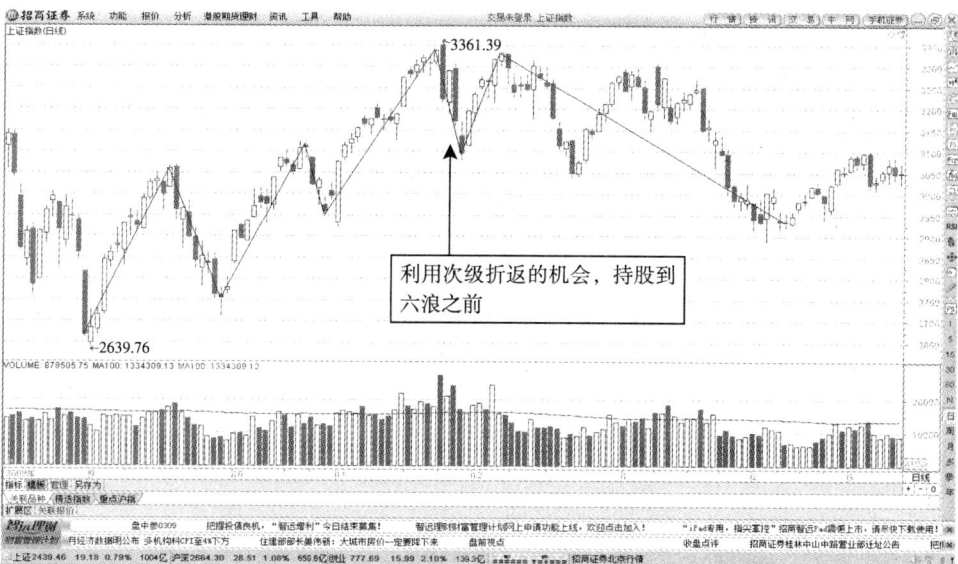

图 7-20 上证指数——日 K 线中的八浪循环分解

　　次级折返走势虽然不能改变长期的主要空头市场的下跌趋势，却能够为投资者提供不错的短线获利机会。股价折返过程中，投资者可以在这个阶段短线赢利，减少因为空头市场来临所造成的损失。

　　从趋势转换的角度来看，次级折返走势中的八浪其实就是前期主要多头趋势见顶时的七浪与八浪的转换过程。指数在次级折返的八浪中出现的冲高回落的走势就是七浪反弹与八浪持续下挫的走势。看待主要空头市场中的次级折返的走势，应该将其间发生的八浪形态放在主要空头市场的大趋势中看。次级折返的走势构成了主要空头市场中的一个短期反弹。而主要的空头市场的走势其实就是指数周 K 线当中八浪循环中的第八浪的持续下挫的走势。相互间的转换过程，只有反转信号出现，并且股价进一步延续趋势的时候，才能够兑现。

四、短期熊市波浪到长期熊市波浪的转换

既然波浪理论中的八浪循环情况包含牛熊两种市场，那么投资者就可以在关注短期的八浪走势的时候，考虑到股价的下跌趋势是否会延续到长期的趋势当中。波浪理论中的八浪，下跌调整的时间和幅度是不确定的，其伸缩性很强。如果短期的波浪理论中的八浪持续下来，并且成为股价主要空头市场的一部分的话，那么没能清仓的投资者必然是损失惨重了。

在短期熊市当中，波浪理论中的八浪是可以转换为长期熊市的八浪的。股价在下跌的过程中，看似短线见底的股价却在调整之后再次回落。频繁震荡回落的股价，最终完成了长期的熊市波浪形态。长期熊市对投资者利润的侵蚀是非常严重的，没有长期持币观望的决心就不可能轻松度过熊市。

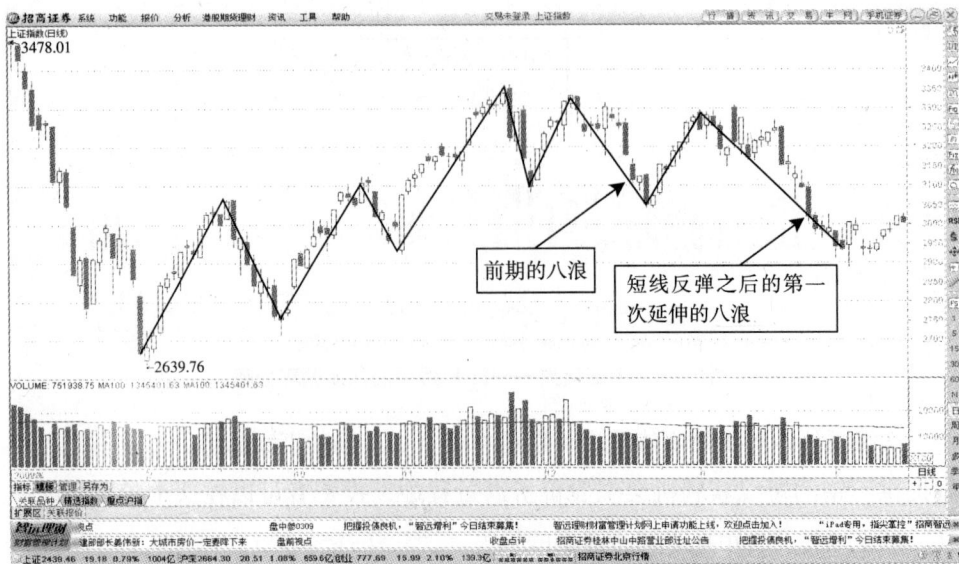

图 7-21　上证指数——熊市八浪第一次延伸

　　如图 7-21 所示，上证指数的八浪循环的过程还是非常明确的。但是，八浪的下跌走势毕竟是指数长期空头市场的一部分。因此，指数不仅在前期的八浪中出现了回落，短线反弹之后，又出现了图中所示的八浪的延伸浪。准确地判断该指数的延伸，关系到投资者今后的赢利状况。延伸的下跌八浪对投资者的获利的影响是非常大的。如果提前判断出不断延伸的下跌八浪，能够减仓持股的话，就可以规避风险了。

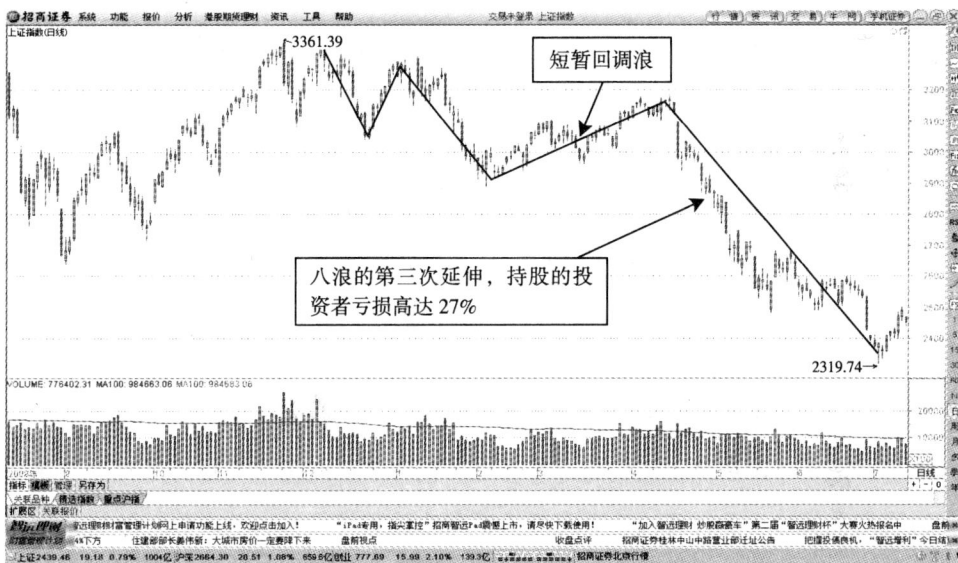

图 7-22　上证指数——熊市八浪第二次延伸

　　如图 7-22 所示，指数的八浪第二次得到了延伸，还未成功减仓的投资者会在这个延伸浪当中损失惨重。从指数大幅度下挫的走势来看，主要的空头趋势还在延续着，跌势不可能短时间内结束。八浪循环中的第八浪的下跌趋势，不仅是图中的第二次延伸，而且会再次出现更多的延伸浪。能够理解延伸浪的投资者，绝不会在短线指数反弹的时候加仓获利。

　　如图 7-23 所示，上证指数的日 K 线当中，下跌趋势第三次延伸下来的时候，下跌的空间再一次扩大。图中指数折返的幅度虽然比较高，达到了前期高位附近，却不能改变空头主要的下跌趋势。指数在图中折返的幅度还是比较高的，但是后续的下跌幅度更大。从图中来看，指数已经跌破了前期低点，达到了最新低点 2132 点。

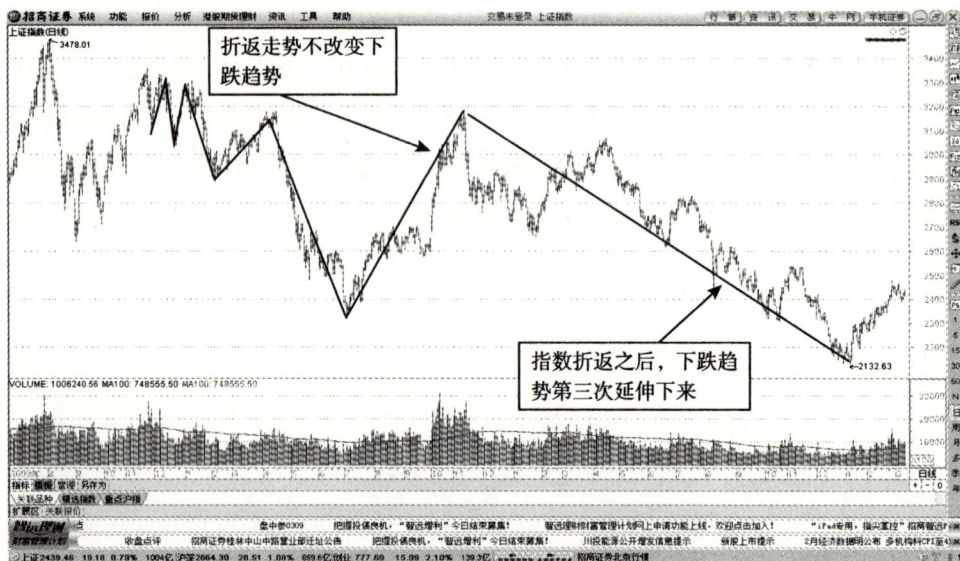

图 7-23 上证指数——熊市八浪第三次延伸

小提示

指数运行过程中的波浪形态其实是无处不在的。划分方式上的区别，不同的八浪循环走势可以出现在短期的趋势当中，也可以出现在中长期的趋势中。并且不同周期之间的八浪循环的情况是可以不断地互相转化的。不同的八浪相互转化的过程中，投资者把握好买卖机会，就可以不断地获利。八浪循环中有牛市和熊市两种趋势，不同趋势的八浪相互转化的过程中，把握好中长期的趋势，就不会因为调整而遭受损失。股价的走势无非是主要的多头市场、主要的空头市场以及中短期的次级折返走势。投资者如果能够在短期的八浪中的主升浪获利，并且可以在中长期的八浪中的主升段获利，那么就没什么风险可言了。

本章小结

道氏理论所说的主要的多头市场和主要的空头市场是很容易反映出波浪形态的走势的。在波浪理论看来，任何一种趋势都可以用八浪循环的方式表示出来。

投资者要想抓住买卖机会，八浪循环的变化趋势就能够提供不同的买卖时机。不管道氏理论中所说的趋势大小，都是如此。只是在实战当中，投资者应该注意不同趋势中的波浪转换的过程以及相应的趋势变化规律。不同趋势的波浪形态中的买卖机会是不同的。短线的八浪循环趋势可能出现了加仓信号，放在较大的趋势当中就可能不是这样的。并且，指数八浪循环的走势一定与个股的八浪循环相一致，才能够提供最佳的买卖机会。个股跟随指数的波动过程中，买卖机会兑现的概率将会更高。

第八章 道氏理论的致命缺陷

道氏理论虽然非常重要，能够帮助投资者把握指数运行的大趋势，却依然存在着很大的缺陷，不能被轻易地克服。使用道氏理论的时候，投资者应该注意这些理论方面的不足之处，以便采取相应的应对措施。在实战运用的时候，道氏理论只能够指导投资者中长期的走势，对短线股价的走势是无能为力的。这也是为什么道氏理论不能够指导投资者买卖个股的原因之一。等待道氏理论发出新的长期趋势的信号，买卖机会也已经过去了。道氏理论反映了基本的运行趋势，调整市场当中获利是很困难的。最初，道氏理论被用于判断指数的走势，这也限制了投资者在个股的走势中运用道氏理论获利的操作。

第一节 只反映股市基本趋势

股市运行的基本趋势无非是主要的空头市场以及主要的多头市场，两种主要的市场也就是我们所说的熊市和牛市。道氏理论主要用来判断股价运行的基本趋势，股市短期的变化方向是不可能运用道氏理论来判断的。当然，短期股价的波动情况所处的主要趋势可以从道氏理论里得出一些结论。

既然道氏理论说的是主要的空头和多头市场以及期间出现的次级折返的走势，那么对于主要的运行趋势以外的调整，投资者只能运用其他方法来判断买卖的机会了。特别是主要趋势中有比较剧烈的调整走势或者是次级折返的情况。很可能随着时间的推移，这些调整的情况会转化为中长期的运行趋势。

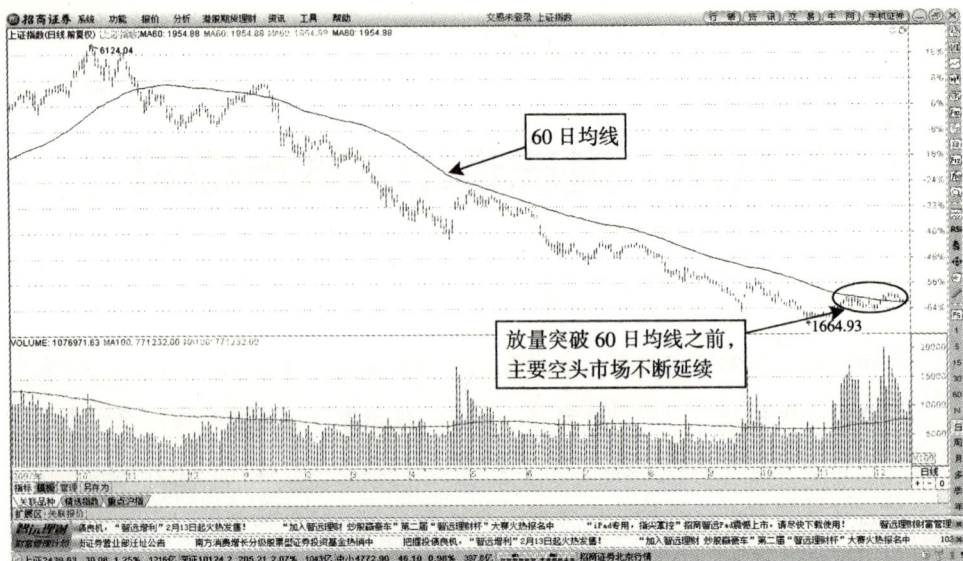

图8-1　上证指数——熊市当中的小反弹

如图8-1所示，上证指数的日K线当中，股价持续下挫的走势一刻也不停地持续着。而这个时候的60日均线显然起到了压制股价反弹的作用。指数在长达10个多月的时间里，虽然也曾出现过小反弹，却从未突破过该均线，表明压力还是非常强的。可见，指数自从见顶最高位6124点后，还从未像现在这样长时间大幅度的下挫。道氏理论所反映的趋势，也正是指数持续回落的主要空头市场，非常小的反弹显然不在道氏理论考虑的范围内。

如图8-2所示，与前期指数的持续下挫走势不同的是，图中指数显然已经顺利地突破了60日均线的束缚，进入到回升的牛市当中。同样地，这样的突破点在道氏理论看来还是需要时间来考验的。在短时间内看来，该突破只能够当做指数的次级折返来看，不能看做是股价将要进入牛市行情。道氏理论就是这样，所说的主要趋势只有在被确认之时，才能够称为主要的多头市场，否则就是与主要趋势相反的次级折返的走势。

在指数开始放量反弹的初期，从时间来看，即便指数在短短两个月的时间里站稳了60日均线，可以认为是牛市的起点。但是这个起点是否为指数短暂的反弹行为，还要等待趋势进一步的验证才行。后市该指数的确延续了60日之上的震荡上行趋势，成就反转过程中的主要多头市场。回过头来看，指数基本运行趋势显然是持续向上的。但是像图中C所示的短暂回落的情况，显然不能够反映在

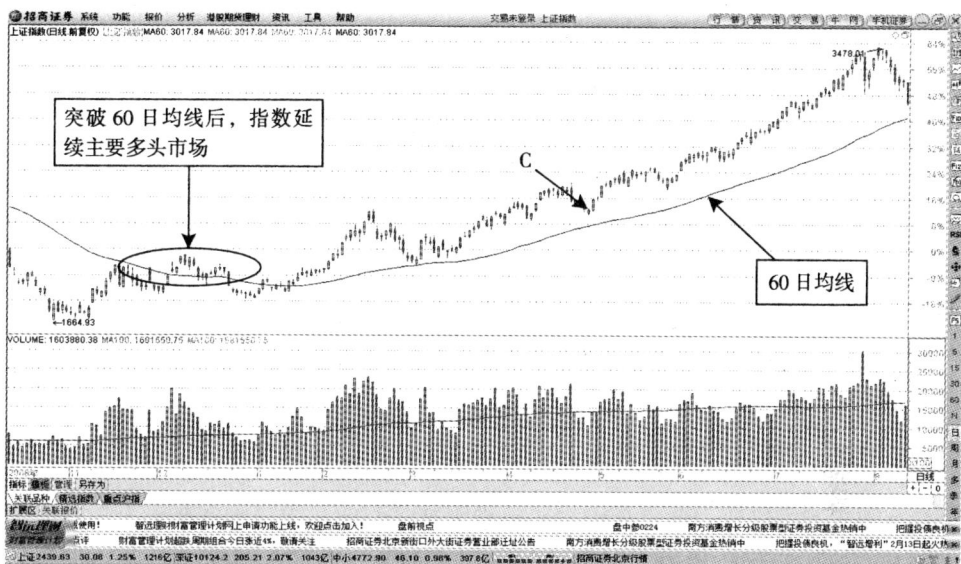

图 8-2　上证指数——牛市当中的小回调

道氏理论当中。即便是从次级折返的角度来讲，这个位置的跌幅实在是太小了，也不是像样的次级折返走势。道氏理论中所说的指数运行的基本多头趋势是不会因为这一次的短暂调整而结束的。把握卖点，自然还可以继续获利。

小提示

　　道氏理论反映的是股价运行的基本趋势，主要的多头趋势和主要的空头趋势都在这个范围内。短期的股价运行趋势虽然也曾说过，但是持续数天或者数个星期的短期趋势是否就是中期趋势或者是长期趋势的一部分是难以判断的。短期趋势可能与基本的运行趋势相反，当然也可能相同。

第二节　容易错过操作时机

　　道氏理论中所说的主要的多头市场或者主要的空头市场，在真正出现以前是需要时间来不断地确认的。短时间内出现的有悖于前期运行趋势的走势，很可能只是次级折返当中的一部分而已。投资者在运用道氏理论发现股市运行的主要趋势的时候，等待趋势真正形成的时候，指数很可能已经波动了一个较大的空间。确认道氏理论当中所说的主要趋势是不容易的。从买卖时机的角度来讲，使用道氏理论发现第一时间出现的买卖机会也是不容易的。

　　既然道氏理论不能提供给投资者第一时间买卖股票的机会，投资者比较可靠的做法，应该在道氏理论中所谓是次级折返的走势中尽量地去反向操作。而一旦次级折返的情况转换为指数中长期相反的运行趋势，投资者也就能够轻松地把握市场的走向，为获得利润做好准备了。

　　在指数的次级折返走势中，不管股价向哪一个方向运行，投资者都有获利的可能性。指数的运行趋势如果要转变的话，还是需要在次级折返时开始转变的。在指数长期运行趋势当中，次级折返的走势总是会出现的。次级折返的走势如果不是在短时间内延续，而是在中长期走势中延续的话，指数也就发生了趋势的根本转变。这个时候，投资者如果已经动用了部分资金来参与次级折返的走势的话，必然能够成功获利。

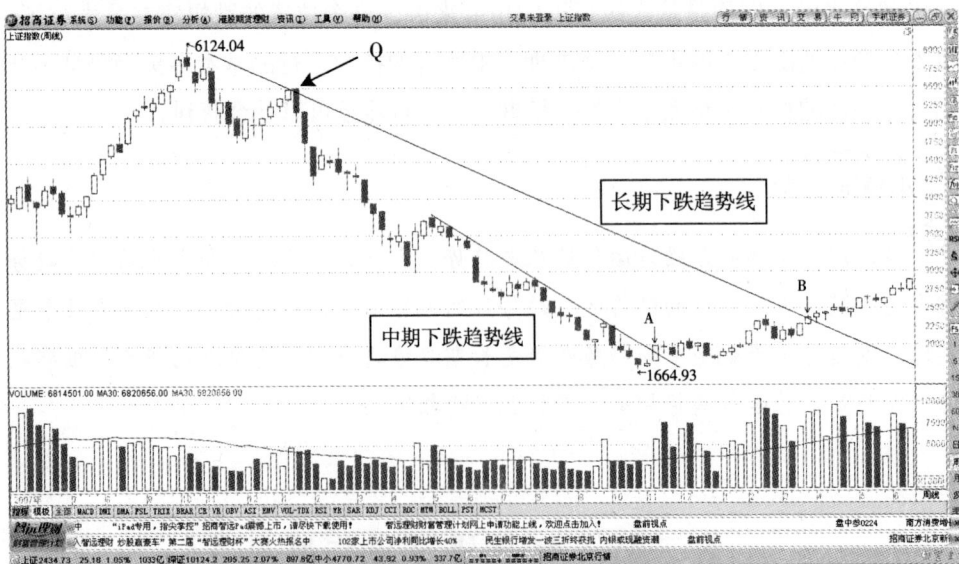

图8-3　上证指数——牛市的起涨点

　　如图8-3所示，指数在长达一年多的熊市当中不断地下挫，终于在图中A、B所示的位置出现了比较明确的反转信号。从指数的走势来看，A、B两点已经提供了非常不错的做多机会。长达一年的熊市将在这个时候出现反转的信号，把握好反转机会，今后获得利润是必然的。

从趋势线的角度来看，图中股价突破的 A 点虽然突破明显，但是趋势线并不是从指数最初回落点 6124 点开始的，对趋势的判断显然是短暂的。而 B 点的突破就不同了，指数的下跌趋势线是从 6124 点开始的，与图中 Q 点所示的指数对应的点连接起来形成了下跌趋势线，这条下跌趋势线的作用效果是不容忽视的，长期下跌的趋势就是在该趋势线以下形成的。图中 B 点完成的快速突破走势显然是不同寻常的突破信号。

从追涨的机会来看，A 点买入股票的机会显然要好得多了。股价在 A 点首次突破中期趋势线，完成了空头市场向多头市场的转移，说明投资者做多的机会已经成熟。而图中 B 点指数突破长期下跌趋势线的情况虽然比较真实，却是在指数首次突破中期下跌趋势线以后出现的，突破点的买入机会其实并不好。如此一来，考虑到建仓的效果，当然是 A 点的突破点最为有效了。从道氏理论来看，等待该理论中所说的趋势确定以后再采取行动，其实要缓慢得多了。

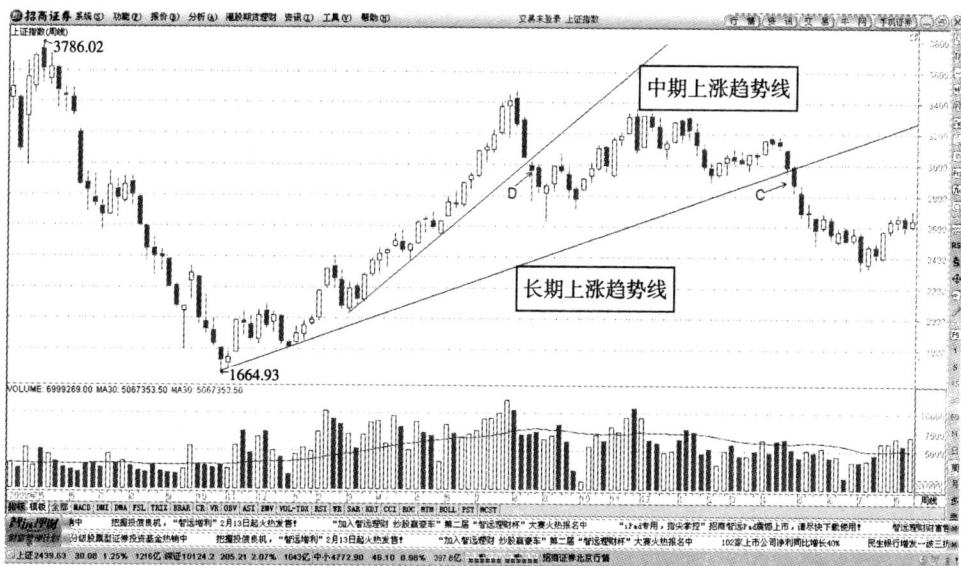

图 8-4 上证指数——牛市结束点

如图 8-4 所示，上证指数的周 K 线当中，股价的飙升趋势比较明确，但还是在冲高回落当中再次进入到主要的空头市场。从主要的空头市场反转下跌，图中所示的 C、D 两点是比较不错的减仓机会。判断出 C、D 两点的减仓机会，同样是从指数跌破趋势线的角度来看的。D 点是指数第一次跌破趋势线，成为投资者减仓的卖点自然不错。但是，从趋势线的角度看，中期的上升趋势线被跌破，是D点出现的原因。而长期的趋势线在图中C点被跌破，成为卖点显然要迟得多。

投资者都知道股市当中会买的不如会卖的，选择减仓的机会不同，对今后控制风险的影响非常大。道氏理论中所说的主要多头市场，图8-4中已经被轻松跌破。如果运用道氏理论来指导减仓机会，其实是不容易实现的。等待道氏理论中所说的确认原则实现后，指数已经在此期间出现了较大的跌幅。

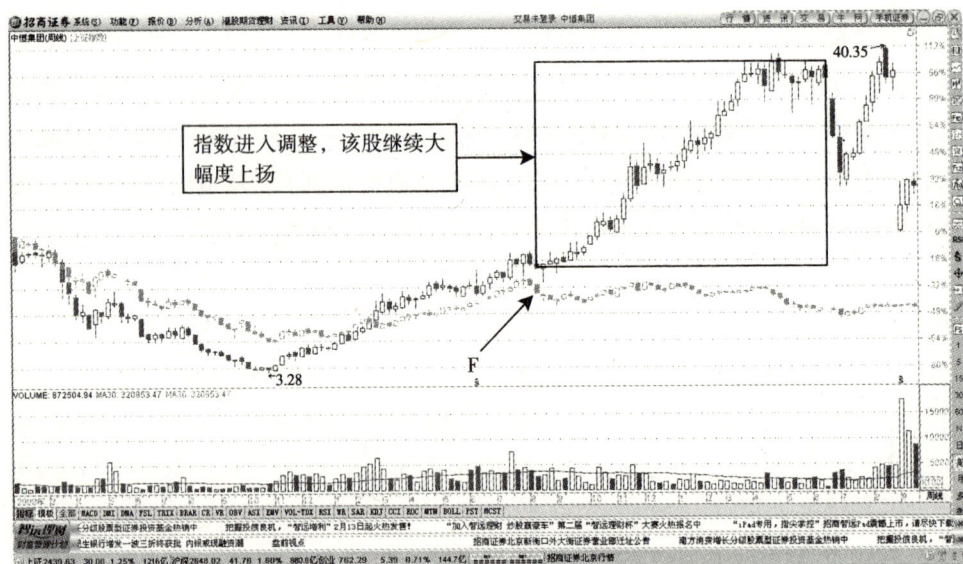

图8-5 中恒集团——后市拉升后成为牛股

如图8-5所示，中恒集团与上证指数的周K线叠加图中，中恒集团与指数的运行趋势还是比较平稳的。但是在指数终于出现了见顶回落的信号后，中恒集团却在短暂调整后大幅度飙升，成为难得的黑马股。判断该黑马股的加仓机会，其实还只能在背离中寻找买点。指数虽然在图中的F点开始回落，但中恒集团却在回调后出现明显的走强迹象。如果从指数互相确认的角度来讲，中恒集团的走强迹象不应该看做是追涨的机会，但是，该股的确在后市出现了较大的飙升，道氏理论中的确认原则显然是无能为力了。

就在上证指数在图中F点见顶的那一刻，深证成指也同步出现了同样的走势。判断指数反转的运行趋势当然就是在这个阶段了。指数虽然走弱，中恒集团却向着高位再次飙升。道氏理论提供的减仓机会却成为买点。

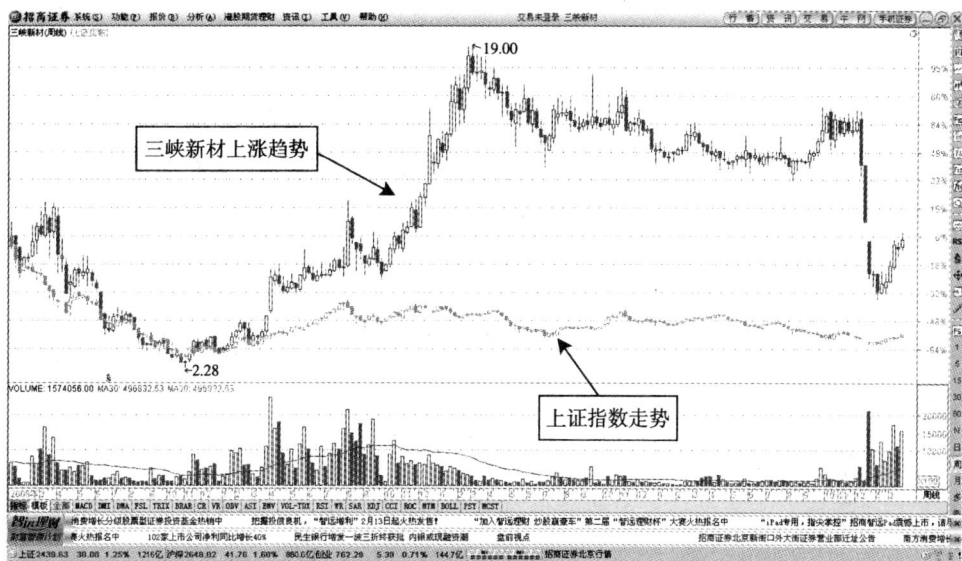

图8-6　三峡新材——牛市中后期大幅度上涨

如图8-6所示，三峡新材的周K线中，指数的运行趋势显然要弱得多了。股价最终大幅度飙升，将上证指数远远地落在了后面。这说明，判断该股的买点的时候，指数运行情况并没有提供给投资者比较可靠的买点。通过道氏理论判断指数的运行趋势，显然是不适合三峡新材的。指数的走弱与三峡新材的走强形成了非常鲜明的对比。股价大幅度上涨之后，成为远远超越指数涨幅的黑马股。

小提示

道氏理论中相互验证原则，要求两种指数的运行趋势一致来验证，例如量能配合、收盘价格、反转信号确认等。这么多的验证虽然能够提供比较可靠的信号，却延缓了投资者的操作机会。如果等待这些信号全部出现之后再考虑买卖股票，显然已经错过了最佳的投资机会。

并且，相互验证原则在很多时候不一定能够得出正确的结论。投资者操作个股的过程中，等待指数出现反转回落的信号后再采取减仓的操作，很可能错过即将出现的大黑马。由此可见，利用道氏理论来指导投资活动的时候，还应该有清醒的认识。该理论所说的相互验证原则固然是比较可靠的做法，但是验证之后的买卖机会却不一定好。特别是在指数出现了不明确的操作信号，而另一个指数却没有出现相应的操作信号，这就需要投资者判断信号的真伪，以便选择等待或者开仓买入股票。

第三节　对于选择股票没有帮助

　　道氏理论是针对指数的基本趋势出现的，如果将该理论用在个股当中的话，起到的作用是千差万别的。指数运行趋势很可能是持续向上的，而个股的涨跌趋势却大不相同。同一时期的指数，对应的个股走势有的上涨趋势比较明确，长期拉升的幅度比较高，能够成为难得的牛股，而另外一些个股的走势虽然也是在长期趋势中运行，上涨的幅度可能要小得多了。

　　在把握好指数的运行趋势的情况下，投资者要想获得更多的利润，还需要在个股当中细心挑选才行。股价可以跟随指数同步上涨，涨幅的大小要决定于个股的走势如何与指数相关了。正相关性强的情况下，个股的走势会与指数的涨跌幅度相差无几。而相关性差的个股当中，可能出现远超指数涨幅的大牛股。能够挑选出那些股市当中的黑马的投资者，总能够获得尽可能多的利润。

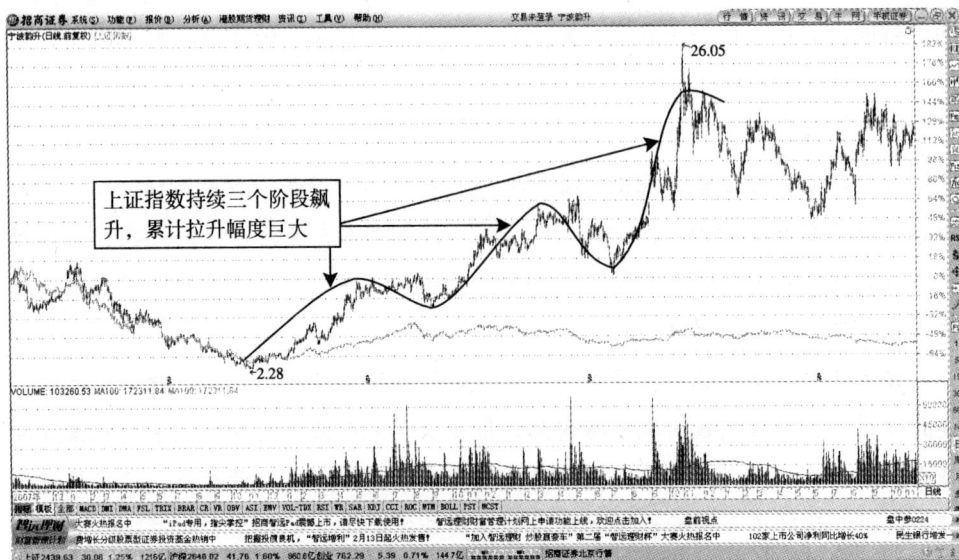

图8-7　宁波韵升——背离指数持续飙升的牛股

　　如图 8-7 所示，从宁波韵升与上证指数的叠加图可以看出，股价的运行趋势虽然比较大，指数却没有出现相应的涨幅。从宁波韵升的复权 K 线图中可以看出，该股股价持续时间长达两年的三波段拉升都没有体现在指数中。这表明，投资者使用指数来判断买卖机会与选择强势股通常达不到预期效果。既然道氏理论不能够指导投资者选择强势个股，那么对今后的投资帮助显然要大打折扣了。

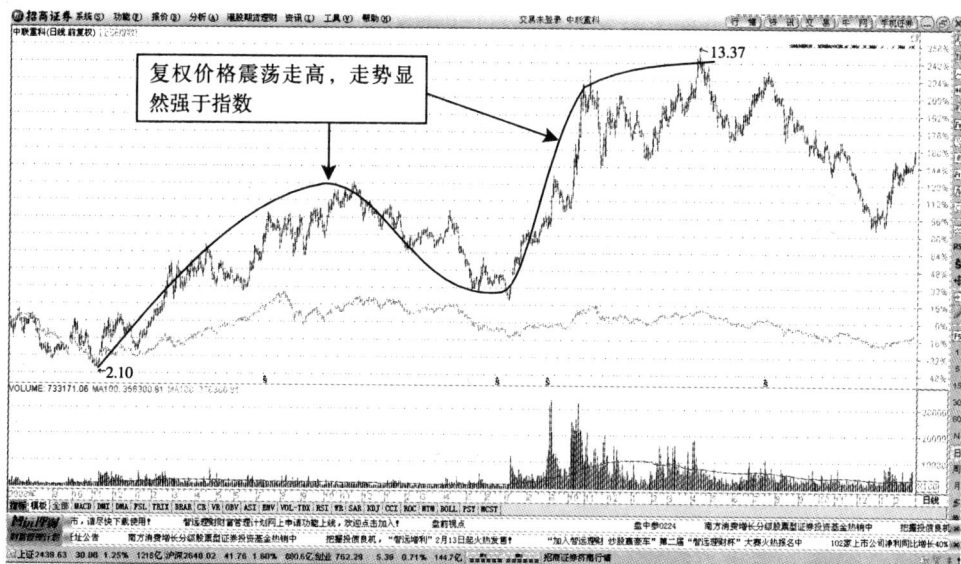

图 8-8　中联重科——震荡上行的牛股

　　如图 8-8 所示，中联重科持续了两波段的大幅度飙升。但是，上证指数在这个时候的涨幅并不是很大。两者之间的背离情况显示出投资者判断买卖机会的操作并不容易。使用上证判断建仓机会，对于中联重科的前期走势是可以的；但是后期该股再次发力大涨的时候，指数显然要落后得多了。总体来看，该股的走势是强于指数的。

　　如图 8-9 所示，济南钢铁的走势与上证指数的走向有很多相似之处。从股价走向来看，出现较大拉升幅度的时刻正是指数两次冲高的时候。除此之外，济南钢铁的总体走向其实并不强于指数，投资于济南钢铁的投资者获得的利润并不高。就算判断好买入机会，要想获得远超指数的利润，也是比较困难的。道氏理论在判断该股潜在飙升幅度的时候显然并不十分出色。该股的飙升潜力只是出现在牛市的末期，短线来看涨幅并不大。道氏理论对于这样一只走势并不强的股票

走势偶尔强于指数，多数时间与指数涨幅相似

图8-9 济南钢铁——与指数同步运行的熊股

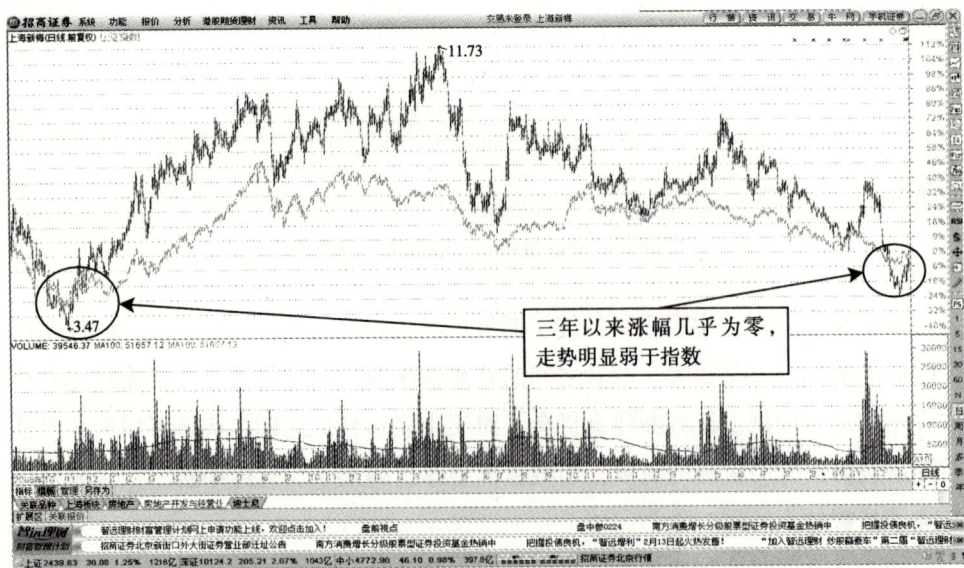

三年以来涨幅几乎为零，走势明显弱于指数

图8-10 上海新梅——牛市前后股价涨幅几乎为零

其实是无能为力的。

如图8-10所示，在上海新梅与上证指数的叠加图中，上海新梅的走势其实更难看清。持续三年的时间里，指数在期间出现了牛熊两种市场，最终回落至前期拉升时候的水平。对于上海新梅这只股票来讲，涨幅虽然还是有的，却在三年

的时间里回归原点。股价与指数的涨幅呈现出正相关的关系，并且相关性非常强。而最终的涨幅不如指数的涨幅高，这说明投资者买卖该股的操作长期来看是要亏损的。股票长线投资却要往里边垫钱，显然是不符合规律的。股票市场长期赚取利润的概率是非常高的，而上证指数的运行趋势告诉我们，获利并不是难事，难的是用道氏理论来判断个股的买卖机会。

以上所说的个股走势与指数的运行趋势相差很大。多数股票能够强于指数，出现幅度较大的飙升。但也有的股票涨幅不如指数，长线持股弄不好还会遭受损失，这对于热衷于股票买卖的投资者是一个非常大的打击。

小提示

道氏理论的研判对象其实是指数而不是个股。该理论最初也是为了研判指数的走势而被创造出来的。投资者要想在同一指数下选择不同的强势股，其实是非常困难的。道氏理论能够指导投资者买在指数走强的时刻，却不能够提供关于个股买卖机会的信号。即便是在主板当中的近两千只股票中，要挑选出那些真正的牛股，也是非常困难的事情。判断好指数的运行趋势，只是为我们获利提供了一个机会，却不是最终获利的手段。

第四节 调整事态中不容易获利

指数调整的过程中，运行趋势是不明朗的。如果前期股价的运行趋势本身就不确定，也就根本谈不上使用道氏理论判断股价的主要趋势。短线调整的走势不可能反映在道氏理论的主要趋势中。虽然指数的运行趋势看似是调整的，波动空间却是非常高的。投资者要想在这个阶段获利，判断指数调整阶段个股的买卖机会就显得非常重要。

在指数短线运行趋势中，股价买卖机会是很难确定的。与其说使用道氏理论来判断股价的运行趋势以及买卖机会，倒不如使用黄金分割或者是百分比线提前判断出会出现阻力的位置，以采取相应的买卖操作。黄金分割与百分比线虽然只是提供预期的调整价位，但是股价历史的转折点显示，不同的黄金分割线与百分比线上出现了明显的调整，显然是起到了一定的作用的。以操作上来看，与其使用道氏理论来指导调整走势中的买卖操作，倒不如使用这些分割线。

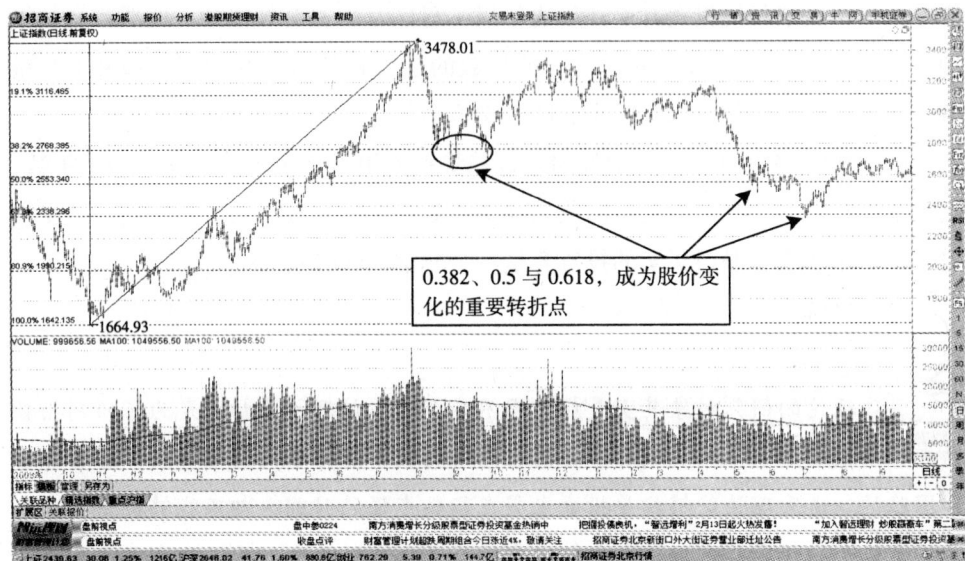

图 8-11 上证指数——回调至 0.618 的黄金分割点

如图 8-11 所示，上证指数见顶于最高位的 3478 点后开始大幅度下挫，图中指数在回落至黄金分割线的 0.382、0.5、0.618 的时候出现了明显的反弹，说明短线操作股票的机会是有的。但是从道氏理论来看，前期的股价持续飙升的主要多头市场显然出现了非常明显的见顶信号。指数大幅度下挫的过程中，投资者要想获得较好的利润看来是非常困难的了。虽然指数能够从黄金分割的重要点位开始反弹，却不能改变指数的主要空头趋势。主要的空头市场还是指数运行的大趋势。想在主要的空头市场中获得一部分利润，看来是相当困难的事情。没有相应的企稳信号来确认，投资者恐怕还是应该空仓。

如图 8-12 所示，上证指数从 2319 点反弹至短线的高位 2600 点至 2700 点之间的位置，逐步形成了图中所示的矩形调整的形态。在调整期间，个股的走势与该指数的走势并无区别。要想在这个时候获利，其实非常困难。股价跌幅不大，涨幅同样也非常小。要想在这个波动空间非常小的矩形范围内获利，几乎是不可能的事情。持续时间长达两个月的横向矩形调整的走势，既不同于道氏理论中所说的主要的多头或者是空头市场，又不同于中短线出现的次级折返的情况。对没有趋势可言的矩形调整走势，道氏理论是无能为力的。

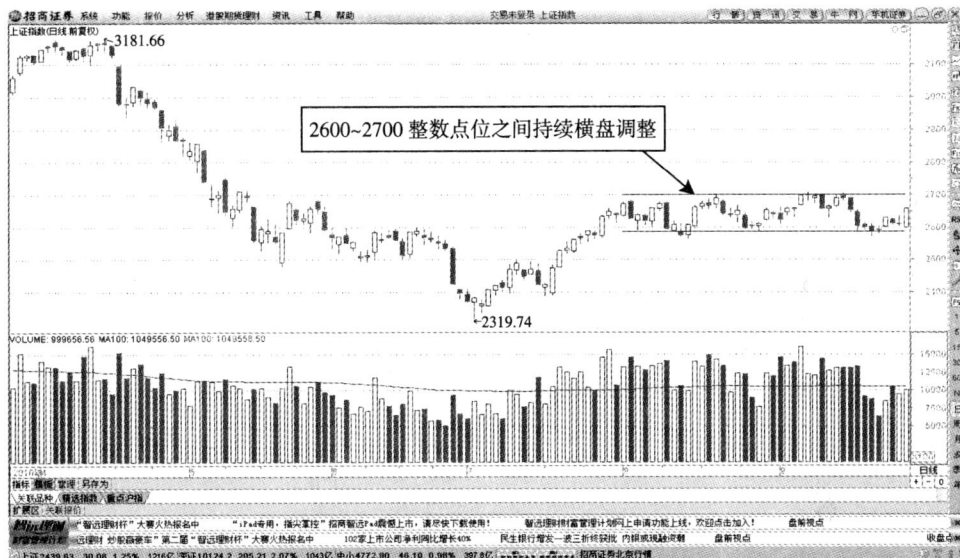

图 8-12 上证指数——两个月的矩形调整

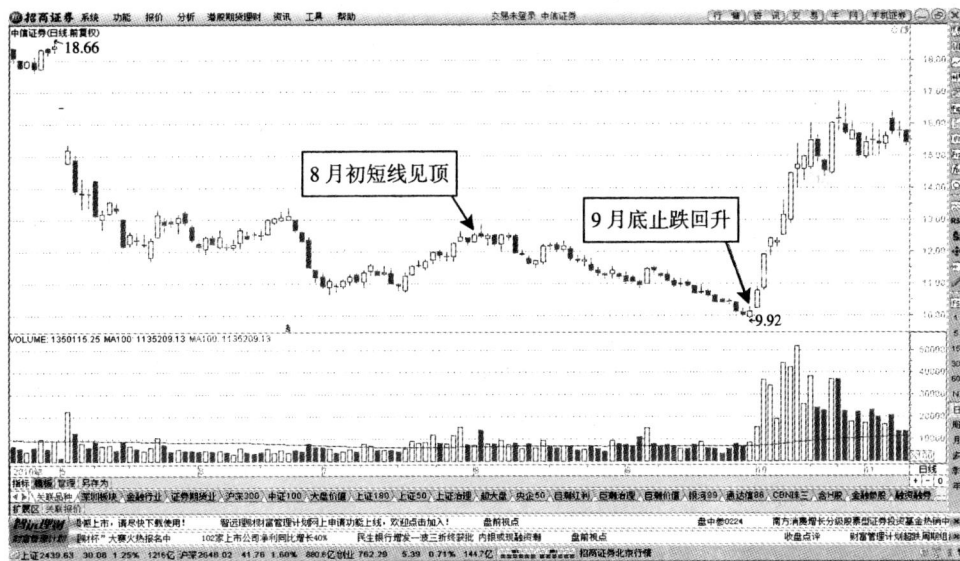

图 8-13 中信证券——与指数背离走势

　　如图 8-13 所示，中信证券的日 K 线当中，股价短线的反弹走势快速地出现。而前期该股的运行趋势还是持续向下回落。判断该股的买入机会其实是并不容易的。但是，该股反弹上攻的起点正是指数矩形横向调整的最后阶段。要在调整的过程中发现该股的抄底机会，那显然是不大可能的事情。中信证券的运行趋势显然是超跌后的强力拉升。前期在每一个收盘价上抄底，短线都会出现损失，更不用说买入最佳价位了。持续回落的过程中，该股真正反弹拉升之前是不存在最佳的抄底机会的。

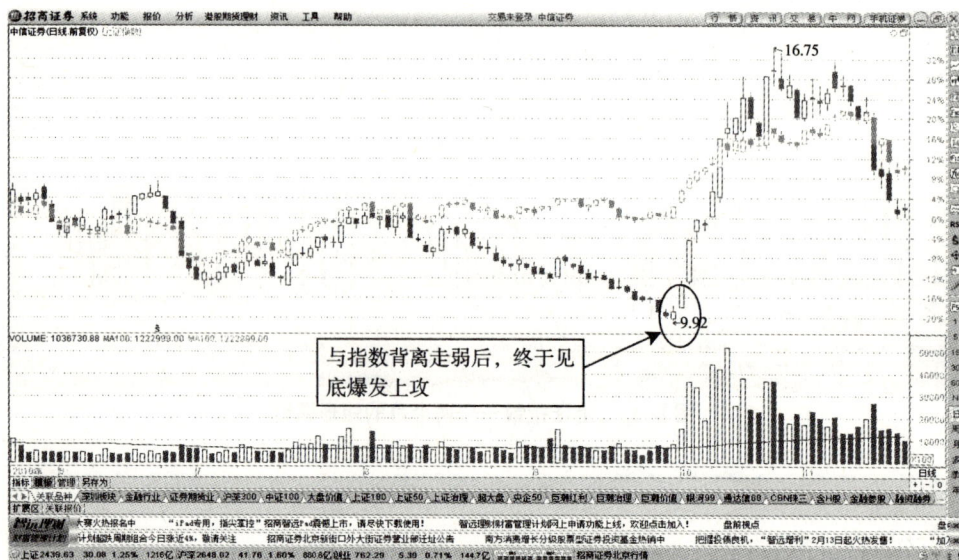

图8-14 中信证券——爆发拉升行情

如图8-14所示，中信证券飙升的起点始于图中见底最低价格9.92元之后。与上证指数的走势对照可以看出，指数横向调整的过程中，正是该股不断缩量下挫的过程。这个阶段，要想获得真正的利润，还需等待指数调整完毕才行。指数横向调整的阶段，中信证券基本上与指数是相悖的走势。道氏理论中所说的趋势并不包含调整趋势，判断指数的运行趋势当然比较困难了。并且，图中该股的走势不断下挫，买点最终在大幅度下挫后才出现，也说明了这个问题。

如图8-15所示，上证指数的日K线当中，该指数的运行趋势基本上维持在主要的多头趋势当中，但是图中难得一见的双顶形态却明显地改变了该指数的运行趋势。这个阶段，投资者想要获利是非常困难的。指数见顶于3478点的时候，显然是非常明确的顶部了。没能守住该点位而加速大幅度下挫，说明主要空头市场来势汹汹。等待指数进一步地确认该趋势，持股必然会遭受很大的损失。把握好减仓的机会，显然是投资者最佳操作策略了。

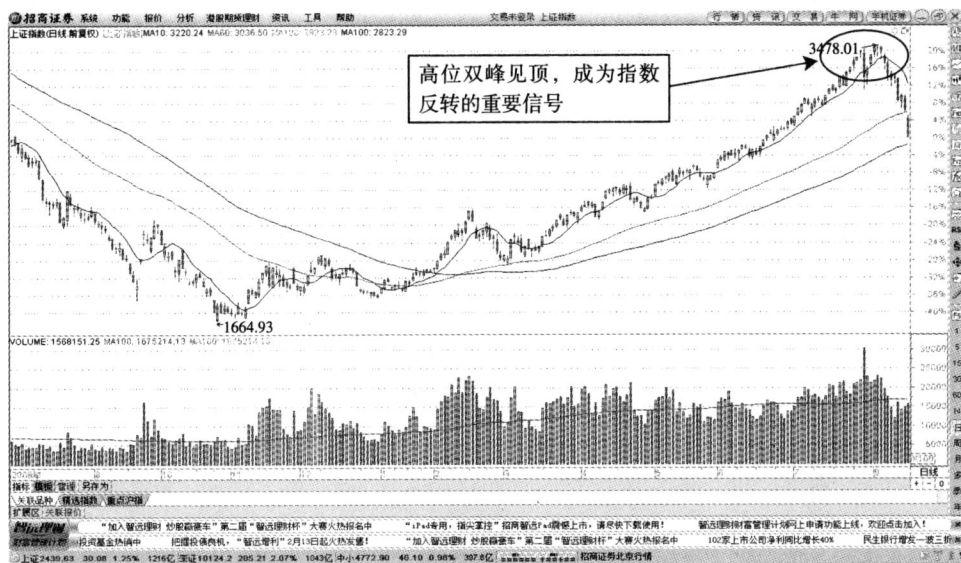

图8-15　上证指数——牛市双峰见顶

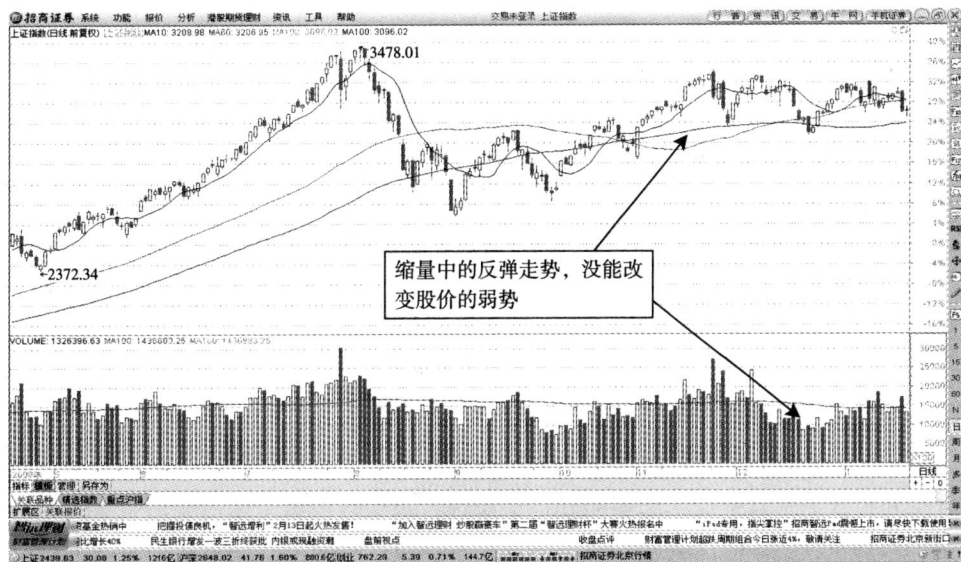

图8-16　上证指数——缩量反弹不改弱势

如图8-16所示，上证指数的日K线当中，缩量反弹至前期高位附近，显然不是趋势反转的信号。恰恰相反的是，前期已经明显地出现了双峰见顶信号，指数基本的趋势必然是主要的空头市场。重新反弹至均线之上只不过是指数次级折返走势的一部分。折返走势完成之后，股价还是会继续大幅度下挫的。在把握好卖点的情况下，投资者才可以避免今后遭受更大的投资损失。减仓操作势在必行，指数调整至高位并不是投资的好机会。道氏理论中也说过，次级折返的情况是不可能长时间延续下来的，除非折返的走势会转化为更大规模的上涨，造就新一轮的主要多头市场出现。

既然如此，在个股的操作上一定不能"手软"。不管是清仓还是减仓，动作都必须快才行。前期已经明显地进入到了空头市场，次级折返的情况持续的时间已经长达三个月以上，说明股价的再次回落在短时间内将会出现。指数见顶前，总会有一部分投资者继续看涨，却不知后市的持股风险更大。在调整阶段轻仓观望是最佳的操作手段。

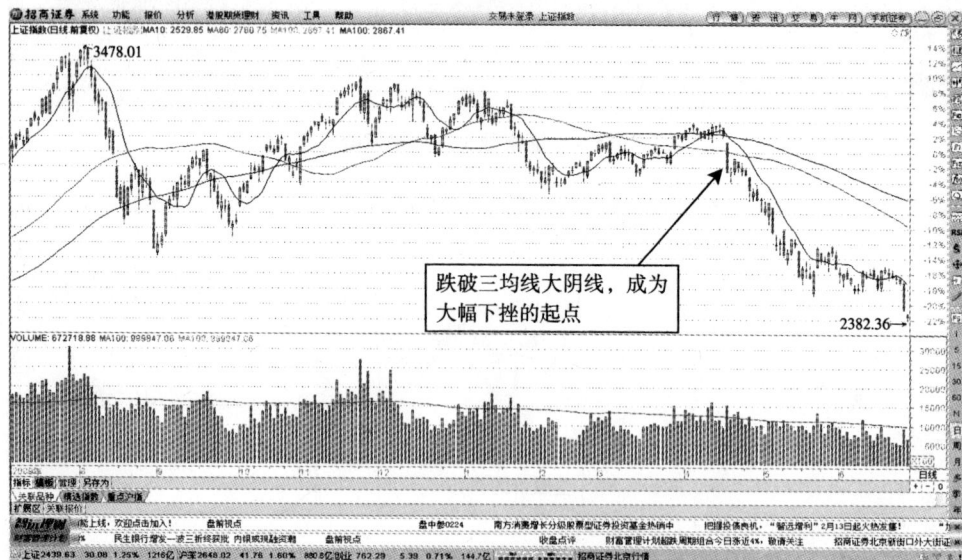

图 8-17　上证指数——终于开始大幅度回落

如图 8-17 所示，上证指数终于大幅度下挫了，前期的指数次级折返走势持续时间长达七个月之久。即便如此，该次级折返的情况也没能改变股价继续下挫的运行趋势。图中一个跌幅高达 4.79% 的大阴线显然加速了指数的调整势头。大阴线出现之后，指数从高位的 3100 点附近的调整平台大幅度下挫到了 2300 点附近，累计跌幅高达 25.8%。由此可见，指数在调整中是不利于投资者操作个股的。在调整的过程中，趋势是不明朗的，投资者这个时候是不容易获利的。相反，指数调整阶段，正是变盘的起点。图中上证指数的大幅度下挫，其实就是次级折返的情况发展到一定阶段后，高位横向调整结束的产物。

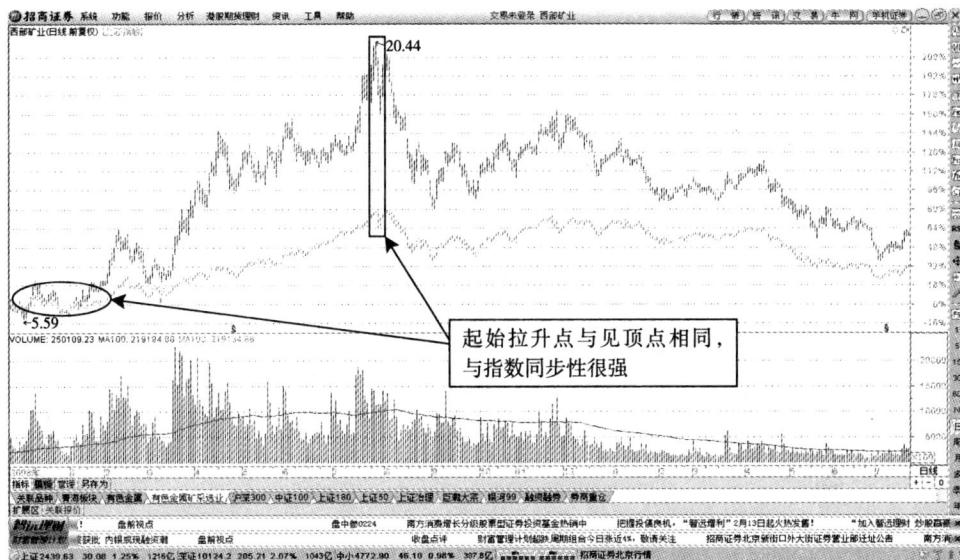

图8-18　西部矿业——上证指数的同步走弱

如图8-18所示，西部矿业的日K线当中，该股的见底回升与见顶回落的走势都出现在指数反转信号出现之时。加减仓位的时机也可以从这个方面来判断。反转的走势出现的时机，其实就是指数短线调整后的产物。上证指数从底部的双底形态调整中加速反转，正是西部矿业加速拉升的起点。而指数的双顶形态出现之时，也是股价见顶回落的起点。可见，指数在调整阶段开始反转的概率还是比较高的。没有把握判断指数的运行趋势，将很难在个股当中抓住像样的买卖机会。

小提示

指数的运行趋势，不一定有很强的持续性。与个股的走势相似，指数也会在大涨大跌之后经历调整的情况。出现调整的走势其实并不可怕，可怕的是投资者不能够清楚地认识到将要到来的反转信号。从道氏理论来讲，判断调整中的指数反转信号是非常困难的事情。要想真正抓住买卖股票的机会，应该将更多的精力花在判断指数的反转信号上。但是话又说回来了，用道氏理论判断指数调整阶段的走向，显然是非常困难的事情。把握买卖机会的操作，应该更加注重个股的走势的强弱以及突破信号的把握上。或者说，在指数调整阶段当中，仓位上一定要小，趋势确立再考虑加减仓位也是不迟的。

本章小结

　　道氏理论存在的诸多缺陷，要求投资者在实战当中不仅要灵活运用该理论，还应该从其他方面发现买卖的机会来弥补该理论的不足。例如，道氏理论只能判断基本趋势，而对短期的趋势与调整趋势无能为力。投资者应该在把握好大趋势的前提下，尽量选择空仓一部分资金，以减少今后的损失概率。趋势不明朗的时候，说明指数的波动趋势过大了，需要时间来消耗前期的获利盘，调整就在这个阶段出现了。即便道氏理论能够反映指数的运行趋势，在判断个股的走势上也是无能为力的。个股的走势是千差万别的，投资者要想抓住真正的黑马，还需要细心地判断个股的走势的强弱才行。总的来讲，判断买卖个股的时机以及挑选个股的时候，道氏理论起到的作用主要是判断指数运行的大趋势，以及期间出现的中短期的次级折返情况。当然，中短期的趋势判断还是不容易的。真的能够获利之前，投资者把握好个股的操作机会还是十分重要的。

附录一　开山鼻祖——查尔斯·亨利·道

　　查尔斯·H.道（1851~1902）出生于新英格兰。纽约道·琼斯金融新闻服务的创始人、《华尔街日报》的创始人和首位编辑。他还是一位经验丰富的新闻记者，早年曾得到萨缪尔·鲍尔斯的指导，后者是斯普林菲尔德《共和党人》杰出的编辑。

　　查尔斯·H.道曾经在股票交易所大厅里工作过一段时间，这段经历的到来有些奇怪。已故的爱尔兰人罗伯特·古德鲍蒂（贵格会教徒，华尔街的骄傲）当时从都柏林来到美国，由于纽约股票交易所要求每一位会员都必须是美国公民，查尔斯·H.道成了他的合伙人。在罗伯特·古德鲍蒂为加入美国国籍而必须等待的时间里，道把持着股票交易所中的席位并在大厅里执行各种指令。当古德鲍蒂成为美国公民以后，道退出了交易所，重新回到他更热爱的报纸事业上来。

　　之后，查尔斯·H.道设立了道琼斯公司（Dow Jones & Company），出版《华尔街日报》，报道相关的金融信息。从1900年到1902年，道氏做了编辑，写了许多社论，并且不断讨论股票投机的方法。即便如此，他还未对股票理论做整体的说明，仅仅是社论中提到而已。

　　股票市场平均指数（道琼斯工业指数）是查尔斯·H.道在1895年创立的。该指数诞生时只包含11种股票，其中有9家是铁路公司。直到1897年，原始的股票指数才衍生为两种指数：一个是工业股票价格指数，由12种股票组成；另一个是铁路股票价格指数。到1928年工业股指的股票覆盖面扩大到30种，1929年又添加了公用事业股票价格指数。道本人并未利用它们预测股票价格的走势。1902年道过世以前，他虽然仅有五年的资料可供研究，但他的观点在范围与精确性上都有相当的成就。

　　查尔斯·H.道全部作品都发表在《华尔街日报》上，只有在华尔街的珍贵档案中仔细查找才能重新建立起他关于股市价格运动的理论。但是已故的S.A.纳尔逊在1902年末完成并出版了一本毫不伪装的书——《股票投机的基础知识》。这本书早已绝版，却可以在旧书商那里偶尔得以一见。他曾试图说服道来写这本书却没有成功，于是他把自己可以在《华尔街日报》找到的道关于股票投机活动的所有论述都写了进去。在全书的 35 章中有 15 章（第五章到第十九章）是《华尔街日报》的评论文章，有些经过少许删节，内容包括"科学的投机活动"、"读懂市场的方法"、"交易的方法"以及市场的总体趋势。

1902 年 12 月查尔斯·道逝世，华尔街日报记者将其见解编成《投机初步》一书，从而使道氏理论正式定名。

附录二 上证指数计算与修正方法

一、指数计算

（一）计算公式

（1）上证指数系列均采用派许加权综合价格指数公式计算。

（2）上证180指数、上证50指数等以成份股的调整股本数为权数进行加权计算，计算公式为：

报告期指数 =（报告期样本股的调整市值/基期）× 1000

其中，调整市值 = ∑（股价 × 调整股本数）。

上证180金融股指数、上证180基建指数等采用派许加权综合价格指数方法计算，计算公式为：

报告期指数 =（报告期样本股的调整市值/基期）× 1000

其中，调整市值 = ∑（股价 × 调整股本数 × 权重上限因子），权重上限因子介于0和1之间，以便样本股权重不超过15%（对上证180风格指数系列，样本股权重上限为10%）。

调整股本数采用分级靠档的方法对成份股股本进行调整。比如，某股票流通股比例（流通股本/总股本）为6%，低于10%，则采用流通股本为权数；某股票流通比例为66%，落在区间（60，70］内，对应的加权比例为70%，则将总股本的70%作为权数。

流通比例 (%)	≤10	(10, 20]	(20, 30]	(30, 40]	(40, 50]	(50, 60]	(60, 70]	(70, 80]	>80
加权比例 (%)	流通比例	20	30	40	50	60	70	80	100

（3）上证综合指数等以样本股的发行股本数为权数进行加权计算，计算公式为：

报告期指数 =（报告期成份股的总市值/基期）×基期指数

其中，总市值 = $\sum$（股价×发行股数）。

成份股中的 B 股在计算上证 B 股指数时，价格采用美元计算。

成份股中的 B 股在计算其他指数时，价格按适用汇率（中国外汇交易中心每周最后一个交易日的人民币兑美元的中间价）折算成人民币。

（4）上证基金指数以基金发行份额为权数进行加权计算，计算公式为：

报告期指数 =（报告期基金的总市值/基期）×1000

其中，总市值 = $\sum$（市价×发行份额）。

（5）上证国债指数以样本国债在证券交易所的发行量为权数进行加权，计算公式为：

报告期指数 =（报告期成份国债的总市值 + 报告期国债利息及再投资收益）/ 基期×100

其中，总市值 = $\sum$（全价×发行量）；全价 = 净价 + 应计利息。

报告期国债利息及再投资收益表示将当月样本国债利息收入再投资于债券指数本身所得收益。

（6）上证企债指数采用派许加权综合价格指数公式计算。以样本企业债的发行量为权数进行加权计算，计算公式为：

报告期指数 =［（报告期成份企业债的总市值 + 报告期企业债利息及再投资收益）/基期］×100

其中，总市值 = $\sum$（全价×发行量）。

报告期企业债利息及再投资收益表示将当月样本企业债利息收入再投资于债券指数本身所得收益。

（7）上证公司债指数采用派许加权综合价格指数方法计算，计算公式为：

报告期指数 =［（报告期指数样本总市值 + 报告期公司债利息及再投资收益）/

基期]×基值

其中，总市值＝∑（全价×发行量）。

报告期公司债利息及再投资收益表示将当月付息指数样本利息收入再投资于债券指数本身所得收益。

（8）上证分离债指数采用派许加权综合价格指数方法计算，计算公式为：

报告期指数＝［（报告期指数样本总市值＋报告期分离债利息及再投资收益)/基期]×基值

其中，总市值＝∑（全价×发行量）。

报告期分离债利息及再投资收益表示将当月付息指数样本利息收入再投资于债券指数本身所得收益。

（二）指数的实时计算

上证指数系列均为实时计算。

具体做法是，在每一交易日集合竞价结束后，用集合竞价产生的股票开盘价（无成交者取前日收盘价）计算开盘指数，以后每大约 2 秒重新计算一次指数，直至收盘，每大约 6 秒实时向外发布。其中各成份股的计算价位（X）根据以下原则确定：

（1）若当日没有成交，则 X＝前日收盘价；

（2）若当日有成交，则 X＝最新成交价。

二、指数修正

（一）修正公式

上证指数系列均采用"除数修正法"修正。

当成份股名单发生变化或成份股的股本结构发生变化或成份股的市值出现非交易因素的变动时，采用"除数修正法"修正原固定除数，以保证指数的连续性。修正公式为：

修正前的市值/原除数 = 修正后的市值/新除数

其中，修正后的市值 = 修正前的市值 + 新增（减）市值。

由此公式得出新除数（即修正后的除数，又称新基期），并据此计算以后的指数。

（二）需要修正的几种情况

（1）新上市。对综合指数（上证综指和新上证综指）和分类指数（A股指数、B股指数和行业分类指数），凡有成份证券新上市，上市后第十一个交易日计入指数。

（2）除息。凡有成份股除息（分红派息），指数不予修正，任其自然回落。

（3）除权。凡有成份股送股或配股，在成份股的除权基准日前修正指数。

修正后市值 = 除权报价 × 除权后的股本数 + 修正前市值（不含除权股票）

（4）汇率变动。每一交易周的最后一个交易日，根据中国外汇交易中心该日人民币兑美元的中间价修正指数。

（5）停牌。当某一成份股处于停牌期间，取其正常的最后成交价计算指数。

（6）摘牌。凡有成份股摘牌（终止交易），在其摘牌日前进行指数修正。

（7）股本变动。凡有成份股发生其他股本变动（如增发新股上市引起的流通股本增加等），在成份股的股本变动日前修正指数。

修正后市值 = 收盘价 × 调整后的股本数 + 修正前市值（不含变动股票）

（8）停市。A股或B股部分停市时，指数照常计算；A股与B股全部停市时，指数停止计算。

三、指数发布

常用的上证指数系列发布形式为：

（1）通过本所实时卫星广播系统向全国广播。

（2）通过汤森路透财经资讯系统（Thomson Reuters）、彭博财经资讯系统（Bloomberg）等资讯系统向全球作即时报道。

（3）该指数同时刊登在本所每日公布的《行情日报表》、每周公布的《行情周报表》和每月发行的《上证统计月报》上。

（4）该指数每日对外公布，网址 http:// www.sse.com.cn。

（5）该指数每天还将通过本所"电子信箱"，于收盘后以"电子报表"方式，向包括《中国证券报》、《上海证券报》在内的各传播媒体传送。

四、名词解释

（1）A 股——境内上市的人民币普通股；

（2）B 股——境内上市外资股；

（3）H 股——在香港联合交易所上市的外资股；

（4）除权报价——由上市公司分红、送股、配股等行为引起，由证券交易所在该股票的除权（息）交易日开盘时发布的参考价格，用以提示交易市场该股票因派息或发行股本增加，其内在价值已被摊薄。

①派息。

除息报价 = 除权前日收盘价 - 每股红利

②送股。

除权报价 = 除权前日收盘价/(1 + 送股比例)

③配股。

除权价格 = (除权前日收盘价 + 配股价格 × 配股比例)/(1 + 配股比例)

④派息、送股、配股。

除净报价 = (除权前日收盘价 - 每股红利 + 配股价格 × 配股比例)/(1 + 送股比例 + 配股比例)

参考文献

［1］姜金胜.股票操作标精粹 ［M］.上海：华东大学出版社，2007.

［2］［美］雷亚.道氏理论 ［M］.何平林，孙哲译.天津：天津社会科学院出版社，2012.

［3］时空老人.顺势而为 ［M］.北京：中国宇航出版社，2011.

［4］陈东.道氏理论 ［M］.北京：中国经济出版社，2008.

［5］［美］施纳晋著.道氏理论的新应用 ［M］.伍先敏等译.北京：机械工业出版社，2009.

［6］王都发.道氏理论与实战 ［M］.北京：经济管理出版社，2005.

［7］利可求.道氏理论精解 ［M］.北京：地震出版社，2003.